21 世纪师范院校计算机实用技术规划教材

几何画板实用范例教程（第 3 版）

陶维林　编著

清华大学出版社
北京

内 容 简 介

几何画板是一个适合中学数学教师、物理教师开展计算机辅助教学以及学生学习的工具软件平台。本书总结编者近十几年来对几何画板的研究，为满足同行学习用几何画板开展辅助数学教学的需要而编写，其最大特点是"实用"。全书共分为 4 章，除介绍新版（5.x 版）几何画板的基本特色、操作约定及如何进行几何画板的用户参数设置外，主要以范例形式介绍如何用新版几何画板进行制作。读者只要认真学习每一个范例就能熟练地掌握新版几何画板。

本书适用对象是师范院校数学系的学生、中学数学（物理）教师以及中学生。本书可作为师范院校数学专业的教育技术教材，或中学数学（物理）教师继续教育的教材，也可以作为中学生的选修课、课外活动、研究性课程的教材。

在网站 http://www.tup.tsinghua.edu.cn 可以免费下载得到与本书配套的范例文件。

版权所有，侵权必究。举报：010-62782989，beiqinquan@tup.tsinghua.edu.cn。

图书在版编目（CIP）数据

几何画板实用范例教程 / 陶维林编著. —3 版. —北京：清华大学出版社，2013（2024.1 重印）
（21 世纪师范院校计算机实用技术规划教材）
ISBN 978-7-302-32439-3

Ⅰ. ①几… Ⅱ. ①陶… Ⅲ. ①初等几何-计算机辅助教学-软件工具-中学-教材 Ⅳ. ①G633.631

中国版本图书馆 CIP 数据核字（2013）第 105257 号

责任编辑：郑寅堃　赵晓宁
封面设计：杨　兮
责任校对：李建庄
责任印制：丛怀宇

出版发行：清华大学出版社
网　　址：https://www.tup.com.cn，https://www.wqxuetang.com
地　　址：北京清华大学学研大厦 A 座　　邮　编：100084
社 总 机：010-83470000　　邮　购：010-62786544
投稿与读者服务：010-62776969，c-service@tup.tsinghua.edu.cn
质量反馈：010-62772015，zhiliang@tup.tsinghua.edu.cn
课件下载：https://www.tup.com.cn，010-83470236

印 装 者：北京鑫海金澳胶印有限公司
经　　销：全国新华书店
开　　本：185mm×260mm　　印　张：17.5　　字　数：434 千字
版　　次：2001 年 4 月第 1 版　　2013 年 9 月第 3 版　　印　次：2024 年 1 月第 16 次印刷
印　　数：30001～32000
定　　价：49.00 元

产品编号：051163-03

序

"几何画板"是美国软件 The Geometer's Sketchpad 的汉化版,是一个适合用于几何教学和学习的工具软件平台,也可用于代数、立体几何、解析几何、物理等其他学科的教学或学习中。

这个软件在 Windows 3.x 或 Windows 95/98 等环境中都能顺利运行。画板提供一系列工具,包括移动、画点、画圆、画线和文字工具等。用户可以利用这些工具按照尺规作图的法则画出各种几何图形。

在"几何画板"上画出的图形与黑板或者草稿纸上的图形不同,是动态的,并可保持设定的几何关系不变,为教师和学生提供了一个在动态中观察几何规律的图板。

利用这个工具,有些教学内容可以在教师的指导下让学生独立或者分组进行观察和分析,不必用"教师讲学生听"的传统教学方式进行。实现了既充分发挥教师的主导作用,又使学生成为学习主体的效果,提供了一个让学生自主进行探索性学习的直观环境,能创造出一种新型的课堂教学模式。

"几何画板"用于立体几何教学效果也很好。学习立体几何必须培养"空间想象能力",即要求学生看到三维立体的实物能绘出平面投影图、观看平面图就能准确地想象出立体的空间关系。这是学习立体几何必备的基础能力,对不少初学者是一个难关。由于用"几何画板"画出的图形中若干元素可以适当地移动,因此可以帮助初学者较快地培养空间想象能力。

对于与几何关系有密切联系的其他学科的教学,"几何画板"也可以提供有益的帮助。例如对物理中的运动学、动力学、静电学、几何光学等内容,以及化学中分子结构等内容的教学就很有帮助。

"几何画板"提供的动态几何环境,不仅能帮助学生直观地去理解教师指定的图形或问题,而且能为学生提供一个培养创造能力的实践园地。

经过几年的实践,我认为"几何画板"作为一个教学平台,在计算机辅助教学中有着广泛的应用前景。尤其在提供学生进行主动的、探索性学习时十分有用,只要教师或家长安排、引导得当,将为学生创建出培养创新思想的实践园地。

让数学、物理、化学等学科的教师掌握"几何画板"的使用方法,再借鉴别人用它进行辅助教学的课例,就能帮助他们提高计算机辅助教学的能力和水平。已经基本掌握计算机操作的教师,大约经过 20 学时的培训就能应用"几何画板"。如再通过教学实践的积累,将会对教师的教学水平提高有很大的帮助。

目前推广"几何画板"需要一批好的培训教材和应用范例。陶维林先生是南京师大附中的数学特级教师,几年来学习和应用"几何画板"进行辅助教学有较高的水平。他根据自己的经验编写的这本教材很适合当前的需要,可以用于培训班讲课,也可以用于自学,是很有价值的。

本书通过实例帮助初学者掌握"几何画板"的基本功能，也通过教学的实际范例帮助读者明白如何利用"几何画板"实施辅助教学。书中的实例都有极高的实用价值，陶老师在书中对每一个实例给出了详细的制作步骤和使用的要点，这些丰富的"几何画板"实用课例，有的可以直接使用，有的则可以作为借鉴，帮助教师设计自己的课例。

希望本书对"几何画板"的推广起到应有的作用。

潘懋德

2007 年 11 月 21 日

第 3 版前言

几何画板（The Geometer's Sketchpad）是美国的优秀教育软件，由 Nickolas Jackiw 设计，Nicholas Jackiw 和 Scott Steketee 编制程序，Key Curriculum 公司出版。它的 3.05 版由人民教育出版社于 1995 年曾引入我国并汉化。

几何画板于 2001 年 6 月推出 4.0 版，2006 年 9 月推出 4.07 版。2012 年推出 5.05 版。每一次版本的更新都使其功能更强大，使用更方便。4.x 以上版本在画函数图像方面的改进尤为突出。其他如分页功能、自定义工具、文本的数学格式编辑、迭代、对象色彩的选择等都显示出新版的突出特点。5.x 各版有了更多的改进，增加了通过热键或者热文本启动按钮操作等。特别值得指出的是，可以直接作出两个函数图像之间的交点，还可以作出欧几里得几何对象与由点产生的轨迹之间的交点，这大大方便了解析几何的研究和教学。

几何画板以其学习容易、操作简单、功能强大、品质优秀成为广大中学数学教师开展计算机辅助教学的首选软件已经是不争的事实。没有一个人说几何画板不优秀。我相信，几何画板最终会被每一位中学数学教师所接受。十多年来，几何画板的用户群不断扩大，"发烧友"越来越多，开发出许多可能连几何画板设计者也没有想到的应用；许多师范院校数学教育专业也开始认识到，几何画板是作为一名中学数学教师必须掌握的教育技术，并把几何画板作为必修课进行教学；怎样恰当地把几何画板用于数学课堂教学，教师们也有了更为清晰的认识……这些都需要收集、整理、研究、总结，以便不断提高制作技术以及与教学整合的水平。

《国家中长期教育改革和发展规划纲要（2010－2020 年）》也指出：强化信息技术应用。提高教师应用信息技术水平，更新教学观念，改进教学方法，提高教学效果。鼓励学生利用信息手段主动学习、自主学习，增强运用信息技术分析解决问题能力。加快全民信息技术普及和应用。

教育部颁布的《普通高中数学课程标准（实验稿）》指出：现代信息技术的广泛应用正在对数学课程内容、数学教学、数学学习等产生深刻的影响。《标准》提倡实现信息技术与课程内容的有机整合，注意把算法融入数学课程的各个相关部分。提倡利用信息技术来呈现以往教学中难以呈现的课程内容，尽可能使用科学型计算器、各种数学教育技术平台，加强数学教学与信息技术的结合。鼓励学生运用计算机、计算器等进行探索和发现。

教师掌握信息技术，并应用于教学实际是时代的要求，势在必行。

几何画板的最大特色是动态性，能在变动状态下保持不变的几何关系。

几何画板是一个适合于教学和学习的工具软件平台，既可用于平面几何、平面解析几何、代数、三角、立体几何等学科的教学或学习中，也可用于物理、化学、机电等课程的教学中。

教师使用几何画板，使静态的图形变动态，抽象的概念变形象，枯燥的内容变有趣，使课堂教学生动起来。利用几何画板，可以暴露知识发生、发展的过程，揭示知识之间的内在联系。利用几何画板，可以创设情境，引起认知冲突，引发学习动机、激发学习兴趣。利用几何画板，可以把原先讲不清楚的问题讲清楚。利用几何画板，在教师的指导下，有些教学内容可以让学生亲自操作、观察、分析，探究、发现数学规律，而不必再用"教师讲学生听"的教学方式进行。

越来越多的学生也喜欢上了几何画板。同学们用几何画板去探索、发现数学结论，俨然成为一个"研究者"。他们用几何画板做"数学实验"，发现了令老师也吃惊的新结论。他们在这里找到了成功，找到了自信，找到了乐趣。几何画板的运用正在使学生参与教学过程中来，改变着学习方式，同时开发了他们的智力，促进了素质教育。

几何画板进入课堂改变了教学内容的呈现方式，改变了教师的教法与学生的学法，使数学教学过程发生了深刻变化——新的教学模式出现。几何画板促使数学课程、教材发生改变，促进教育观念更新，数学课堂教学的改革进入了一个新阶段。

为了适应几何画板版本的升级更新，特编写本书第3版。本书第3版与前两个版本的结构基本相同，添加了新版本增加的功能的介绍与应用范例。这也是因为前两个版本得到了读者的喜爱，已经连续印刷十多次，累计超过2万余册。

本书的最大特点是"实用"。所选择的例子大多直接与中学数学教学实际相联系，积极配合当前进行的新课程改革以及新教材的使用。

本书所涉及课件全部以几何画板5.05最强中文版作为制作平台。

全书共由4章和5个附录组成。

第1章"新版几何画板简介"，介绍几何画板5.05最强中文版软件窗口特点；如何进行几何画板的用户参数设置；介绍几何画板的工具箱的作用；把菜单的主要功能列成"菜单功能列表"，便于学习与查询；介绍几何画板的功能在数学教学中的一些应用，使读者对几何画板有一个大概的了解；提醒读者在理解中学习，以便更快地掌握它。这些都是为后面学习所做的必要准备。这一章还介绍了笔者使用几何画板辅助教学的一些做法及体会，供一线教师参考。

第2章"基本功能学习范例"是本书的主要章节，是必须学习的。由22节（50个范例）组成，通过这些范例的学习可以掌握几何画板的基本功能。对于初次接触几何画板的读者可以先学习这一章，这样也能基本满足教学课件制作的需要。

为使读者学会使用几何画板，采用了任务驱动的"问题教学法"，通过一个个范例的学习掌握它。这些范例制作过程的总和几乎涵盖了几何画板的所有操作功能，读者只要认真学习每一个范例就能比较熟练地掌握几何画板。

第3章"制作技巧提高范例"也是本书的主要章节，由18节（42个范例）组成。这些范例是对几何画板功能的灵活运用，可供对几何画板有兴趣的读者学习与研究，以提高制作技巧。有些范例制作过程虽然稍复杂，但由于与教学紧密配合，学习它也是必需的。

第2章和第3章的每一个范例由【学习目的】、【操作步骤】、【经验点拨】组成，每一节都有【请你试试】，请读者练习。另外，还有一个依【操作步骤】同步制作出的几何画板文件（这些范例可以在网站 http://www.tup.tsinghua.edu.cn 上免费下载得到）。编者是一边制作，一边写出操作步骤的。在相应的几何画板文件中未做修饰，保留了作图的痕迹。读者可以按【操作步骤】提供的步骤一步一步照着做，同时可以与范例文件进行比照（包括点、直线等对象的标签)。为方便阅读,【操作步骤】中还插入了大量的图片。【经验点拨】主要点明该范例制作过程中的关键之处或要注意的问题,介绍与该范例相关而其他范例又不能覆盖的几何画板的功能或者制作方法,读者也不必要求一次弄清楚。考虑到一些读者不必掌握几何画板的所有功能,各范例【操作步骤】之间基本是独立的,可以直接学习自己认为需要的某个范例。

第 4 章"精彩应用范例"介绍编者用几何画板研究一些数学问题得到的有趣结果。希望对读者能有所启发,也用几何画板作出一些创新成果。其中的不当之处还请批评指正。

附录 A 简要介绍每一个范例所涉及的主要内容,以及所承载的菜单功能。读者可以根据需要先查询一下,以便更快地找到自己需要学习的范例或者菜单功能。

附录 B 以菜单功能为线索,简要介绍主要菜单功能分布在哪些范例当中。若要了解某个菜单功能的实现方法,可以先查询一下,以便更快地找到自己需要的菜单功能实现的方法。

附录 C 是快捷键列表,介绍各种功能的快捷键实现方法,提高制作速度。

附录 D 介绍可以通过键盘实现的功能,也是为了提高制作速度与技巧。

附录 E 收集了一些常用的几何画板网站,并做了简单介绍,以便读者可以从网上获得更多的几何画板资源,满足需要。尤其是利用 Baidu 或者 Google 等搜索引擎,可以很快地寻找到自己需要的资源,这是获得几何画板资源最好的方式之一。

总之,这些附录都是为了方便读者掌握几何画板、用好几何画板而准备的。

笔者是长期从事中学数学教学的一线教师。本书是急一线教师所急,为同行提高教育技术水平、开展辅助教学而编写的。本书已经被列为"21 世纪师范院校计算机实用技术规划教材",可作为师范院校数学教育专业的教育技术教材;也可作为在职数学、物理教师的教育技术培训教材;还可以作为中学生选修课、研究性课程的参考资料,或者作为中学生的课外读物。

在编写过程中,笔者认真学习几何画板爱好者的制作经验,并努力吸收进来,在此对这些几何画板爱好者表示感谢。

感谢全国中小学计算机教育研究中心潘懋德教授一直以来对作者的热情帮助,以及对出版本书的大力支持。

感谢清华大学出版社,特别感谢郑寅堃先生的大力支持。

由于作者水平有限,缺点错误在所难免,恳请读者不吝指正,以便再版时纠正。

如有其他需求,请与编者联系。

E-mail:taoweilin1947@126.com。

陶维林

2013 年 7 月

目 录

第1章 新版几何画板简介 1
1.1 几何画板窗口简介 1
1.2 几何画板操作约定 3
1.3 几何画板用户参数设置 6
1.4 几何画板工具箱 11
1.5 几何画板菜单功能列表 18
1.6 几何画板功能简介 25
1.7 在理解中学习几何画板 29
1.8 用几何面板辅助数学教学 32

第2章 基本功能学习范例 39
2.1 三角形的垂心等基本作图 39
2.2 动画及动画按钮 48
2.3 轨迹的形成 53
2.4 平移及其控制 55
2.5 旋转及其控制 59
2.6 圆的水平放置与几何体的转动 66
2.7 函数图像及其变换 68
2.8 根据定义画圆锥曲线 85
2.9 文档分页与管理 92
2.10 自定义工具的运用与管理 95
2.11 对象的分离与合并 105
2.12 系列按钮与动作延时 107
2.13 声音按钮的产生 111
2.14 剪裁图片到多边形 114
2.15 自定义变换 115
2.16 制表与根据表格数据画点 119
2.17 多个坐标系与自定义坐标系 123
2.18 绘图函数及其图像 128
2.19 正多边形与迭代 131
2.20 数列的图像、前 n 项和 136
2.21 极坐标系与参数方程 146
2.22 圆的滚动、摆线与渐开线 150

第 3 章　制作技巧提高范例 ························ 158
　3.1　一组有趣的制作技巧 ························ 158
　3.2　椭圆规及有关问题 ························ 166
　3.3　用平面截圆锥侧面 ························ 169
　3.4　长方体表面的展开 ························ 171
　3.5　画正方体的截面 ························ 174
　3.6　正多面体与 C_{60} 分子模型 ························ 180
　3.7　定积分的几何意义 ························ 182
　3.8　对象颜色与数字的关联 ························ 185
　3.9　分形几何 ························ 188
　3.10　差分方程 ························ 201
　3.11　用二分法找方程解的近似值 ························ 207
　3.12　掷硬币与随机模拟 ························ 209
　3.13　转动几何体中虚线 ························ 221
　3.14　正多边形的滚动 ························ 225
　3.15　三维曲面 ························ 230
　3.16　制作一个秒表 ························ 235
　3.17　链接 ························ 236
　3.18　文件的网上发布 ························ 239

第 4 章　精彩应用范例 ························ 243
　4.1　圆锥曲线的有趣演变 ························ 243
　4.2　两条抛物线焦参数间的关系 ························ 245
　4.3　三角形外心轨迹的探求 ························ 247
　4.4　圆锥曲线的又一种统一方式 ························ 252
　4.5　一道高考题的探究 ························ 253

附录 A　范例索引 ························ 256
附录 B　主要菜单功能范例查询 ························ 261
附录 C　快捷键列表 ························ 263
附录 D　通过键盘实现的功能 ························ 265
附录 E　常用几何画板网站简介 ························ 267

第1章 新版几何画板简介

1.1 几何画板窗口简介

1. 启动

如图 1-1-1 所示，选择"开始"→"所有程序"→"几何画板 5.05 最强中文版"→"几何画板 V5.05"命令，或者双击屏幕快捷方式图标 ，开启几何画板窗口，并显示版权信息。用鼠标单击画板任一处，隐去版权信息，出现如图 1-1-2 所示界面。

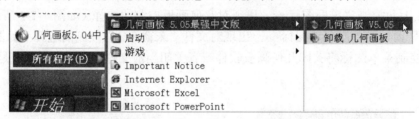

图　1-1-1

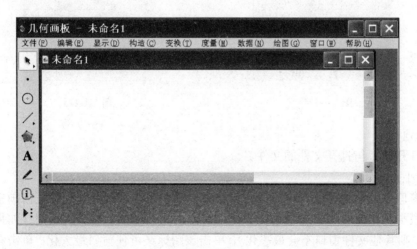

图　1-1-2

2. 窗口介绍

窗口各部分名称如图 1-1-3 所示。

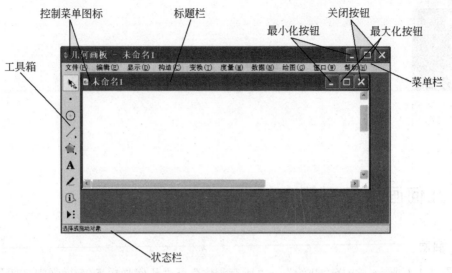

图　1-1-3

1) 控制菜单图标

单击左上角控制菜单框图标，出现对几何画板控制的选择（如图1-1-4所示）；单击"未命名 1"窗口的控制菜单图标，出现对文件"未命名 1"控制的选择（如图1-1-5所示）。双击控制菜单图标将关闭几何画板软件或者关闭当前文件（可能出现询问是否保存的对话框）。

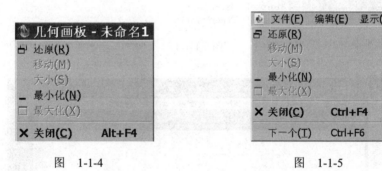

图　1-1-4　　　　　　　　　图　1-1-5

2) 标题栏

显示打开软件与打开文件的文件名。

3) 最小化按钮

单击窗口的最小化按钮，可将该窗口缩小为一个图标。单击打开的几何画板文件"未命名 1"最小化按钮使该窗口最小化——缩小为一个图标位于屏幕的底部（如果打开几个文件窗口，则其他文件窗口不会最小化），单击该图标又可使窗口最大化。单击右上角的最小化按钮可使几何画板软件窗口缩小为一个位于屏幕底部的图标。

4) 最大化按钮

单击窗口的最大化按钮，可将该窗口扩展为最大窗口。

5) 关闭按钮

单击窗口右上方的关闭按钮可以关闭相应的窗口。若打开后未编辑过而关闭该文件，系统不作提示；若编辑过而未曾存盘，将出现是否存盘的提示（如图 1-1-6 所示），要求作出相应的回答。

6）状态栏

提示操作状态。提示选择了"工具箱"中的哪个工具，将进行什么操作（如图 1-1-7 所示，选择了"画圆"工具，处于"构造一圆"状态），或者当前操作将产生什么结果（如图 1-1-8 所示，"在圆上构造一点"提示此刻若画点则一定画在圆上，圆高亮显示）。操作时应该经常注意状态栏所提示的内容。

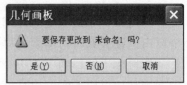

图　1-1-6

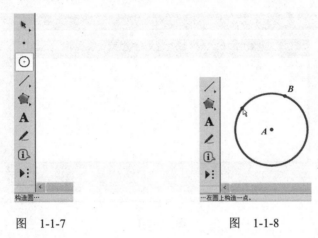

图　1-1-7　　　　　　　图　1-1-8

工具箱的介绍在第 1.4 节，菜单栏的介绍在第 1.5 节。

1.2　几何画板操作约定

为便于读者熟悉几何画板的操作风格，这里简要介绍它的一些操作约定，以便于很快熟悉这个软件。

1．鼠标操作

移动：移动鼠标，使屏幕上的鼠标指针跟着移动，此刻不需要按住鼠标的任何键。

单击：将鼠标移动到某一个位置或对象上，用手指按一下鼠标左键（如左手握鼠标，则应按右键）松开。本书以使用右手握鼠标为例。如果要使用左手握鼠标，则需要预先对鼠标属性进行设置。

右键单击：用手指按一下鼠标右键，简称右击。

双击：将鼠标移动到某一个位置或对象上，用手指快速地击鼠标左键两下。

拖动：将鼠标移动到某一个位置或对象上，用手指按下鼠标左键不放，移动指针到另一个位置，再松开鼠标左键。

注意："移动"与"拖动"的区别是，"移动"不需要按住鼠标任何键，而"拖动"常指选中了某个对象而拖动该对象。

2. 窗口操作

当窗口并未最大化时，用鼠标拖动标题栏可以改变窗口在桌面或窗口的位置。调整几个窗口位置关系时常需要这样做。

置鼠标于窗口的下方边缘（如图 1-2-1 所示），当鼠标成为一个上下的箭头时按下鼠标上下拖动，可以改变窗口高度。类似地，置鼠标于窗口的右边，当鼠标成为一个指向左右的箭头时按下鼠标左右拖动，可以改变窗口宽度。置鼠标于窗口的右下角，当鼠标成为一个指向右下与左上的箭头时按下鼠标拖动，可以同时改变窗口的高度与宽度。

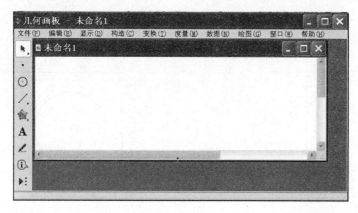

图　1-2-1

3. 菜单操作

单击某菜单（如单击"文件"菜单，出现如图 1-2-2 所示的情形），移动鼠标到要选择的某个选项处或者移动到该菜单的级联菜单中的某个选项处，再单击鼠标，将执行该菜单功能。如图 1-2-3 所示，单击"文件"菜单下的"打开"选项，进入图 1-2-4 所示的打开某个文件的操作。在几何画板环境下只能打开.gsp 与.gs4（由几何画板 4.0 版生成的文件）两类文件。若某选项中带有"…"，则会打开一个对话框。

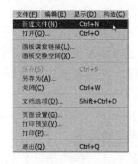 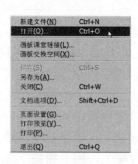 

图　1-2-2　　　　　　图　1-2-3　　　　　　图　1-2-4

几何画板的菜单栏中有"帮助"菜单，可以通过它来获得简单的操作指导。在几何画板的许多对话框中还有 帮助 按钮，可以随时得到相应的帮助。

另外，在操作的过程中，按 F1 键也可随时得到相应的帮助信息。

4．快捷键操作

通过快捷键实现程序的某个功能是 Windows 下许多程序的特点，几何画板也一样。

在单击菜单栏中的某个选项时，应该注意该菜单右边所指出的快捷键。如图 1-2-5 所示，要进入打开文件的对话框，可以直接按 Ctrl+O 组合键（先按住 Ctrl 键，再按下字母 O 键，下同）而不必单击此菜单，以节省时间。要退出几何画板，可以按 Ctrl+Q 组合键等。

5．右键操作

许多应用软件都支持右键操作，几何画板也如此。在画板的绘图区按下鼠标右键显示菜单的简洁形式，称为"快捷菜单"。右击的对象不同，快捷菜单的菜单项也会不同。选中画出的圆 A（鼠标箭头成为指向左边的黑色箭头），单击右键，图 1-2-6 所示为弹出的快捷菜单。由此可见，利用快捷菜单可以进行许多操作，尤其值得注意的是，可以在此了解对象的属性。

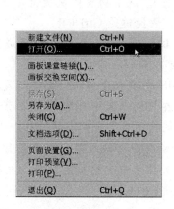

图　1-2-5

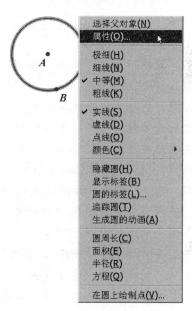

图　1-2-6

6．对话框中的文本框

应用程序的有些对话框带有需要用户编辑的"文本框"。如图 1-2-7 所示，打开"文件"菜单中的"保存"（快捷键 Ctrl+S）或者"另存为"选项，要求用户输入文件名。若用户使用系统默认的文件"未命名.gsp"，单击"保存"按钮即可。若用户输入其他文件名，则处于抹黑状态的"未命名"自动消失，输入文件名后系统会自动加上扩展名 gsp，用户不必输入。几何画板默认把文件保存在"我的文档"文件夹中，也可以改变文件夹而保存到其他文件夹中。

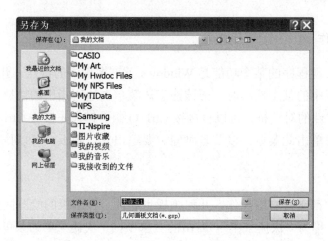

图 1-2-7

7. 撤销和重复

无论是几何画板的新手还是老手,在绘图时都可能出现失误。在几何画板中,有下列几种纠正失误的方法。

- 使用"撤销"功能:单击"编辑"菜单中的"撤销"命令取消刚刚画出的内容,复原到前次工作状态。如果已经进行了许多操作,则可以一步一步复原到初始状态(空白画板,或者本次所打开文档的状态)。这个功能的快捷键是 Ctrl + Z。如果这时又不想撤销了,可以使用重复功能,快捷键是 Ctrl + R。
- 如果在单击"撤销"命令之前按下了 Shift 键,则"撤销"命令就变成了"撤销所有动作",快捷键是 Shift + Ctrl + Z。这样可以获得一个空白画板。
- 使用"删除"功能:按键盘上的 Delete(删除)键或者单击"编辑"菜单中的"清除"选项可以清除所选中的对象。但是,在几何画板中删除对象必须十分小心,这是因为如果删除一个对象,那么这个对象的子对象就同时被删除。
- 如果有一个对象要"删除",但又不希望影响其他对象,那么可以采用隐藏该对象的方法。隐藏对象的方法是先用"选择"工具选中要隐藏的对象,然后单击"显示"菜单中的"隐藏"选项,或者按快捷键 Ctrl + H。

8. 文字处理

几何画板中出现的所有文字,无论是对象的符号、标签中的文字、度量值等,都可以像其他 Windows 应用程序一样改变文字的字体、字形、字号和颜色等。

1.3 几何画板用户参数设置

几何画板允许用户对系统参数进行设置,参数在设置以后直到下次改变以前,系统一直保持用户的设置。

1．一般参数选项

选中"编辑"→"参数选项"命令，如图 1-3-1 所示，进入"参数选项"对话框。

这里有 4 个选项卡：单位、颜色、文本、工具。

1）单位

系统默认打开"参数选项"对话框时进入有关单位的设置。

单击"角度"右边的打开按钮，显示角度单位的三种选择（如图 1-3-2 所示）：

- 弧度：范围是 $-\pi \sim \pi$。
- 角度：范围是 $0° \sim 180°$。
- 方向度：范围是 $-180° \sim 180°$。

单击"距离"右边的打开按钮，将显示长度单位的三种选择：像素，厘米，英寸。

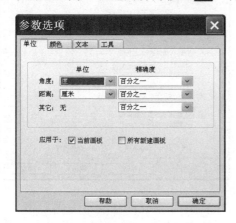

图 1-3-1

图 1-3-2

不论对于角度还是长度，都可以设置其精确度。相应的精确度都有 6 种选择：单位、十分之一、百分之一、千分之一、万分之一、十万分之一。

2）颜色

单击"颜色"选项卡，进入关于颜色的设置。

如图 1-3-3 所示，这里有 8 个对象：

- 点：点的颜色。
- 线：线的颜色。
- 圆：圆（周）的颜色。
- 轨迹：点的轨迹的颜色。
- 绘图：曲线或图像的颜色。
- 内部：被填充的多边形、扇形、弓形内部的颜色。
- 背景：画板背景颜色。
- 选中对象：对象被选中时虚框的颜色。

这里有 5 个复选项：

（1）使用新颜色时自动更新（当用户设置新的颜色时自动更新）。

（2）新对象内部使用随机颜色（在使用"多边形"工具绘制多边形时，内部填充色不是固定的，而是随机的）。

（3）淡入淡出效果时间（对对象跟踪时，对象的颜色被淡出的快慢）。

（4）当前画板（指关于颜色的设置对当前画板有效）。

（5）所有新建画板（指关于颜色的设置对所有新建画板都有效）。

对于这 5 个复选项一般不必改动，接受系统默认设置。

3）文本

单击"文本"选项卡，如图 1-3-4 所示，显示关于文本的设置。

图 1-3-3

图 1-3-4

这里分成 4 个部分。

（1）"自动显示标签"部分由两个复选项。

- "应用于所有新建点"：为所有新绘出的点自动加注标签。
- "应用于度量过的对象"：为度量时所涉及的点自动加注标签（坐标原点、单位点除外）。

（2）"新对象标签式样"部分有一个复选项。

"改变现有对象时自动更新"：指对"改变对象属性"设置之后，新建对象的标签自动接受新的设置。

单击"改变对象属性"按钮，如图 1-3-5 所示，显示"文本样式"对话框。这里可以设置各种文本对象的字形、字体、字号以及各种风格（如粗体、斜体、下划线、颜色）。默认"应用于当前画板"。若选中"所有新建画板"复选项，则对所有新建画板有效。设置完成后单击"确定"按钮，以确定设置。

图 1-3-5

（3）这一部分由 4 个复选项组成。

- "编辑文字时显示文字工具栏"：用"文本"工具编辑说明时自动打开文本编辑工

具栏（单击"显示"菜单的"显示文本工具栏"（Shift + Ctrl + T）可打开文字编辑工具栏），可提供许多文字编辑工具。

- "所有数学标签用斜体"：所有数学标签都用斜体。
- "新建参数显示编辑框"：新建的参数带有编辑框，以便于直接编辑参数大小。
- "新函数用符号"$y=$""：若不选中，新建函数以"$f(x)=$"（"$g(x)=$"等）表示。

（4）最后一部分"应用于"由两个复选项组成。

- "当前画板"：应用于当前打开的画板（如画点后自动加注标签）。
- "所有新建画板"：对所有新建的画板，绘制对象时自动加注标签。

这两个选项中至少选中一个，也可以全部选中。系统不允许都不选。

4）工具

单击"工具"选项卡，如图 1-3-6 所示，显示关于工具的设置。

这里由 4 个部分组成。

（1）"箭头工具"部分有一个复选项。

"双击取消选定"：若选中此复选框，则当屏幕上有（许多）对象被选中时，在空白处双击鼠标才能取消对它们的选择。若不选中这个复选项，则在空白处单击鼠标就可以取消对它们的选择。选中这个选项后，"选择吸引力"指双击鼠标取消对象选中的难易程度。

（2）"多边形工具"部分有一个复选项。

"显示新建多边形边界"：若选中此复选框，则用多边形工具画多边形时显示边界。对于"新建多边形透明度"，数字越大越不透明。

（3）"标记工具"部分有两个单选项。可以设置画笔线条的粗细。"笔迹"有自动、平滑曲线、手绘曲线三种。笔迹和宽度有 6 种组合可选。在常规绘图中，"平滑曲线"和"绘图曲线"的区别并不明显。

（4）"信息工具"部分有三个单选项。选中最后一个相当于选中前两个。当选中最后一个时，如图 1-3-7 所示，用信息工具指向圆 A 时，既显示它的父对象是点 A 和点 B，又告知它没有子对象。这在分析（他人）作图过程时十分有用。

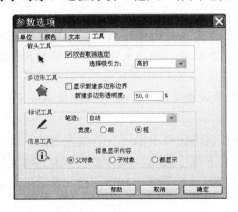

图 1-3-6

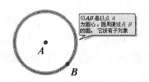

图 1-3-7

2. 高级参数选项

按住 Shift 键，选择"编辑"→"高级参数选项"命令，如图 1-3-8 所示，进入"高级参数选项"对话框。

这里有三个选项卡：导出、采样、系统。

1)"导出"选项卡（如图 1-3-8 所示）
- "输出直线和射线上的箭头"：在打印或者粘贴到其他文件中时，直线与射线显示箭头。
- "剪切/复制到剪贴板的格式"：把绘图区的对象剪切/复制到剪贴板后的图片格式。
- "剪贴板位图格式比例"：最大为 800%，通常设置为 100%。例如，设置为 800% 后，把一个圆复制到剪贴板再粘贴到 Word 中，这个圆会很大（相似比是 8）。

2)"采样"（如图 1-3-9 所示）

单击"采样"选项卡，如图 1-3-9 所示，显示关于采样的设置。

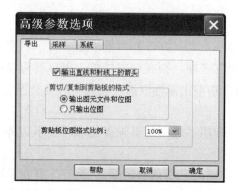

图 1-3-8

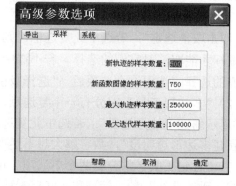

图 1-3-9

- "新轨迹的样本数量"：为新产生的点的轨迹（由"构造"（快捷键 Alt+C）菜单的"轨迹"产生）设置样点数目（像素）。数字越大，轨迹越平滑。
- "新函数图像的样本数量"：为新产生的函数图像设置样点数目（像素）。数字越大，图像越平滑。
- "最大轨迹样本数量"：在编辑轨迹或者函数图像的属性时，规定轨迹与图像上的样点数目的最大允许改变值。如选中轨迹，按"+"键可以增加其样本数量，但是最大不会超过这里所设置的数值。
- "最大迭代样本数量"：规定最大迭代次数（由"变换"（快捷键 Alt+T）菜单的"迭代"产生）。

要了解某一个项目规定的范围，只要在该编辑框中输入一个很大的数，确定后会显示取值范围。比如在"最大迭代样本数量"文本框中输入 1000000，单击"确定"按钮后屏幕显示"请输入一个在 5 与 400000 之间的值"（如图 1-3-10 所示），表示最大迭代深度只能是 400000。

3)"系统"（如图 1-3-11 所示）

单击"系统"选项卡，如图 1-3-11 所示，显示关于系统的设置。

第 1 章 新版几何画板简介 11

图　1-3-10

图　1-3-11

- 正常速度（1.0）：正常动画速度。动画速度为中速时（常规）的值为 1.0，即图 1-3-11 中显示的 2.858cm/s。慢速为正常速度的 0.33 倍，快速为正常速度的 1.7 倍。数值越大速度越快，范围是 0～10000。
- 选择"显示"（快捷键为 Alt+D）→ "显示运动控制台"命令，弹出运动控制台，可以改变速度大小。
- 屏幕分辨率：对坐标系中单位长的设置。数字越大，坐标系中所显示的单位长就越长；相反，数字越小，显示的单位长就越短。
- 图形加速：是否利用系统对图形加速的功能。
- 对 gsp3/4 的语言支持：这是一个在文本上是否与之前版本兼容的选项。建议选中"936（ANSI/OEM–简体中文 GBK）"，与简体中文兼容（如图 1-3-12 所示）。否则，之前用简体中文编辑的文本将不能正常显示（乱码）。
- 编辑颜色菜单：单击"编辑颜色菜单"按钮，如图 1-3-13 所示，显示"编辑颜色菜单"对话框。

图　1-3-12

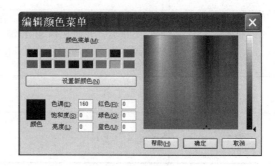

图　1-3-13

- 重置所有参数：取消用户设置，重置为系统默认的参数设置。

1.4　几何画板工具箱

在几何画板窗口的左侧有一排工具，称为几何画板工具箱。在几何画板制作过程中，需要经常使用这里的工具进行制作。几何画板工具箱按钮的名称与功能如表 1-4-1 所示。

表 1-4-1　几何画板工具箱按钮名称与功能

按　　钮	名　　称	功　　能
	"选择"工具。按住不放会出现一排按钮。后两者依次是"旋转"工具、"缩放"工具。不要松开鼠标,拖动到需要的工具按钮处松开鼠标,该工具被选择;或者选中其中一个工具,按 Shift+→（或←）组合键直到需要的工具停止	都可以用来选中对象。使用"缩放"工具或"旋转"工具都必须先定义"缩放中心"或"旋转中心"。若需要选中多个对象,可依次单击各对象或用矩形框框住
	"画点"工具	画点
	"画圆"工具	画圆
	"画线"工具。按住不放会出现一排按钮。后三者依次是"画线段"工具、"画射线"工具、"画直线"工具。不要松开鼠标,拖动到需要的工具按钮处松开鼠标,该工具被选择;或者选中某个工具,按 Shift+→（或←）组合键直到需要的工具停止	画线（线段、射线、直线）
	"多边形"工具。选中某个工具,按 Shift+→（或←）组合键直到需要的工具停止	绘制多边形。分别为不含边界、含边界、不填充内部
	"文本"工具	给点、线、圆、轨迹、图像、绘图函数等对象加注标签或在画板窗口增加一段文字。编辑的文字中可含有随着外部变化的动态数据,也可以含有来自按钮标签等热字,单击这些热字可执行按钮的操作
	"标记"工具或手绘曲线工具。在手绘曲线后,及时按住 Shift 键,成为擦除工具,可擦除刚绘制出的曲线	可标记线、圆、角等,可修改标记的属性。可当作画笔手绘曲线产生绘图函数,可及时擦除部分（或全部）手绘曲线
	"信息"工具	在某对象处单击,显示该对象信息,指出父、子等对象之间的逻辑关系
	"自定义"工具	记录作图过程,产生作图工具,显示记录内容,设置（或取消）工具所在文件夹,打开文档选项进入工具及文档管理等

选择"显示"→"隐藏工具箱"命令可以隐藏这个画板工具箱。这是个"开关"选项,要显示画板工具箱,可以再选择"显示"→"显示工具箱"命令。

1. "选择"工具

选中对象的目的是为了对这个对象进行操作。这是因为在 Windows 中所有的操作都只能作用于被选中的对象上,也就是说,必须先选中该对象,然后才能进行对该对象的有关操作。在几何画板中,对选中的对象可以进行的操作有删除、拖动、构造、度量、变换、显示/隐藏标签等。

在进行所有选择（或不选择）之前，应该先单击画板"工具箱"中的"选择"工具使鼠标处于（向左上的）箭头状态。

（1）用"选择"工具指向对象，当鼠标成为向左的黑色箭头（ ）时单击，该对象被选中。对象被选中的标志有虚框框住，其颜色可以设置（见 1.3 节）。图 1-4-1 中的点 C、线段 DE 和圆这三个对象被选中。点 D、E、A、B 都没有被选中。

在画板中作出的图形、图像、文字，粘贴的图片，插入的各种图标，产生的控制按钮等都称为"对象"。

（2）要选中两个或两个以上的对象可以有多种方法。比如在选中第一个对象以后再分别选中其他对象。也可以把要选中的对象用"选择"工具画一个矩形框框住，如图 1-4-2 所示，即用"选择"工具在矩形的一个顶点处按下，拖动鼠标到另一个成对角线的顶点处松开，三角形

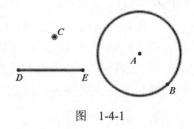

图 1-4-1

ABC 的三条边与三个顶点这 6 个对象都将被选中。如果要选中屏幕上的所有对象，则可以选择"编辑"→"选择所有"命令，或者按 Ctrl＋A 组合键。如果要选中屏幕上的绝大多数对象，仅少数不选，则可以先按 Ctrl＋A 组合键，然后再用"选择"工具单击不要选择的那些对象。用"选择"工具选择对象是一个开关操作，用"选择"工具单击某对象时，该对象被选中，再单击该对象时，该对象又被释放。

如果屏幕上的对象较多，比如有几个圆、几个点，还有几条线，现需要选中点而不选中其他对象，可先使工具箱中的"画点"工具处于选中状态，然后按 Ctrl＋A 组合键，则所有的点被选中，而其他对象没有被选中。类似地，可以仅选中圆或者仅选中线。假定已经选中了所有的点，还要再选中所有的圆（不要用鼠标单击绘图区，否则会释放已经选中的所有点），只要使"画圆"工具处于被选中状态，再按 Ctrl＋A 组合键，则所有的圆又被选中，前面选中的所有点未释放，即已经选中了所有的点和所有的圆。

（3）都不选中。在画板的空白处单击一下，所有选中的标记都消失，此刻没有对象被选中。

（4）修改几何对象的标签也可以用"选择"工具。如图 1-4-3 所示，当用"选择"工具指向点 D 的标签字母 D 时，"选择"工具呈手状（中间有一个字母 A）时，双击鼠标将弹出标签修改的对话框，可以修改该点的标签。

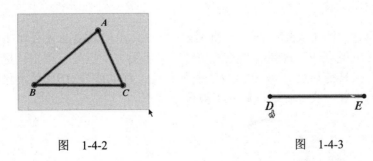

图 1-4-2   图 1-4-3

（5）用"选择"工具还可以直接作出几何对象间的交点，只要单击这两个对象的相交处即可。几何画板 5.0 以上版本可以直接作出两个函数图像之间的交点，可以作出某个点

的轨迹与某线段（或射线、直线、圆）之间的交点，还能够作出由手绘曲线确定的绘图函数图像与线段（或射线、直线、圆）之间的交点等。

2. "旋转"工具

按住"选择"工具不放，拖动鼠标到"旋转"工具处松开，可以把"选择"工具改成"旋转"工具。使用"旋转"工具旋转对象需要先标记（定义）一个点作为旋转中心（用"旋转"工具双击该点），然后用"旋转"工具选中对象，拖动这个对象将绕这个点（中心）旋转。用"旋转"工具也可以进行选中对象、修改标签等操作。

把"选择"工具改成"旋转"工具，也可以先选中"选择"工具，然后按住 shift 键，拨动键盘上向右的箭头，直到出现"旋转"工具时停止。

3. "缩放"工具

按住"选择"工具不放，拖动鼠标到"缩放"工具处松开，可以把"选择"工具改成"缩放"工具。使用"缩放"工具缩放对象也需要先标记（定义）一个点为缩放中心（用"缩放"工具双击该点），然后用"缩放"工具选中对象，拖动这个对象将以缩放中心做变换。用"缩放"工具也可进行选中对象、修改标签等操作。

把"选择"工具改成"缩放"工具，也可以先选中"选择"工具，然后按住 Shift 键，拨动键盘上向右的箭头，直到出现"缩放"工具时停止。

4. "画点"工具

用来画点。点画好以后处于被选中状态。画好以后可以用"选择"工具拖动该点。用"画点"工具也可以画出一些几何对象之间的交点，但最好用"选择"工具来作出这些交点。

5. "画圆"工具

用来画圆。如图 1-4-4 所示，用"画圆"工具在圆心 A 处单击，移动鼠标出现圆，直到需要的大小时再单击鼠标，画出圆。拖动点 B 可以控制圆的大小，拖动点 A 可以改变圆的位置和大小。

圆画好以后处于被选中状态。

6. "画线段"工具

用来画线段。如图 1-4-5 所示，用"画线段"工具在一个端点 A 处单击鼠标，移动鼠标出现线段，并出现点 B，直到需要的长度时（或者另一个点处）单击鼠标，画出线段。可以用"选择"工具拖动点 A 或 B 改变线段的长度，拖动线段 AB（可不包括两个端点）可以改变线段的位置。线段画好以后处于被选中状态。

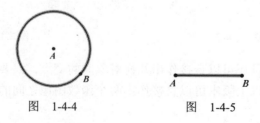

图 1-4-4　　　　　图 1-4-5

在几何画板中,线段由三个对象组成。

7. "画射线"工具

用来画射线。按住"画线段"工具不放,拖动鼠标到"画射线"工具处松开,可以把"画线段"工具改成"画射线"工具。如图 1-4-6 所示,用"画射线"工具在一个端点 A 处单击鼠标,拖动鼠标出现射线,直到另一个确定方向的点 B(或者是另一个已知点)处再单击鼠标,画出射线。可以用"选择"工具拖动点 A 或 B 改变射线的方向,拖动射线 AB(不包括 A 和 B)可以改变射线的位置。射线画好以后处于被选中状态。

在几何画板中,射线由三个对象组成。

把"画线段"工具改成"画射线"工具,也可以先选中"画线段"工具,然后按住 Shift 键,拨动键盘上向右的箭头,直到出现"画射线"工具时停止。

8. "画直线"工具

用来画直线。按住"画线段"工具不放,拖动鼠标到"画直线"工具处松开,可以把"画线段"工具改成"画直线"工具。如图 1-4-7 所示,用"画直线"工具在点 A 处单击鼠标,拖动鼠标出现直线,直到另一个确定方向的点 B(或者是另一个已知点)处再单击鼠标。可以用"选择"工具拖动点 A 或 B 改变直线的方向,拖动直线 AB(不必包括点 A 和 B),改变直线的位置。

图 1-4-6 图 1-4-7

直线画好后处于被选中状态。

在几何画板中,直线由三个对象组成。

如果在用"画线"工具画线时按住 Shift 键,则画出的线(线段、直线、射线)与水平方向成 15°的整数倍角倾斜。画水平线或者画垂直线可以这样做。

把"画线段"工具改成"画直线"工具,也可以先选中"画线段"工具,然后按住 Shift 键,拨动键盘上向右的箭头,直到出现"画直线"工具时停止。

9. "多边形"工具

用来画多边形。画多边形的工具有三种:第一种是画出的多边形不含边,但是内部被填充;第二种是画出的多边形含有边,且内部被填充;第三种是画出的多边形含有边,但是内部不填充。

各种形式之间的切换方法是使某种处于选中状态,然后按住 Shift 键,拨动键盘上向右的箭头,直到需要的那一种出现时停止。或者按住"多边形"工具拖动鼠标到需要的工具处松开鼠标。

(1) 如图 1-4-8 所示,用"多边形"工具在点 A 处单击鼠标,然后移动到另一处单击鼠标,最后在起点处(点 A)单击鼠标,画出三角形 ABC。

(2) 单击"多边形"工具,按 Shift+→组合键,"多边形"工具改为第二种。用第二种"多边形"工具重复上面的过程,结果如图 1-4-9 所示。

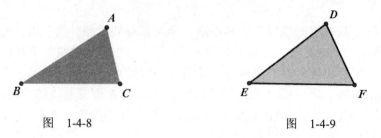

图　1-4-8　　　　　　　　　　　　　图　1-4-9

(3) 单击"多边形"工具,再按 Shift+→组合键,把"多边形"工具改为第三种。用第三种"多边形"工具重复上面的过程,结果如图 1-4-10 所示。

10."文本"工具

(1) 在屏幕上增加一段说明文字。使"文本"工具处于选中状态,鼠标成为一只手,中间没有字母 A。在绘图区双击或者拖动鼠标,进入文本编辑状态,如图 1-4-11 所示,同时屏幕下方自动打开(见 1.3 节,即选中"编辑文字时显示文字工具栏"复选框)文本编辑工具栏,可以设置字体、字号、字形和颜色等。编辑区中的光标在闪动,这时可以输入一段文字。编辑的文字还可以来自按钮标签,成为热字,单击这个热字可执行按钮;编辑的文字还可以来自动态的数据,当外部数据变动时,相应的文字也变动。

图　1-4-10　　　　　　　　　　　　　图　1-4-11

几何画板 4.0 以上版本支持对文本的数学格式排版。单击数学格式编辑工具按钮，增加分数、根式、上下标等编辑工具(如图 1-4-12 所示)。再单击　按钮出现常用的数学符号选择表(如图 1-4-13 所示),供编辑时选用。

图　1-4-12

(2) 显示(或隐藏)几何对象的标签。如图 1-4-14 所示,用"文本"工具指向某点(注意,不是指向该点的标签),"文本"工具成为黑色的手状　,单击该点可隐藏(或显示)该点的标签,再单击该点则显示(或隐藏)该点的标签。若双击该点,则显示图 1-4-15 所示的点 B 属性对话框。

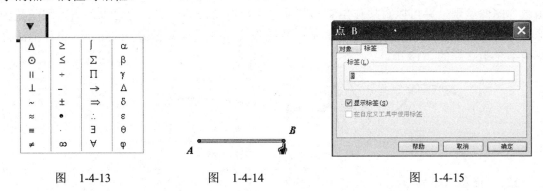

图 1-4-13　　　　　　图 1-4-14　　　　　　图 1-4-15

选中对象后按 Ctrl+K 组合键，可以显示对象的标签；再按 Ctrl+K 组合键，则隐藏对象的标签。

（3）修改几何对象的标签。用"文本"工具指向某点的标签（注意，不是指向该点），"文本"工具成为白色的手状，中间有字母 A，双击该点的标签显示该点属性的对话框，单击"标签"选项卡，则进入标签修改。如输入 B[1]，则显示的是 B_1。这是添加下标的方法。

（4）移动标签。如果认为某几何对象标签的位置不太适当，可以拖动该对象的标签（只能在该对象的周围）到适当位置。

注意："文本"工具的指针有三种状态。

11."标记"工具

用来标记对象或者手工绘制曲线。

如图 1-4-16 所示，先画一个三角形 ABC，然后用"标记"工具在线段 AC 的中部单击鼠标，线段 AC 被标记。类似地，在线段 AB 上单击鼠标两下，在线段 BC 上单击鼠标三下，它们分别被标记。用"标记"工具在点 C 处单击，并向三角形内部拖动鼠标，则∠ACB 被标记。如图 1-4-17 所示，"标记"工具还可以用来标记圆、标记函数的图像等。

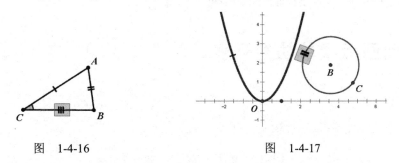

图 1-4-16　　　　　　　　　图 1-4-17

"标记"工具也是画笔工具。如图 1-4-18 所示，可以用"标记"工具画一段曲线。

手绘一段曲线后，如果需要擦除某部分，可按住 Shift 键，如图 1-4-19 所示，此刻鼠标箭头成为一个小圆圈（"擦皮"），可以用它擦除不需要的部分。

绘制曲线后，可以选择"数据"→"创建绘制函数"命令，得到"f(x):绘制图[1]"。选中"f(x):绘制图[1]",选择"绘图"→"绘制函数"命令,则曲线作为函数图像——"绘图函数"图像呈现,并可以直接作出它与其他绘图函数图像的交点。也可以作出绘图函数图像与线(线段、射线、直线)、圆、其他函数图像(非绘图函数图像)的交点。更详细的介绍请参见第 2 章的 2.18 节。

图 1-4-18　　　　　　　　　　　图 1-4-19

12. "信息"工具

给出对象的相关信息。如图 1-4-20 所示,先画 △ABC,并作出线段 AC 的中点 D,用"信息"工具分别单击点 A、B、D,则分别显示它们的信息。比如,当单击点 A 时,显示"点 A 是一个独立的对象,它有两个子对象:$\overline{AB}$ 和 $\overline{CA}$ 。",表明:可以随意拖动点 A(它是独立的);线段 AB、CA 是点 A 的子对象,若删除点 A,则 AB、CA 也将被删除。

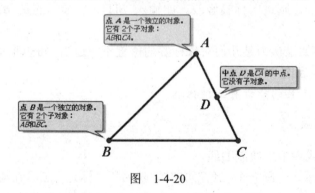

图 1-4-20

13. "自定义"工具

它的运用要复杂一些,详细介绍请参见 2.10 节。

1.5　几何画板菜单功能列表

1. "文件"菜单

"文件"菜单的功能与快捷键如表 1-5-1 所示。

表 1-5-1　"文件"菜单的功能与快捷键

菜　单　项	快捷键	功　能　描　述
新建文件	Ctrl+N	新建一个画板窗口
打开	Ctrl+O	打开一个已经存在的画板文件(.gsp、.gs4)
画板课堂链接		链接画板课堂。显示对话框,要求输入"级别口令":一个包含画板课堂的远程服务器地址

续表

菜单项	快捷键	功能描述
画板交换空间		显示"画板交换空间"对话框，要求输入交换密匙，打开发表在画板交换空间的几何画板文件
保存	Ctrl+S	保存当前窗口的画板文件
另存为		将当前画板文件以另一个名字（或格式）保存（如.emf、.wmf、.htm）。按住 Shift 键，显示为"另存为网页"
关闭	Ctrl+W	关闭当前窗口文件，并给出适当提示（如是否需要保存）
文档选项	Shift+Ctrl+D	管理页面与自定义工具。对文档的管理有：为当前文档增加空白页面，或者复制/删除当前文档已有的页面，或者复制另一个被打开的文档中的页面。对工具的管理有：删除本文档已存在的工具，或者显示当前文档中某自定义工具的脚本，或者复制另一个被打开的文件中已经存在的工具
页面设置		设置打印的页面
打印预览		预览当前窗口的打印后的状态
打印		打印当前窗口
退出	Ctrl+Q	关闭所有打开的文件，退出几何画板系统

2．"编辑"菜单

"编辑"菜单的功能与快捷键如表 1-5-2 所示。

表 1-5-2 "编辑"菜单的功能与快捷键

菜单项	快捷键	功能描述
撤销	Ctrl+Z	撤销最近一次所进行的操作。按 Ctrl+Shift+Z 组合键可撤销全部操作
重做	Ctrl+R	恢复刚撤销的最近一次操作。按 Ctrl+Shift+R 组合键可恢复刚撤销的全部操作
剪切	Ctrl+X	把选择的对象剪切到剪贴板上（不保留所选择的对象）
复制	Ctrl+C	把选择的对象复制到剪贴板上（保留所选择的对象）
粘贴	Ctrl+V	当剪贴板上有可粘贴的内容时出现。把剪贴板上的对象粘贴到画板中来
粘贴图片	Ctrl+V	把复制到剪贴板上的图片（如来自 Word 的文本、图片等）粘贴到画板中来
替换粘贴图片	Ctrl+V	如果选中窗口的某图片，而剪贴板上已经存在图片，显示此菜单。单击后替换窗口中的图片
清除	Delete	清除被选中的对象以及该对象的子对象
操作类按钮		进入隐藏/显示（按住 Shift 键成为"隐藏&显示"）、动画、移动、系列、声音、链接、滚动等按钮设置，产生相应按钮
全选	Ctrl+A	选中绘图区的所有对象，或者选中工具箱中被选中的工具（点、线、圆）指示的对象
选择父对象	Alt+↑	选择当前所选中对象的父对象
选择子对象	Alt+↓	选择当前所选中对象的子对象
剪裁图片到多边形		同时选中多边形内部与图片，出现此菜单。单击此菜单，被多边形内部覆盖的部分被剪裁。拖动多边形内部，仅显示该图片被多边形剪裁的部分，其他部分被隐藏
分离/合并		对象间的合并与分离。合并一个点（或分离）到另一个点；或者合并点（或分离）到某路径（线、圆、多边形边界、函数图像、点的轨迹、绘制函数图像）上。按住 Shift 键，可以把一个文本合并到多个点，并保留该文本，当保留的文本被编辑改变后，合并的文本随之改变。还可以从坐标系中分离绘制的点，使得它成为自由点等
从坐标系分离绘制的点		选中由"绘图"菜单"绘制点"产生的点，"分离/合并"成为此菜单，单击它，则该点成为自由点

续表

菜 单 项	快捷键	功 能 描 述
编辑定义	Ctrl+E	打开相应的对话框,编辑已经有的定义。比如编辑已有的计算值、函数表达式、参数、根据数值绘制出的点等
属性	Alt+?	了解或修改对象的属性。如修改对象的标签,是否需要隐藏对象,对象是否可以被选择,了解对象的子对象、父对象等属性
参数选项		设置系统参数,有单位、颜色、文本、工具共4个选项卡。如精确度、各种对象的颜色、文本(标签)的属性、有关工具的相关参数等
高级参数选项		按住Shift键时出现此菜单。设置系统的高级参数,有导出、采样、系统共三个选项卡。如打印精度、动画速度、坐标系单位长等

3."显示"菜单

"显示"菜单的功能与快捷键如表1-5-3所示。

表1-5-3 "显示"菜单的功能与快捷键

菜 单 项	快捷键	功 能 描 述
点型		设置点的大小,有4个级别:最小、稍小、中等、最大
线型		设置当前选中直线(或曲线等)的线型。有虚线、实线,以及细线或粗线等。若按住Shift键进行设置,则仅对当前选中的对象有效,否则对以后绘制出的同类对象都有效
颜色		设置当前选中对象的颜色。还可进入参数设置(颜色与数字关联)或进行颜色编辑。在设置被改变前一直有效。若按住Shift键进行设置,则仅对当前选择的对象有效
文本		设置当前所选中对象的标签、注解、度量值等文字的字体、字号、字型(在设置被改变前一直有效)。若按住Shift键进行设置,则仅对当前选中的对象有效
隐藏对象	Ctrl+H	隐藏选中的对象
显示所有隐藏	Shift+Ctrl+H	显示画板中所有被隐藏的对象,并使它们处于被选中状态
显示标签	Ctrl+K	显示(或隐藏)所选中对象(包括轨迹、图像等)的标签。开关选项
标签	Alt+/	该菜单所显示内容与被选中的对象有关。打开所选中对象的属性对话框中的"标签"选项卡,进入标签修改状态
重设下一标签	Alt+/	按住Shift键显示该菜单。单击后显示对话框,确定后,点的标签将重新以A开头,依次为A,B,C,D,…
追踪	Ctrl+T	该菜单所显示内容与被选中的对象有关。把所选中的点、线、圆、轨迹、图像等对象设置为跟踪状态,在拖动该对象时显示其踪迹。如果已经设置为跟踪状态,再次设置则为取消对前次的设置
擦除追踪踪迹	Shift+Ctrl+E	清除窗口所有由追踪对象所产生的对象的踪迹。也可以按Esc键来清除踪迹
动画	Alt+'	使所有被选中的对象运动起来,同时打开运动控制台。这些对象可以是点、线、圆、点的轨迹、函数图像等;也可以是动态的参数(可由"数据"菜单的"新建参数"产生);还可以是绘图函数图像,不过这时不是该图像运动,而是相对它的坐标系的原点运动
加速	Alt+]	增大正在运动的对象的运动速度
减速	Alt+[	减小正在运动的对象的运动速度
停止动画		停止动画,停止后对象处于选中状态。也可以按Esc键终止动画
隐藏文本工具栏	Shift+Ctrl+T	隐藏(或者显示)文本编辑工具栏。开关选项
显示运动控制台		显示(或者隐藏)运动控制台。开关选项
隐藏工具箱		隐藏(或者显示)画板工具箱。开关选项

4. "构造"菜单

"构造"菜单的功能与快捷键如表 1-5-4 所示。

表 1-5-4 "构造"菜单的功能与快捷键

菜 单 项	快捷键	功 能 描 述
对象上的点		选中一个或几个路径,在上面随机画出一点。路径可以是线段、射线、直线、圆、圆弧、坐标轴、点的轨迹、函数图像、参数曲线、绘图函数图像等;还可以是填充多边形的边界(弓形或扇形)
中点	Ctrl+M	选中一条或几条线段,分别作出这些线段的中点
交点	Shift+Ctrl+I	选中两个几何对象(线段、射线、直线、圆、圆弧等),作出它们的交点。还可以作出几何对象(线段、射线、直线、圆、圆弧等)与函数图像(或绘图函数图像、参数曲线)之间,或者两函数图像之间,或者两绘图函数之间,或者两参数曲线之间,或者函数图像与绘图函数图像之间的交点
线段	Ctrl+L	选中两个点,用线段连接这两点;选中三个以上的点,则按顺序用线段连接这些点,最后连接终点和起点
射线		先后选中两个点,按顺序连接这两点的射线;选中三个以上的点,则按顺序用射线连接这些点,最后连接终点和起点
直线		选中两个点,用直线连接这两点;选中三个以上的点,则按顺序用直线连接这些点,最后连接终点和起点
平行线		选中一条直线和一个点:作过这一点与这条直线平行的平行线; 选中一条直线和两个以上的点:分别作过这些点且平行于这条直线的平行线; 选中一个点和两条以上的直线:作过这一点分别平行于各条直线的平行线
垂线		选中一条直线和一个点:过这一点作这条直线的垂直线; 选中一条直线和两个以上的点:过这些点作垂直于这条直线的垂直线; 选中一个点和两条以上的直线:过这一点作垂直于各直线的垂直线
角平分线		选中不在一直线上的三点(或有公共端点的两线段,或者有公共端点的两射线),以第二个点为角的顶点,第一和第三点为角两边上的点,作出角的平分线(或以两线段的公共端点为角的顶点,两线段为角的边作出角的平分线;或以两射线的公共端点为角的顶点,两射线为角的边作出角的平分线)
以圆心和圆周经过的点作圆		根据两个点画圆:第一个点是圆心,第二个点是圆要经过的点
以圆心和半径作圆		根据一点和一条线段(或者一个长度值)画圆:点是圆心,线段(或者一个长度值)决定圆的半径大小
圆上的弧		一个圆和圆上两点:从第一个点开始,沿着圆按逆时针方向做到第二个点的弧;也可以选中三个点:先选中圆心,再依逆时针方向选中圆上的两个点或者线段中垂线上一点及线段两端点(逆时针)
过三点的弧		三个点:从第一点开始,作过第二点,到第三点的圆弧
内部	Ctrl+P	不同的选择会使菜单项发生相应变化: 选中三个以上的点,以这些点按顺序作为"多边形"(可以不是凸多边形)的顶点,填充"多边形"内部 选中一个圆(或同时选中几个圆),可填充圆内部 选中一段弧(或同时选中几段弧),菜单项将显示成"弧内部",并有两个下级菜单:扇形内部与弓形内部。若填充扇形内部,仍可按 Ctrl+P 组合键;若填充弓形内部,则单击下级菜单中的"弓形内部"(无快捷键)

续表

菜 单 项	快捷键	功 能 描 述
轨迹		同时选中一个主动点（或参数值）和一个被动对象（点、线、圆），主动点必须在它运动的路径（线、圆、圆弧、轨迹、点的轨迹、函数图像、参数曲线、绘图函数图像等）上，形成主动点在运动路径上运动时，被动（或参数值控制的）对象的轨迹。也可以选中主动点、主动点的运动路径、被动对象共三个对象，然后单击该选项，则形成主动点在指定路径上运动时，被动对象的轨迹
函数系		同时选中参数与含该参数的函数图像，显示此菜单。单击此菜单形成曲线族，并显示函数系的属性对话框，可以设置参数在指定范围内时曲线的条数。参数可由"数据"菜单的"新建参数"、"新建函数"产生，也可由"绘图"菜单的"绘制新函数"中"数值"选项卡产生

5．"变换"菜单

"变换"菜单的功能与快捷键如表 1-5-5 所示。

表 1-5-5 "变换"菜单的功能与快捷键

菜 单 项	快捷键	功能描述
标记中心	Shift+Ctrl+F	把一点标记（定义）为旋转中心或缩放中心（不过，标记一点为中心的最简单方法是双击它）
标记镜面		把一条线标记（定义）为反射镜面（对称轴）（不过，标记一条线为反射镜面的最简单方法是双击这条线）
标记角度		先后选中三点（有方向），标记一个角（中间一点为角的顶点），或者选中一个角度值。用来控制被旋转的对象
标记比（值）		选中的对象不同会出现不同的菜单。先后选中两条线段，显示"标记线段比"，定义这两条线段长的比（先比后）；选中一个数值，显示为"标记比值"。用来控制被缩放的对象的缩放比
标记向量		先后选择两点，标记从第一点到第二点的向量
标记距离		选择一个或两个带长度单位的度量值或计算值，标记（定义）距离。可控制被平移的对象
平移		进入平移方式的相关设置。平移被选中的对象。可先标记平移向量控制平移对象
旋转		进入旋转方式的相关设置。绕中心旋转被选中的对象。可先标记一点为中心，进入旋转方式的设置
缩放		进入缩放方式的相关设置。依中心缩放被选中的对象。可先标记一点为中心，进入缩放方式的有关设置
反射		进入反射方式的相关设置。依对称轴反射被选中的对象。可先标记一条线为反射镜面（对称轴），把选中的对象依标记的镜面反射
迭代		进入迭代方式的相关设置。选择一个或者几个点或者参数，然后形成由它们迭代而成的对象或数值
深度迭代		按住 Shift 键，"迭代"菜单成为此菜单，可以生成带有迭代深度的迭代。选择参与迭代的一个或者几个点或者参数，最后选中控制迭代深度的数值，开启"迭代"对话框，生成迭代深度被控制的迭代
终点		选中由点迭代后生成的对象，"迭代"菜单成为此菜单，单击它可产生迭代的终点
创建自定义变换		创建一个自定义变换，用这个自定义变换控制其他对象的变换。一个自定义变换可以是由若干变换构成的变换序列
编辑自定义变换		可修改已经存在的自定义变换的名称，或者删除已经存在的自定义变换，当有几个自定义变换时，可改变它们在菜单栏的顺序

6．"度量"菜单

"度量"菜单的功能与快捷键如表 1-5-6 所示。

表 1-5-6 "度量"菜单的功能与快捷键

菜 单 项	快捷键	功 能 描 述
长度		选中一条或者几条线段，度量出线段的长度
距离		给出两点，度量两点之间的距离； 给出一个点和一条线，度量点到线的（垂直）距离
周长		选中被填充的多边形、扇形或弓形内部，度量出图形的周长
圆周长		选中一个圆或几个圆或填充的圆的内部，度量出圆的周长
角度		选中三个点，第二个点是顶点；或有公共端点的两线段（两射线）度量出角的大小（最大 180°）
面积		选中一个圆（或几个圆），或选中被填充的多边形、圆、扇形、弓形内部，度量出图形的面积
弧度角		选中一段（或几段）弧，或者一个圆以及圆上的两个点，或者一个圆以及圆上的三个点，或者一个（或几个）扇形内部，或者一个（或几个）弓形内部，度量这些图形所对应的弧的度数
弧长		选中一段（或几段）弧，或者一个圆以及圆上的两个点，或者一个圆以及圆上的三个点，或一个（或几个）扇形内部，或者一个（或几个）弓形内部，度量这些图形所对应弧的长度
半径		选中一个或者几个圆（或者填充的圆、圆弧、扇形、弓形的内部），度量出对应的圆半径长
比		选中两条线段或者一条线上的三个点 A,B,C，度量第一条线段的长度与第二条线段的长度的比值或者 $\dfrac{AC}{AB}$（可为负数，可为 0）
点的值		被度量的点在（或不在）它的运动路径上。点的路径可以是线（线段、射线、直线）、圆、填充图形的边界、函数图像、点的轨迹、绘图函数图像等。当点不在它的运动路径上时，需要同时选中该点以及它的运动路径，按住 Shift 键才显示此菜单。比如，画直线 AB，在 AB 上再画一点 C，选中点 C，单击此菜单，显示点 C 在直线 AB 上的值"C 在 $\overrightarrow{AB}=?$"。点 C 在直线 AB 上的值即点 C 在以 A 为原点，以 B 为单位点所形成的数轴上的坐标。如果点 C 不在直线 AB 上，则同于经过点 C 画直线 AB 的垂线，度量垂足的"点的值" 可以同时度量多个点的值
坐标		选中一个或几个点，度量出点的坐标值（和坐标系类型有关：直角坐标或极坐标）
横&纵坐标		与坐标网格样式有关，若网格样式为直角坐标，选中一个或几个点，按住 Shift 键，成为此菜单。可以同时度量出点的两个坐标（横坐标与纵坐标）
极坐标距离&方向		与坐标网格样式有关，若网格样式为极坐标，选中一个或几个点，按住 Shift 键，成为此菜单。可以同时度量出点的两个坐标（极径与极角）
横坐标（极坐标距离）		显示何种坐标与所建立的坐标系形式有关。选中一个或几个点，度量出点的横坐标值，或极径值
纵坐标（极坐标方向）		显示何种坐标与所建立的坐标系形式有关。选中一个或几个点，度量出点的纵坐标值，或极角
坐标距离		选中两个点，度量这两点在标记的坐标系中的距离值（无单位）（依附坐标系，与单位长有关，是这两点间距离与单位长的比值）
斜率		选中一条（或多条）线段、射线或直线，度量出所在直线的斜率
方程		选中一条（或多条）直线（不是射线或线段）或者一个（或几个）圆，度量出直线方程或圆的方程（网格样式必须是方形网格，否则显示椭圆方程）

7. "数据"菜单

"数据"菜单的功能与快捷键如表 1-5-7 所示。

表 1-5-7 "数据"菜单的功能与快捷键

菜 单 项	快捷键	功 能 描 述
新建参数	Shift+Ctrl+P	给出一个可以变动的数或者数量（长度值或角度值）作为参数。可以建立该参数的"动画参数"按钮动态改变它的大小，也可以建立"移动"按钮，由一个参数值移动到另一个参数值
计算	Alt+=	打开画板提供的计算器，可进行代数运算或函数运算
制表		选中一个或一个以上的度量值或计算值，产生它们的列表
添加表中数据		给表格新增加行，可设置增加方式。可不单击此菜单，直接双击表格增加行
删除表中数据		设置删除表格中的最后一行数据或全部数据。也可按住 Shift 键，双击表格减少行
新建函数	Ctrl+F	打开函数式编辑器，编辑函数表达式 $y=f(x)$，或者 $x=f(y)$，或者 $\rho=r(\theta)$，或者 $\theta=r(\rho)$ 显示于窗口，并不画图
创建导函数		选中一个（或几个）已有的函数（包括由"创建绘图函数"形成的绘图函数），单击此选项，可产生它（或它们）的导函数
创建绘图函数		选中一个用标记工具画出的曲线所形成的图片，单击此选项，将创建一个绘图函数

8. "绘图"菜单

"绘图"菜单的功能与快捷键如表 1-5-8 所示。

表 1-5-8 "绘图"菜单的功能与快捷键

菜 单 项	快捷键	功 能 描 述
定义坐标系		建立坐标系。选中一个点，或者一个圆，或者一个长度值，或者一个点和一个长度值，或者两个长度值，或者一个点和两个长度值，或者一个点、一个长度值和一条线段
定义原点		定义坐标系。若选中一个点，则成为此菜单；若选中一个圆，则成为"定义单位圆"；若给出一条线段（或者长度值），或者一条线段（长度值）及一个点，则成为"定义单位长度"（正方形坐标系）；若给出两条线段（或两个长度值），也成为"定义单位长度"（矩形坐标系）
标记坐标系		在有几个坐标系的情况下标记某个坐标系为当前坐标系。要先选中该坐标系的一条坐标轴（极轴），或者原点（极点），或者单位点（1，0），或者单位圆，或者网格
网格样式		设置网格样式。有极坐标网格、方形网格、矩形网格、三角坐标轴。其中三角坐标轴样式，横轴坐标刻度将以 $\frac{\pi}{12},\frac{\pi}{6},\frac{\pi}{4},\frac{\pi}{3},\frac{\pi}{2},\pi$ 等方式显示
隐藏网格		隐藏（或显示）当前所标记的坐标系的网格线条
隐藏坐标系		当网格处于显示状态时，按住 Shift 键，"隐藏网格"成为此菜单；当网格处于隐藏状态时，按住 Shift 键，此菜单成为"显示坐标系"。隐藏（显示）当前（标记的）坐标系
格点		隐藏网格线条，仅显示坐标为整数的点
自动吸附网格		使所画点为整点（直角坐标系）或极径为整数、极角为 15°的整数倍的点（极坐标系），拖动时总被吸附在整点上
在轴上绘制点		显示在坐标轴上绘制点的对话框。单击某坐标轴（或先选中某坐标轴），绘制的点位于该坐标轴上（仅需给出一个坐标值）
在××上绘制点		根据点的值绘制路径上的点。同时选中一个数（若有单位则自动舍去）和点的一条（或几条）路径，或者同时选中一个（或几个）数（若有单位则舍去）和点的一条路径，单击此菜单（其显示与选中的对象有关），以该数作为点在路径上的值绘制点。如果选中几个数（若有单位则自动舍去）和点的几条路径，单击此菜单后显示搭配方式，仅绘制一种方式产生的点。点的路径可以是线（线段、射线、直线）、圆、填充图形的边界、函数图像、点的轨迹、绘图函数图像等
绘制点		显示对话框，根据给定坐标（极坐标或直角坐标）值绘制固定点

续表

菜单项	快捷键	功能描述
绘制点(x, y)		当先后选中两个数或者数量（不计单位）时，"绘制点"成为此菜单。根据选中的数或者数量的先后分别作为横（极径）、纵坐标（极角）绘制点（与当前的网格样式有关）
绘制表中数据		根据表格数据绘制点。选择表格中某一列中的数值作为横坐标（极径）、某一列（可以是同一列）中的数值作为纵坐标（极角）绘制点
绘制新函数	Ctrl+G	打开函数式编辑器，编辑函数表达式（如 $y=f(x)$，或 $x=f(y)$，或 $\rho=r(\theta)$，或 $\theta=r(\rho)$），确定后画出它的图形
绘制函数		选中窗口已经存在的函数表达式（或者绘图函数），单击它绘制相应的图像
绘制参数曲线		先后选中两个已经存在的函数表达式（包括绘图函数），显示"绘制曲线"对话框，选择坐标样式、设置确定曲线上点的坐标的方程、设置定义域，确定后画出由此参数方程确定的曲线

9."窗口"菜单

设置窗口风格，可选择层叠窗口和平铺窗口。

10."帮助"菜单

给出各种帮助或学习资源（需要相应的文件存在）。

1.6 几何画板功能简介

几何画板是一个十分优秀的教育软件，熟悉几何画板，掌握几何画板的功能能够基本满足中学数学辅助教学的需要。这里结合中学数学的教学内容，简单介绍几何画板的一些功能，使读者对几何画板在教学中有哪些应用有一个大概的了解。

1. 动态的图形功能

几何画板，顾名思义是"画板"。像许多 Windows 环境下的绘图软件一样，也提供了画点、画线和画圆的工具。线分为线段、射线和直线，画出的圆是正圆，这实际上提供了计算机上的直尺和圆规。

几何画板的"构造"菜单可以帮助用户快速地作出常用的尺规图形，比如平行线、垂线、以圆心和给出的半径画圆等，因此能画任意一种欧几里得几何图形，而且注重数学表达的准确性。

几何画板所作出的图形是动态的，可以在变动时保持设定不变的几何关系。设定某线段的中点后，线段的位置、长短、斜率发生变化时，该点的位置也发生变化，但永远是该线段的中点；设定为平行的直线在动态中永远保持平行。如图1-6-1所示，当拖动点 P 任意改变圆内的相交弦 AB，CD 的交点 P 的位置时，动态显示 $PA \times PB$，$PC \times PD$ 的数值总相等，准确表达了相交弦定理。如果把点 P 拖到圆

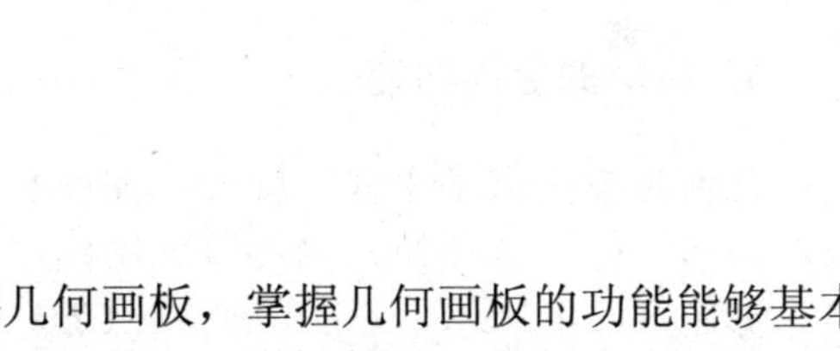

$PA=2.31$cm
$PB=3.14$cm
$PC=1.89$cm
$PD=3.84$cm

$PA \cdot PB=7.26$cm²
$PC \cdot PD=7.26$cm²

图 1-6-1

外，又可以表现割线定理。由于能"在运动中保持给定的几何关系"，就可以运用几何画板在"变化的图形中发现不变的几何规律"，给我们开展"数学实验"，进行探索式学习提供了很好的工具。

2．简便的动画功能

几何画板可以针对几何教学的要求制作动画和移动对象，可以表现几何体的运动。如图 1-6-2 所示，三棱柱的一个角被"切割"下来，可以通过按钮控制它的分离与拼合。利用这一功能，还可以让几何体转动起来产生三维效果的直观图，培养空间想象能力。如图 1-6-3 所示，单击"动画"按钮，三棱锥就开始转动起来，还可以控制转动的快慢或者暂停。

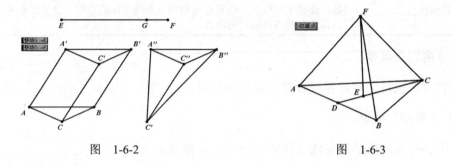

图 1-6-2　　　　　　　　　　　图 1-6-3

3．有趣的变换功能

几何画板提供了平移、旋转、缩放和反射等图形变换功能，可以按指定的值或动态的值对图形进行这些变换，也可以使用由用户定义的向量、角度、距离、比值来控制这些变换。如图 1-6-4 所示，△$C'D'E'$由△CDE 关于线段 AB 反射得到。拖动图中的任意一点，△CDE 与△$C'D'E'$均关于直线 AB 对称，线段 CC'、DD'都与 AB 垂直，被 AB 平分。这样一来，用几何画板就可以研究运动、变换等一些非欧几里德几何问题。

几何画板还能对动态的对象进行"追踪"，并能显示该对象的"踪迹"，如点的踪迹、线的踪迹，形成曲线或包络。如图 1-6-5 所示，当点 B 绕点 A 以定长旋转时，追踪它形成其踪迹——圆。这又为平面解析几何中的轨迹教学提供了极好的工具。

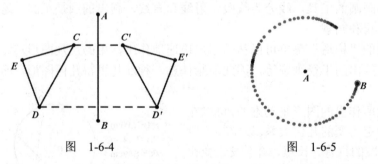

图 1-6-4　　　　　　　　　　　图 1-6-5

利用这一功能，可以让学生预先猜测轨迹的形状，还可以看到轨迹形成的过程以及轨迹形成的原因，为观察现象、发现结论、探讨问题创设了较好的情境。

4．方便的计算功能

几何画板提供了度量和计算功能，能够对所作出的对象进行度量，如度量线段的长度，度量弧长、角度、面积等。还能够对度量出的值进行计算,包括四则运算、函数运算,并把结果动态地显示在屏幕上,当被测量的对象变动时,显示它们大小的这些数量也随之改变,可以动态地观察它们的变化或者关系,这样一来,像研究多边形的内角和之类的问题就非常容易了。

5. 独特的记录功能

"记录"是对绘图过程的描述。在记录中,可以录制作图的步骤,也可以在画板中按照记录中的作图步骤自动生成一个新的图形。比如课前把画正方体的过程记录下来,制作成一个工具,利用这个工具在课堂上再画一个正方体不会超过几秒钟。

可以把画椭圆、画双曲线、画抛物线或者一些常用图形的制作过程分别记录下来,建立自己的工具库,增强几何画板的功能。

用这一功能还可以把他人用几何画板制作课件的过程再现出来,用来进行课件制作方法的交流、研究。

6. 丰富的图像功能

几何画板还有坐标系功能(包括直角坐标系和极坐标系)。

只要给出函数的表达式,几何画板能画出任何一个初等函数的图像,还可以给定自变量的范围。如果需要进行动态控制,可以作出含若干个参数的函数图像,如函数 $y=ax^2$ 的图像(如图 1-6-6 所示)。当用鼠标拖动点 A 移动时,a 的值(点 A 的纵坐标)与抛物线的开口大小也随之变动。也可以作出一个形状不变、位置可以任意改变的函数图像,以便进行图像变换的研究,利用与 $y=ax^2$ 的图像形状相同的图像可以说明函数 $y=a(x-m)^2+n$ 的图像与 $y=ax^2$ 图像的关系。几何画板支持在同一个坐标系中作出若干个函数的图像,这样就可以进行比较,利用它们讨论方程、不等式解的情况,促进数与形的结合。如图 1-6-7 所示,同时作出函数 $y=a^x$,$y=\log_a x$($a>0$,$a\neq 1$)的图像,可以讨论方程 $a^x=\log_a x$($a>0$,$a\neq 1$)解的情况。用几何画板可以画出分段函数的图像,图 1-6-8 画出的就是分段函数 $y=\begin{cases} 2-x & (x<1) \\ \frac{1}{2}(x+1)^2-1 & (x\geq 1) \end{cases}$ 的图像。还可以用几何画板作出由离散的点组成的函数图像,图 1-6-9 所示就是数列 $\left\{\dfrac{8n+1}{n^2+1}\right\}$ 的图像。

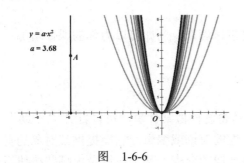

图 1-6-6

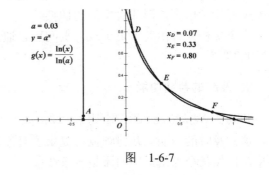

图 1-6-7

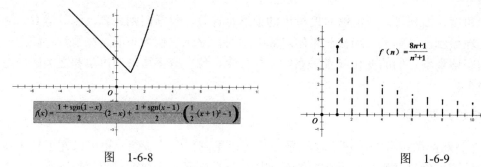

图 1-6-8　　　　　　　　　　　　　　　图 1-6-9

几何画板支持多种坐标系的选择，不但可以作出直角坐标系下方程所表示的曲线，也可以作出极坐标系下方程表示的曲线（如作出直角坐标系下的双曲线、极坐标系下的玫瑰线）。不仅能制作出由普通方程给出的曲线，也能作出由参数方程给出的曲线。

几何画板还支持在同一个画板中同时定义几个坐标系，可以定义其中一个为当前坐标系，这样，同一个点可以有几个不同的坐标。

此外，用几何画板还可以研究分形几何与函数迭代等问题，也可以用曲边梯形的面积表现定积分的几何意义（如图 1-6-10 所示）。

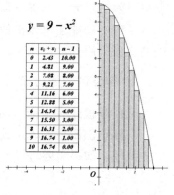

图 1-6-10

7. 开放的其他功能

几何画板符合 Windows 应用程序的一贯风格，可以为文字选择字体、字型、字号、颜色，可以为图形设置颜色，而且可以把颜色与数字关联起来，当数字改变时颜色也发生变化，比如函数图像移动时，颜色也在改变。可以为图形、图像增加一段文字说明，而且几何画板 4.0 以上版本支持对文本进行数学格式的排版。

几何画板还有链接功能，支持 URL（超级连接），直接打开 .htm 文件，还可以直接调用 Windows 的其他应用程序或者打开某个文件（比如打开某个 .doc 文件或者另一个 .gsp 文件），以与其他软件很好地配合起来使用。

几何画板可以通过 Windows 的剪贴板方便地与其他应用程序交换信息。如把几何画板制作的图形粘贴到 Word 文本中，也可以把其他程序中的文本、图片粘贴到几何画板中来。

几何画板提供了"隐藏/显示"功能，能够把不必要的对象暂时隐藏起来，然后又可以根据需要显示出来，形成对象间的切换。

一个文档允许由若干页组成，页间可以通过按钮切换，例如可以为你的课件增加一个"使用说明"。

8. 及时的帮助功能

和其他 Windows 的应用程序一样，如果不清楚怎样做某件事，可以打开"帮助"菜单，得到及时的帮助。几何画板还提供了对象属性的查询或编辑，它能提供某对象的有关信息，比如某个点是自由的还是一条线段与一条直线的交点，某个按钮是由哪些按钮组成的，每一个按钮能够完成什么样的操作等，这对于分析图形之间的逻辑关系、了解作图过程是非常有用的。

可以说，几何画板是这样一个工具：

- 一个有力的探索工具，可以用它去发现、探索、表现、总结数学规律。
- 一个优秀的演示工具，能准确、动态地表达以及演示数学问题。
- 一个便捷的交流工具，特别适用于问题的交流、研究和讨论，有"动态黑板"的美誉。
- 一个简便的使用工具，功能强大且使用方便。
- 一个重要的反馈工具，提供多种方法帮助教师了解学生的思路和对概念的掌握程度。

1.7 在理解中学习几何画板

在"理解"中进行学习就学得快，学习几何画板更不例外。

几何画板不是一个一般的绘图软件，不仅制作出的图形是动态的，而且注重数学表达的准确性。因此，应该从数学的角度看待这个软件，在理解中学习它，这样就比较容易理解有关操作的规定，掌握操作方法，合理地进行操作，尽快掌握它的功能。反过来，当需要构造某个图形，进行某种操作时，就会自觉地满足软件对该项操作需要的前提条件。

如图 1-7-1 所示，假定在屏幕上已经作出了一个点 A 和一条线段 BC，并且都处于选中状态，不要打开任何菜单，想一想，我们用这两个对象能够画些什么图形？

过点 A 作线段 BC 的垂线；

过点 A 作线段 BC 的平行线；

以点 A 为圆心，以线段 BC 为半径画圆。

打开"构造"菜单一看，软件只让我们做这几件事情（如图 1-7-1 所示）。因为这正是在平面几何中要作出这些图形需要的条件。

打开"度量"菜单（如图 1-7-2 所示），可以度量出点 A 到直线 BC 的距离。要是选取一个点和一条直线或者两个点呢？肯定也可以度量它们间的距离。

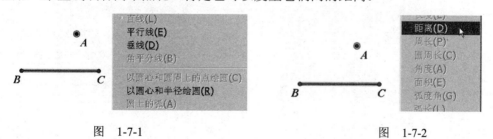

图 1-7-1   图 1-7-2

打开"显示"菜单（如图 1-7-3 所示），可以给点 A 和线段 BC 设置线型（选择粗细或设置成虚线），改变它们的颜色，给它们的标签选择字形（字体与字号等）；可以把它们都隐藏掉（选择"显示"→"隐藏对象"命令，需要时可以再显示）；可以显示线段 BC 的标签；可以追踪它们，在拖动它们时看到它们的踪迹；可以让它们都动起来等。

打开"编辑"菜单（如图 1-7-4 所示），可以对刚才的操作（画点 A）"后悔"；可以把它们作为图片复制到其他地方，如插入到 WPS 或 Word 文档中；也可以复制到另一个几何画板文件中，以减少重复的操作；还可以把点 A 合并到线段 BC 上（选择"编辑"→"合并点到线段"命令）成为线段 BC 的子对象等。请读者不妨都试一试。

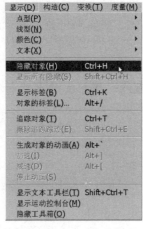

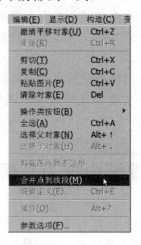

图 1-7-3　　　　　　　　　　　　　　图 1-7-4

打开"变换"菜单（如图 1-7-5 所示），可以把点 A 标记为（旋转或缩放的）"中心"（标记中心），控制其他对象的旋转或缩放变换；也可以把线段 BC 标记为"镜面"（标记镜面），控制其他对象的反射变换等；可以把它们进行平移（单击"变换"后还可以进行有关平移的设置）。

打开"绘图"菜单（如图 1-7-6 所示），单击"定义坐标系"，可以 A 为原点（或极点），以线段 BC 长为单位长定义坐标系（改变线段 BC 的长度可以改变单位长）；单击"网格"还可以选择是建立直角坐标系（又分为正方形坐标系与矩形坐标系），还是建立极坐标系。

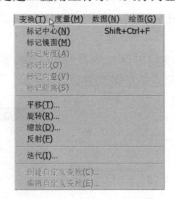

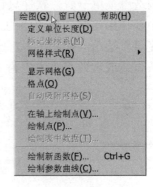

图 1-7-5　　　　　　　　　　　　　　图 1-7-6

如果选择了"构造"→"以圆心和半径绘圆"命令，那么就出现一个圆 A。如果用"选择"工具拖动线段 BC 的一个端点移动，就会看到圆的大小在改变，这正说明圆 A 的大小是由线段 BC 长度控制的。如果不准备再改变圆 A 的大小，也不希望他人改变圆 A 的大小，则可把线段 BC 隐藏掉。当然，如果拖动点 A 移动，圆 A 的位置发生改变而大小不变。

学习中一定要注意进行某种操作所要满足的条件，比如要度量一个角的大小，先想一想，事先应该选择哪些对象才是合理的？要知道∠ABC 的大小，当然应该依次选中 A、B、C 这三点，如果依次选中 A、C、B，度量的当然是∠ACB 的大小了，这样规定显然是合理的。

选择对象有时还要注意顺序，比如"以 A 为圆心，经过点 B 画圆"，应该先选中点 A，后选中点 B，不能颠倒，这也符合数学语言习惯。"以 A 为圆心，以线段 BC 为半径画圆"，选择时就不需要有先后顺序，因为点与线段是不同类型的对象。

学习中不仅要注意进行某项操作的条件，还要尽量了解所进行的操作的性质。要把"构造"、"编辑"、"显示"、"度量"等菜单功能的运用区别开来。比如，要看一看某个几何对象在运动时，踪迹（Trace）是什么形状，因为不需要满足任何几何条件，这叫"追踪"该对象，属于显示范畴，不要到"构造"菜单中去寻找；又比如要知道某个点的坐标、某条直线的斜率、某个圆的方程，这就要到"度量"菜单中去找；要把某个对象"旋转"或者"平移"一下，产生一个新的对象，这当然已经属于变换的范畴，不是"构造"，应该到"变换"菜单中去找；要建立某点在直线或圆或其他轨迹（Locus）上运动的控制按钮，这属于对对象进行编辑，应该到"编辑"菜单中去选择、去设置等。

当然，要作出某个点（或其他对象）的轨迹，而不是看一看，显示一下而已，要永久保留，这又属于"构造"（因为要满足一定的几何条件或构造规则）的范畴了。

几何画板把要经常使用的工具组成一个"工具箱"放在屏幕的左边（可以移动到其他位置），方便用户进行各种操作。值得注意的是，当选中了"工具箱"中的某个工具（如"画圆"工具）完成该工具进行的操作（画圆）以后，应该立即单击"工具箱"中的"选择"工具，即经常使"选择"工具处于被选中状态，除非还要进行该项操作（继续画圆）。虽然在进行某个操作（如画圆）以后也可以单击"度量"菜单中的选项（如度量圆的周长），但希望能养成习惯，用"选择"工具去打开"度量"菜单，而不是用"画圆"工具。实际上，用"选择"工具也可以直接作出（某些）对象间的交点或者进入对标签的文本编辑等许多工作，还是十分方便的。

几何画板支持鼠标右键操作，这样可以加快操作速度。用"选择"工具选中点 A，当鼠标成为向左的黑色箭头（如图 1-7-7 所示）时（不要离开点 A，使鼠标成为向左上方的箭头）单击鼠标右键，如图 1-7-8 所示，在弹出的快捷菜单中选择"横坐标"命令，立即开启坐标系，度量出点 A 的横坐标（如图 1-7-8 所示），并显示于画板窗口。

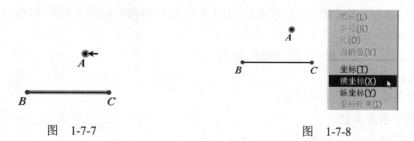

图 1-7-7　　　　　　　　　　　图 1-7-8

如果还有什么问题不清楚，可以打开"帮助"菜单请求帮助。

1.8 用几何面板辅助数学教学

笔者是 1997 年开始用几何画板辅助数学教学的,近年来,几何画板给中学数学教学带来了下述一些变化。

1. 几何画板使得难以讲清的概念变得容易讲清楚

几何画板是一个教学工具,给数学教学提供了现代化的教学手段。以往不容易讲清的数学概念适当使用几何画板,容易使学生理解,从而提高了教学效果。

椭圆的离心角 θ(图 1-8-1 中以 OA 为终边的角)与旋转角(椭圆的半径与 x 轴的正半轴所成的角 $\angle COM$)是学生容易混淆的两个概念。几何画板可以动态地显示出这两个角的关系。如图 1-8-1 所示,当缓慢拖动主动点 A 绕着点 O 转动时,左上角显示出这两个角(当场度量)的大小都在改变。可以十分清晰地看出:在第 1 象限时,离心角 $\theta > \angle COM$;当把 A 拖动到 y 轴的正半轴时,$\theta = \angle COM = 90°$;继续拖动,$\theta < \angle COM$($A$ 在第 2 象限);当 A 在 x 轴的负向时,$\theta = \angle COM = 180°$。不必继续,一个高二的学生自然知道:$\theta$ 与 $\angle COM$ 有 4 次"相等",其他都不等。可以用椭圆离心角的范围来表示椭圆弧。

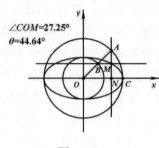

图 1-8-1

2. 用几何画板创设情境,形成认知冲突,感受数学方法运用的必要性

平面解析几何,教学"直线与圆的位置关系"一课是这样开始的。

大屏幕显示:"解析几何以曲线为它的研究对象,当然要研究曲线之间的位置关系。前面我们学习了直线间的位置关系,现在来研究直线与圆之间的位置关系。"

几何画板现场演示:先画圆 A,再画出直线 CD 与圆相交(相离),并说明这时直线 CD 与圆 A 显然是相交(相离)的。缓缓拖动点 D,当直线 CD 与圆 A 似乎相切时(如图 1-8-2 所示)停下,问:"这时直线与圆的位置关系是什么?"

同学们的意见分歧很大,说相交的、相离的、相切的都有——认知冲突产生了。分别举手表示自己的观点。经统计,说相切与相交的人占大多数,教师单击按钮亮出问题 1。

问题 1 如图 1-8-2 所示,直线 CD 与圆 A 相交?相切?相离?我们怎么说清楚这个问题呢?

停了一会儿,有人说:"建立坐标系。"

师:为什么?

生:要量化,否则说不清楚。

师:坐标系怎么建?

生:任意画一点作为原点。

师:大家认为任意画一点作为坐标原点恰当吗?

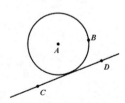

图 1-8-2

有人喊：以圆心 A 为原点。

师：单位长呢？数轴有三要素。

生：以圆 A 的半径长为单位长。

如图 1-8-3 所示，教师及时用几何画板的功能建立以圆 A 为单位圆的直角坐标系，并把标签 A 改为 O，分别"度量"（软件功能）出直线与圆的方程。留下充足的时间让同学们通过计算判断关系。

计算后发现，直线 CD 与圆 O 相离。这是谁也没有猜到的。

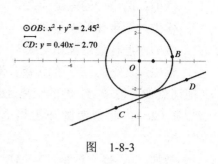

图 1-8-3

师：没想到吧，这正验证了我国已故著名数学家华罗庚说的话"形缺数时难入微"。仅凭借肉眼很难看得出它们是相离的。

解析几何的本质是用代数的方法研究几何问题，其核心思想是坐标法的思想，即建立坐标系，把几何对象转化为代数对象，把几何问题转化为代数问题；利用代数的工具、方法研究并获得结论；然后再解释几何现象。学习解析几何的主要目的是让学生掌握坐标法的思想，自觉用坐标法解决问题。因此，在教学中要始终关注学生对坐标法思想的体验、感受与运用。

当教师用几何画板创设情境，提出"直线 CD 与圆 A 相交？相切？相离？"时，把学生推入了"愤"、"悱"境地；提出"我们怎么说清楚这个问题呢？"时，推入了方法运用的必要性之中。

3．用几何画板创设情境，帮助学生形成概念

笔者在教"双曲线的概念"一课时，曾当场进行如下制作：

（1）画线段 F_1F_2，并"度量"（"度量"是该软件中的菜单项，以下同）其长度。设这个长度为 $2c$。

（2）画直线 l，在上面画三点 A、B、M，并使 M 在 A、B 之间。

（3）画线段 AB，"度量"其长度，设为 $2a$。

（4）画线段 AM，"度量"其长度，设为 r_1。

（5）以点 F_1 为圆心，以线段 AM 为半径，画圆 c_1。

（6）画线段 BM，"度量"其长度，设为 r_2。

（7）以 F_2 为圆心，以线段 BM 为半径，画圆 c_2。

（8）作出圆 c_1 与 c_2 的交点 P、P'；画线段 PF_1、PF_2（$|PF_1|=|AM|$，$|PF_2|=|BM|$），并"跟踪"点 P'、P。

（9）拖动点 M 在直线 l 上运动，出现点 P'、P 的轨迹（构成一个椭圆）。

学生：这不是椭圆吗？今天老师不是要讲双曲线了吗？

继续拖动点 M，使 M 在点 B 的右侧，出现两圆 c_1 与 c_2 不相交（如图 1-8-4 所示）。

教师：两圆 c_1 与 c_2 为什么不相交了？

学生：两圆相交的条件是两圆连心线 F_1F_2 的长小于两半径之和而大于两半径的差。

现在连心线 F_1F_2 的长小于两半径的和 $|AM|+|BM|$，但不大于两半径的差 $|MA|-|MB|$。

教师：两半径的差是什么？

学生：两半径的差是$|AB|$。

教师：怎样使两圆相交呢？

学生：改变A、B间的距离，使$|AB|<|F_1F_2|$（拖动点B，使B到A的距离$|AB|$（$2a$）小于$|F_1F_2|$（$2c$），此刻两圆开始相交，又出现点P'、P。

教师：（不要立即拖动点M，否则会出现双曲线的一部分）点P满足的几何条件是什么？

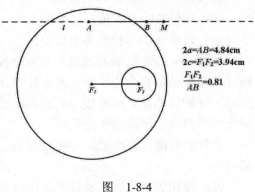

图 1-8-4

学生：$|MA|-|MB|=|AB|$是定值（且$|AB|<|F_1F_2|$）。

缓缓拖动点M，出现双曲线的右支（学生：这不是"单曲线"吗？）；再拖动点M，使其在点A的左侧，出现双曲线的左支。

这就是我们要研究的"双曲线"。提问："什么叫双曲线？"

学生：平面上一个动点到两个定点的距离的差的绝对值是一个定值，且这个定值小于两定点间的距离的点的轨迹。

以往的教学中，总是用一根拉链演示一下，形成双曲线的一支，告诉学生调换固定拉链的图钉又有另一支，就开始给双曲线下定义，推导标准方程……学生感觉不出为什么要$||PF_1|-|PF_2||<|F_1F_2|$，尤其对其中的"绝对值"印象不深；条件$|AB|<|F_1F_2|$、$|AB|>|F_1F_2|$、$|AB|=|F_1F_2|$对曲线的形状变化会产生什么影响，也缺乏直观感受，到了高三，甚至高考时也不能立即辨认$|z+i|+|z-i|=2$所表示的是一条线段；$\dfrac{c}{a}$的大小变化对双曲线开口的影响虽然课本上有过证明，但印象不深。有了几何画板的动态操作，加强了椭圆与双曲线之间的联系，一切又都那么形象、生动。

4. 静态变动态

几何画板中的对象可以动态改变是这一教学工具的最大特点之一。动态的几何图形是培养空间想象能力的载体，以往用圆规、三角板绘制几何体是不动的直观图，要认识它的关系往往需要教师的语言描述。图1-8-5是一个可以任意转动的二面角。图形连续转动形成的众多画面变换，给学生带来的视觉感受使学生在大脑中形成图形空间变化的印象。我让学生亲自操作，反复观察在各个不同位置二面角的图形特点，从而纠正长期形成的二维平面思维习惯，实现空间想象能力培养的目的。图1-8-6展示了一个直四棱柱侧面展开的动态过程。动态的"展"与"收"的演示使学生把平面展开图的各个部分与直四棱柱的各个侧面联系起来，空间立体感受明显，形象生动，它所带来的效果是静态二维图形所无法实现的。有人把动态的直观图形象地称为"二维半"，意思是它在由二维直观图想象三维关系时起到了很好的铺垫作用。

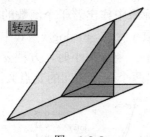
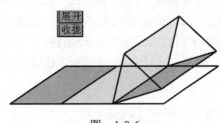

图 1-8-5   图 1-8-6

在解析几何"曲线方程"的教学中,学生看到了动点在变动时所满足的不变的几何条件,看到了引起动点运动的原因,看到了轨迹形成的过程,"动点"真的动起来了。而这些都是建立轨迹方程的关键所在。

利用几何画板可以动态地观察在函数 $y=ax^2$ 中,系数 a 是如何影响抛物线的开口变化的。

5. 数形结合,抽象变形象,微观变宏观

数学家华罗庚说过:"数缺形时少直觉,形缺数时难入微"。数形结合是学习数学的重要方法,用图形解释抽象的数学现象,形象、直观。

直线的倾斜角、直线的斜率,以及当直线在平面上绕一点转动时其斜率如何变化,也是不太好理解的问题。如图 1-8-7 所示,几何画板可以同时显示变动的角、斜率,并画出图像反映它们之间的关系,这是一个"多元联系表示"的认知环境。不用老师开口,同学们就会发现:当直线绕定点逆时针旋转(只在 y 轴右边,或者只在 y 轴左边)时,斜率总是在增大。同一个屏幕上,函数 $k=\tan\alpha$,$\alpha\in[0,\pi)$ 的图像又从"形"的角度帮助认识斜率与倾斜角间的数量关系。相信也一定会减少解不等式 $-1<\tan\alpha<1(\alpha\in[0,\pi))$ 所产生的错误。

图像的变换是教学的一个难点。如图 1-8-8 所示,要说明函数 $y=a(x-t)^2+b$ 的图像与 $y=ax^2$ 图像的关系,只要拖动点 A(改变它的横坐标 a),反复观察图像的移动与 a 的数量关系,不难明白,当函数式中 $a>0$ 时,图像右移;$a<0$ 时,图像左移。形象地显现图像的移动与参数 a 之间的关系,从而归纳出平移的规律,然后再从"数的角度"反思为什么。

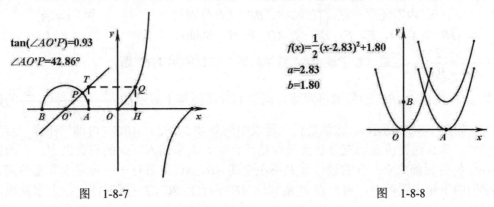

图 1-8-7   图 1-8-8

用几何画板演示,可以把抽象的数学概念形象化。同学们可以从图 1-8-9 中看到,随着 n 的不断增大,a_n 是如何接近常数 A 的;不再怀疑在区间 $(A-\varepsilon, A+\varepsilon)$($\varepsilon>0$)上有着数列的无限项;利用对等比数列公比 q(拖动点 Q 改变它的纵坐标)的动态控制,观察这个数列何时存在极限,何时不存在。还可以在同一个坐标系中作出若干个函数的图像进行比较,利用它们讨论方程的解的情况。比如同时画出函数 $y=a^x$、$y=\log_a x$(其中 $a>0$,$a\neq 1$)的图像来讨论方程 $a^x=\log_a x$ 的解。如图 1-8-10 所示,当 a 很小时,方程 $a^x=\log_a x$ 的解是三个,而不是一个(几何画板 5.0 以上版本支持作出两个图像之间的交点)。

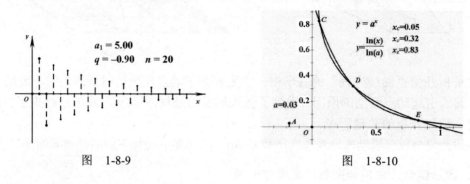

图 1-8-9　　　　　　　　　　　图 1-8-10

6. 能够揭示知识之间的内在联系

静态的图形、图像使原本相互联系的关系可能割裂开来,不易揭示知识之间的内在联系,可能使学生只注意事物的局部而忽视整体,通过几何画板的演示可以克服这一缺陷。比如,以往讨论方程 $(5-k)x^2+(k-1)y^2=(k-1)(5-k)$ 所表示曲线的形状等特征时,是化成标准形式,从理论到理论,静态地进行认识的。如图 1-8-11 所示,拖动点 K,改变点 K 的横坐标,可以看出,当 k 连续变化(由大到小)时方程所表示的曲线是怎样由(开口向上下)双曲线变成椭圆,又由"竖椭圆"变成"横椭圆",最后又成为(开口向左右)双曲线的。

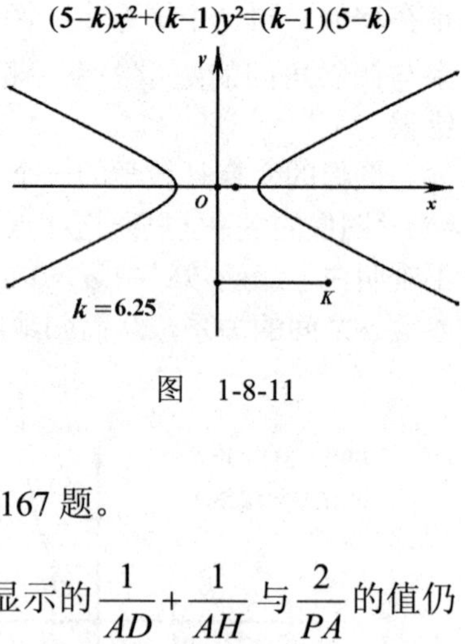

7. 培养思维能力、开发智力的工具

几何画板是一个动态讨论问题的工具,对发展学生的思维能力,开发智力,促进素质教育也能有所作为。

"P 是 $\triangle ABC$ 内部任意一点,直线 AP、BP、CP 分别与 BC、CA、AB 交于 D、E、F,EF 交 AD 于 H,试证:$\dfrac{1}{AD}+\dfrac{1}{AH}=\dfrac{2}{PA}$"。这是《数学通报》"数学问题"栏目的第 1167 题。

图 1-8-11

把点 P 拖到 $\triangle ABC$ 的外部再观察,同学们发现屏幕上显示的 $\dfrac{1}{AD}+\dfrac{1}{AH}$ 与 $\dfrac{2}{PA}$ 的值仍然相等(如图 1-8-12 所示)。这就是说,题设中的条件"P 是 $\triangle ABC$ '内部'任意一点"不是必要的。那么结论成立的充分必要条件是什么呢?大家陷入深深的思索之中。有的说,点 P 在任何位置都成立;有的说,点 P 不在直线 AB、AC 上就行……课堂上非常热闹。我对同学们的争论未置可否,再把点 P 拖到使 AP 平行于 BC 的位置时停下。大家发现,显示 $\dfrac{1}{AD}$ 与 $\dfrac{1}{AH}$ 的数值不见了。一位同学顿悟:噢,点 D 不存在了。把点 P 拖动到点 A 的上方,发现显示 $\dfrac{1}{AD}+\dfrac{1}{AH}$ 与 $\dfrac{2}{PA}$ 的值并不相等,结论不成立了。经过同学们热烈的讨论,终于得到了问题的结果：过点 A 作直线 BC 的平行线 AM。只要点 P 不在直线 AM 的上方（否则 H、P、D 三点不是都在点 A 的同旁），也不在直线 AB、AC、AM 上，那么点 P 在其他位置的结论都成立。通过问题的讨论，促进同学们勤于思考，激发创新意识，提高思维的深刻性与批判性，思维能力得到发展（如果把 AD、AH、AP 作为有向线段的数量来认识，当点在直线 AM 上方时结论仍成立）。

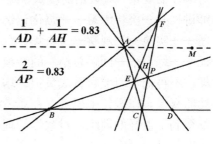

图 1-8-12

又是一个简单而有趣的问题：$\triangle ABC$ 的顶点 A 在定圆 M 上运动，B、C 固定，求 $\triangle ABC$ 的外心 O 的轨迹。大家进行了各种猜测，有猜是线段的，有猜是直线的，有猜是圆的。用几何画板制作（如图 1-8-13 所示），发现是线段。再仔细想一想，应在"意料之中"（线段 BC 的中垂线上）。"意料之中"吗？当拖动点 C，使 C 在圆内时，又成了直线（如图 1-8-14 所示）。

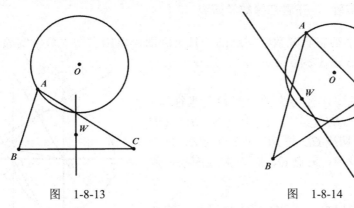

图 1-8-13　　　　　　　　　　图 1-8-14

大家都谨慎起来，不敢说话。一个胆子大些的同学说，三种情况都有：当 B、C 在圆外时，轨迹是线段；当 B、C 中一个在圆外、一个在圆内时，轨迹是直线；当 B、C 都在圆内时，轨迹是射线。我问他"为什么？"他说，你看线段、直线都有了，还差射线呀。我说"有道理"，这可能是受化学中门捷列夫周期表的启发，有了线段和直线，还有一个"空格"，应该由"射线"这个"元素"来填呀。同学们都笑起来了。

仍然把点 B、C 都放在圆外，但直线 BC 与圆相交，这时轨迹成为两条射线。

这位同学自感有点"冒失"，其他同学更不敢说话，陷入了沉思。其实，不经过严格证明的猜想都还不能认为是正确的数学结论。

8. 网络教室上课，改变了教学模式

让学生掌握几何画板，在网络教室上课，在操作中"做数学"是一种新的教学模式。这种教学模式主要不是老师滔滔不绝地讲，而是通过学生自己的操作、观察、分析、思考学数学。教师精心组织教学过程，指导学生研究问题，让学生成为学习的主人。我在网络教室中曾经教学过"根据正弦线画正弦函数的图像"、"函数 $y=A\sin(\omega x+\phi)$ 的图像变换"以及"椭圆的第二定义"等内容，收到了很好的效果。

在这种"实验方式"的教学模式下，不是先有数学结论。数学结论来源于学生的制作，

对现象的观察，对数据的度量、统计与分析，对各种情况的归纳、猜想。打破了传统的"教师讲授——模仿练习——强化记忆——测试讲评"的"讲、练、记"教学模式，改变为"问题——实验——观察——收集、分析数据——会话、协商——猜想结论——证明——再验证——练习——回顾总结"的新模式。课堂上学生自始至终保持着浓厚的学习（研究）兴趣，不再把学习数学看成负担，增强了学好数学的信心，享受着学习数学的乐趣与获得成功的喜悦。在操作中思考，在思考中操作，实践能力、观察能力、归纳能力、思维能力等都得到了很好的训练，对数学的理解更加深刻，教学效果怎会不增强？

9．给学习困难的学生提供了反复学习的机会

几何画板制作出的文件很小，便于携带。需要反复认识的概念，可以把文件复制回家再反复学习，这给理解有困难的学生提供了机会，可以把上课老师使用于教学的课件复制回家，再研究，再体验，再认识。

10．做"数学实验"，开展初等数学研究

几何画板是一个动态研究数学问题的工具，因而可以用它做"数学实验"。笔者发现了一些新的有趣的命题（参考第 4 章），这里给出一个比较简单的例子。

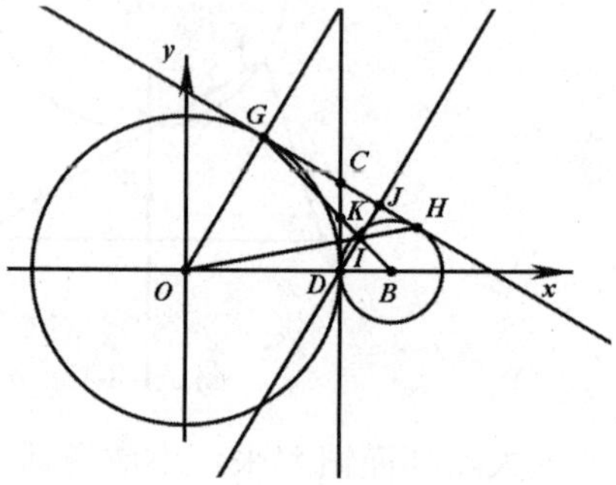

如图 1-8-15 所示，半径为 R 的大圆 O 与半径为 r 的小圆 B 外切于 D，GH 是它们的外公切线，BG、OH 交于 I，两圆的内公切线 CD 与 BG 的交点为 K，直线 DI 交 GH 于 J，我发现，三点 O、K、J 共线的条件是 $R=3r$。

证明：以 O 为原点，$\frac{1}{3}OD$ 作为单位长，建立图 1-8-15 所示的直角坐标系，则 $B(4, 0)$，$D(3, 0)$。由平面几何，$\angle BOG=60°$、$BH // OG // DI$。所以，$G\left(\frac{3}{2}, \frac{3}{2}\sqrt{3}\right)$。$GH$ 的方程为 $y = -\frac{\sqrt{3}}{3}\left(x-\frac{3}{2}\right)+\frac{3}{2}\sqrt{3}$，$DI$ 的方程为 $y = \sqrt{3}(x-3)$。

图 1-8-15

联立这两个方程，解得 J 的坐标为 $\left(\frac{15}{4}, \frac{3}{4}\sqrt{3}\right)$。

这样，直线 OJ 的斜率为 $\frac{1}{5}\sqrt{3}$。

BG 的方程为 $y=-\frac{3}{5}\sqrt{3}(x-4)$，令 $x=3$，解得 $K\left(3, \frac{3}{5}\sqrt{3}\right)$。直线 OK 的斜率为 $\frac{1}{5}\sqrt{3}$，所以 O、K、J 共线。命题正确。

第 2 章 基本功能学习范例

本章主要介绍几何画板菜单功能的实现方法。通过这部分的学习，可以熟悉几何画板的操作特点，掌握"工具箱"中各工具的使用方法，掌握几何画板菜单的功能。

2.1 三角形的垂心等基本作图

本节通过三角形的垂心、外接圆、内切圆等范例的制作，初步了解画板"工具箱"中工具的用法；了解"显示"、"构造"等菜单中一些功能的实现方法；学习怎样给对象加注标签、隐藏对象等操作；学习基本作图方法，了解几何画板的操作风格。

范例 1 画一个三角形，作出它的三边上的高和垂心。

【学习目的】

学习几何画板画图的基本操作方法。了解画板"工具箱"以及"构造"菜单中垂线、交点等功能的实现方法。

【操作步骤】

（1）打开几何画板，自动建立一个新绘图（使文档窗口最大化）。

（2）选择"编辑"→"参数选项"命令，如图 2-1-1 所示，显示"参数选项"对话框。选择"文本"选项卡，再选中"应用于所有新建点"复选框，以便在画图时自动显示点的标签，单击"确定"按钮。

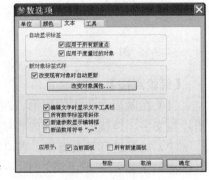

图 2-1-1

（3）单击画板"工具箱"中"画线段"工具，在绘图区单击鼠标，移动鼠标到另一个位置处（如图 2-1-2 所示）再单击，画出线段 AB。

（4）在点 B 处单击鼠标，移动鼠标到另一点处单击画出线段 BC。在点 C 处单击鼠标，移动鼠标到点 A 处单击，画出△ABC，其中线段 AC 处于被选中状态（如图 2-1-3 所示）。

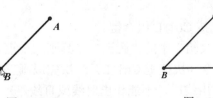

图 2-1-2　　　　　图 2-1-3

（5）用"选择"工具单击点 B（此刻点 B 与线段 AC 同时被选中），选择"构造"→"垂线"命令，作出边 CA 上的垂线。

（6）选择"显示"→"显示标签"命令（快捷键 Ctrl+K），显示这条直线的标签 j。在空白处单击鼠标，释放对直线 j 的选择。

提示：应该经常这样做，不要总是让画板中的对象处于选中状态，除非下一步操作是针对该对象的。

（7）用"选择"工具单击直线 j 与线段 CA 的交点处，作出它们的交点 D。

（8）在空白处单击鼠标，释放对点 D 的选择。用"选择"工具单击直线 j，选择"显示"→"隐藏垂线"命令（快捷键 Ctrl+H），隐藏直线 j。

提示：打开菜单时，请注意实现某功能的快捷键提示。在作图时应尽量使用快捷键，而不是使用菜单。比如，要隐藏某些对象，只要选中它们，直接按 Ctrl+H 组合键。

（9）用"选择"工具选中点 B、D，选择"构造"→"线段"命令，作出三角形边 CA 上的高线，选择"显示"→"显示标签"命令，显示线段 BD 的标签 k（如图 2-1-4 所示）。在空白处单击鼠标。

（10）类似于（5）～（9）步，作出三角形 BC 边上的高 AE（如图 2-1-5 所示）。

（11）在空白处单击鼠标，单击线段 k 与线段 l 的交点处，作出三角形的垂心 F（如图 2-1-6 所示）。

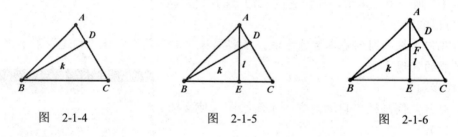

图 2-1-4　　　　　　　图 2-1-5　　　　　　　图 2-1-6

【经验点拨】

（1）在画板中作出的图形、图像、文字，产生的控制按钮、插入的各种图标、粘贴的图片与文字、链接的网页等内容统称为"对象"。

（2）如果进行了误操作，则可以按 Ctrl+Z 组合键，撤销最后的一步操作。反复这样做，可以撤销倒数第一步、第二步……操作。如果对刚撤销的这一步操作后悔，则可以再按 Ctrl+R 组合键，恢复最近的一步操作。如果想撤销所有的操作，则可以按 Ctrl+Shift+Z 组合键。如果发现撤销所有的操作是错误的（后悔），则可以再按 Ctrl+Shift+R 组合键。

（3）第（9）步画高 BD 的操作还可以有两种方法：

① 用"工具箱"中的"画线段"工具在点 B 处单击鼠标，移动鼠标到点 D 处再单击，画出线段 BD；

② 同时选中点 B、D 后，按 Ctrl+L 组合键。

画△ABC 还可以先用"工具箱"中的"画点"工具画三个点 A、B、C，选中它们，然后选择"构造"→"线段"命令（快捷键 Ctrl+L）一次完成画三条边的操作。在新版几何画板中按 Ctrl+L 组合键只能作出线段，不能作出射线或直线。

(4) 在作图时,应该经常注意屏幕左下方状态栏的提示。这里提示你选中了"工具箱"中的哪个工具或者下一步操作所产生的结果。

(5) 完成一次作图后所产生的对象总是处于被选中状态,如果下一步操作不再涉及该对象,应该在空白处单击鼠标,释放对它(或它们)的选择。

(6) 用"工具箱"中的绘图工具或者"文本"工具操作以后,应该及时单击"选择"工具,使鼠标保持箭头状态,即使"工具箱"中的第一个工具按钮处于被选中状态,除非还要使用该工具进行绘图或者文本编辑。应该习惯这样做,尤其是初学者更要注意这一点。

(7) 由几何画板绘制出的线段由三个对象组成:两个端点以及"连接两个端点之间的部分"。图 2-1-7 中并没有选中线段 AB 的端点 A、B。本书中若不作特殊说明,所谓"选中线段 AB" 就是指选中"连接 A、B 两端点间的部分",不包括端点。

(8) 要选中两个或者两个以上的对象一般有两种方法:一种是在选中一个对象以后再选中另一个;另一种是用"选择"工具划一个矩形框把要选中的对象框住,然后松开鼠标。如图 2-1-8 所示,用"选择"工具在矩形的一个顶点处按下,拖动鼠标到另一个成对角线的顶点处松开,这样被框到的对象都被选中。如果要选中的是屏幕上的所有对象,则可以选择"编辑"→"全选"命令(快捷键 Ctrl+A)。如果选中屏幕上的绝大多数对象,仅少数不选,可以先选中所有对象,然后再用"选择"工具单击不想选中的那些对象。用"选择"工具选择对象是一个"开关"操作,即用"选择"工具单击某对象时,该对象被选中,再单击该对象时,该对象又被释放。在新版几何画板中仍支持按住 Shift 键再选择其他对象,比如在选中了一些对象以后,按住 Shift 键,再用画矩形框的方法选中其他对象。

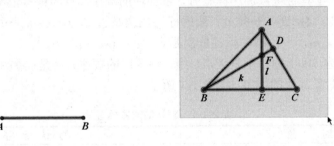

图　2-1-7　　　　　　　　　　图　2-1-8

如果屏幕上的对象较多,比如有几个圆、几个点还有几条线段,现需要仅选中其中的点对象而不选择其他对象,则先使"工具箱"中的"画点"工具处于被选中状态,然后单击"编辑"菜单,"全选"成为"选择所有点"(如图 2-1-9 所示)。单击此菜单项或者按 Ctrl+A 组合键,则所有的点被选中,而其他对象没有被选中。类似地,可以仅选中圆或者仅选中线段。

有趣的是,假定已经选中了所有的点,还要再选中所有的圆(不要用鼠标单击绘图区释放已经选中的所有的点),则只要再使"画圆"工具处于被选中状态,再按 Ctrl+A 组合键,则所有的圆又被选中,前面选中的所有的点未被释放,即已经选中了所有的点和所有的圆。

(9) 几个对象有重叠或者部分重叠,选择时要特别注意观察屏幕左下方状态栏的提示。如图 2-1-10 所示,画出三条线段 AB、AC、CB(C 在线段 AB 上),选中线段 AC,然后用

"选择"工具指向线段 AB（的中部），状态栏提示"拖动选中的对象或取消选择线段"；再用"选择"工具指向线段 AC（的中部），状态栏仍然提示"拖动选中的线段或重选线段"，这就可能分不清单击鼠标后是哪条线段被选中。如果分别给它们加注标签，情况就不一样了。如图 2-1-11 所示，给线段 AC、AB、CB 分别加注标签 j、k、l，然后选中线段 AC（k），再用鼠标，指向线段 AB（的中部），这时状态栏提示"拖动选中的线段或重选线段 j"。若单击鼠标，则将选中线段 AB。改变鼠标位置，当状态栏显示"拖动或选择线段 k"时再单击鼠标才能选中线段 AB（j）。因此，有时需要给画出的对象加注标签，以便分辨它们。当然，在图 2-1-10 所示状态下反复单击鼠标，则在选中线段 AC 与选中线段 AB 间反复操作。

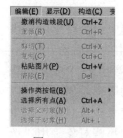

图 2-1-9

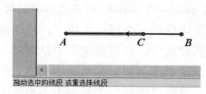

图 2-1-10

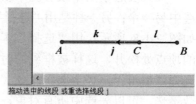

图 2-1-11

（10）用"文本"工具给对象加减标签是一个"开关操作"，单击某对象时是给该对象加注标签（或撤销加注的标签），再单击该对象时是撤销加注的标签（或加注标签）。

在用"文本"工具给对象加注标签时，依加注的顺序，点的标签依次按 A，B，C，…，Z，A_1，B_1，…，Z_1，A_2，B_2，…排列；线的标签依次是 j，k，l，m，n，…，z，a，b，c，…，i，j_1，k_1，l_1，m_1，n_1，…；圆的标签依次是 c_1，c_2，c_3，c_4，…。

值得注意的是，以上顺序不是依点、线、圆画出的顺序，而是被加注标签的先后顺序。

系统默认给对象加注的标签如表 2-1-1 所示。

表 2-1-1 默认的对象标签

对　　象	默　认　标　签
点	A，B，C，…，A_1，B_1，C_1，…
线	j，k，l，…，j_1，k_1，l_1，…
圆	c_1，c_2，c_3，…
被填充的圆的内部	C_1，C_2，C_3，…
弧	a_1，a_2，a_3，…
被填充的弧的内部、弓形或扇形	A_1，A_2，a_3，…
填充的多边形	P_1，P_2，P_3，…
点的轨迹	L_1，L_2，L_3，…
函数式	f，g，h，…
函数图像（包括绘图函数的图像）	$y=f(x)$，$y=g(x)$，…
度量值	m_1，m_2，m_3，…
参数	t_1，t_2，t_3，…
动作按钮	显示标签与动作相关
不是由点形成的轨迹，如线段的轨迹	不能显示标签
图片	不能显示标签

其中，图片以及不是由点形成的轨迹不能设置它的标签。

（11）作出对象之间交点（如果存在，并可以直接作出），最简单的方法是直接用"选择"工具单击它们的交点处。也可以用"选择"工具同时选中这两个对象，选择"构造"→"交点"命令（快捷键是 Shift+Ctrl+I）。这个操作有时是必要的。比如，两条线段与一个圆交于同一点（三点合一），要作出其中一条线段与圆的交点，则同时选中这条线段与这个圆后按 Shift+Ctrl+I 组合键。再比如，两个对象之间有若干个交点（甚至不知道有几个交点），则可以选中它们，选择"构造"→"交点"命令，一次作出所有交点。

本范例中，作出三角形的两条高以及另一条高所在的垂线后用"选择"工具单击它们的交点处，作出交点 H（如图 2-1-12 所示），那么这个点 H 是三条线 k、l、m 中哪两条的交点呢？用"信息"工具指向点 H，当鼠标箭头出现"？"号时单击鼠标，如图 2-1-13 所示，显示"交点 H 是线段 l 和垂线 m 的交点。"要了解点 H 的属性，可以选中点 H，当鼠标成为指向左边的黑色箭头时单击鼠标右键，在弹出的快捷菜单（如图 2-1-14 所示）中选择"属性"命令，显示图 2-1-15 所示"交点 H"属性对话框。图 2-1-15 中的文字"交点 H 是线段 l 和垂线 m 的交点"已经说明点 H 是线段 l 和垂线 m 的交点。

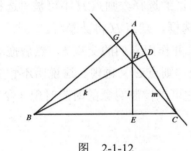

图　2-1-12

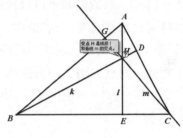

图　2-1-13

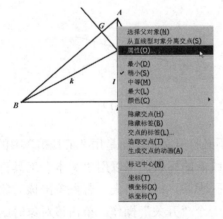

图　2-1-14

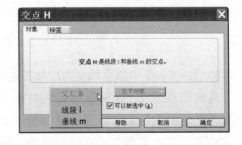

图　2-1-15

要进一步了解点 H 的信息，可以再单击"父对象"，图 2-1-15 显示"线段 l"与"垂线 m"。要了解线段 l 的有关信息，可以再单击"线段 l"（如图 2-1-16 所示）。这些可以帮助我们了解构图的过程。

选择"标签"选项卡，可以修改点 H 的标签（如图 2-1-17 所示）。

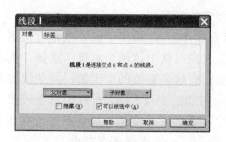

图 2-1-16

图 2-1-17

若把 H 改为 $H[1]$，确定后点 H 的标签成为 H_1，这里[1]表示设置的下标是数字 1。若选中"在自定义工具中使用标签"复选框，则把这个范例制作成自定义工具，再用这个工具画图时，会自动给垂心加注标签 H。

用"选择"工具指向点 H 的标签（不是指向点 H），当鼠标指针成为左手且中间有一个字母 A（如图 2-1-18 所示）时双击鼠标，也可以打开图 2-1-17 所示的对话框。

在图 2-1-15 中，若取消对"可以被选中"复选框的选择，则点 H 不可被"选择"工具选中（需要时可以重新设置）；若选中"隐藏"复选框，则点 H 将被隐藏。

（12）如图 2-1-19 所示，画两条线段 AB、CD，并作出它们的交点 E。然后拖动其中一条使它们不相交，则点 E 消失，再拖动使它们相交，则点 E 又再现。这说明不相交的线段也可以有"交点"。这是一个很有趣的功能，利用它可以控制对象的时隐时现（参看 3.1 节的范例 51、范例 52）。

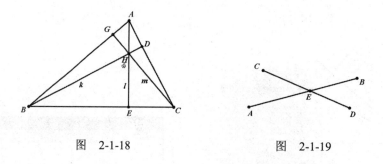

图 2-1-18　　　　　　　　图 2-1-19

（13）第（6）步中给直线 j 加注标签也可以不必打开菜单，而是用"工具箱"中的"文本"工具单击直线 j。如果要隐藏某对象（如直线）的标签，可以用"文本"工具再单击该对象（不是单击对象的标签，鼠标指针是👆，不是🖐），标签消失，若再单击该对象，标签又被加注。用"文本"工具给对象加注标签是一个"开关"操作。单击该对象时给该对象加注标签（或撤销加注的标签），再单击该对象时撤销加注的标签（或加注标签）。如果用"文本"工具双击该对象，则选中该对象，并显示对象属性的对话框，进入标签修改状态。

（14）利用"构造"菜单的"垂线"这一功能还可以经过一个点同时作出几条线的垂线（如图 2-1-20 所示），或者经过几个点同时作出同一条线的垂线（如图 2-1-21 所示）。

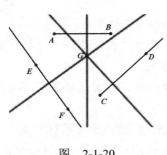
图 2-1-20

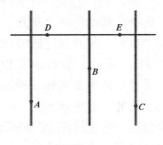
图 2-1-21

同样，利用"构造"菜单的"平行线"可以经过一个点同时作出几条线的平行线，或者经过几个点同时作出同一条线的平行线。

（15）如图 2-1-22 所示，在几何画板中保存文件有以下几种格式：
- 几何画板文档（*.gsp）：由几何画板软件产生的文件，可在几何画板环境下打开。
- GSP4 文档（兼容版本）(*.gsp)：几何画板文档。可以由几何画板 4.0 以上版本打开。
- HTML/Java 几何画板文档(*.htm)：可以脱离几何画板环境，被浏览器 Internet Explorer 打开，链接到网络中。但保存文件的文件夹中必须含有 jsp5.jar 文件。jsp5.jar 文件安装时自动生成在 C:\Program Files\Sketchpad\Support Files\文件夹中。因此，也可以把*.htm 文件保存在 C:\Program Files\Sketchpad\Support Files\文件夹中。要下载 jsp5.jar 文件，只要进入 http://www.dynamicgeometry.com/JavaSketchpad/Download_Center.html，再单击 JavaSketchpad Applet 即可。具体方法请参见 3.18 节范例 92。
- 增强型图元文件（*.emf）：清晰度高，可以直接用于一些排版等软件中，也可以插入到文字编辑软件（如 Word、WPS）中。

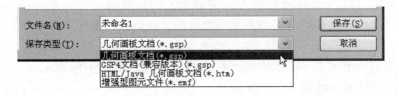

图 2-1-22

范例 2 作三角形两条边的垂直平分线，找出外心，画出外接圆；作三角形的两条内角平分线，找出内心，画出内切圆。

【学习目的】

学习几何画板画图的基本操作方法。了解"构造"菜单中角平分线、中点等功能的实现方法，了解画板"工具箱"工具的用法。

【操作步骤】

（1）新建文件。

（2）单击"工具箱"中的"画线段"工具，用"画线段"工具画△ABC，最后画出的线段 AC 处于被选中状态。

（3）按 Ctrl+M 组合键（作出线段 AC 的中点 D）。

提示：选择"构造"→"中点"命令也可作出线段 AC 的中点。

（4）用"选择"工具同时选中点 D 和线段 CA，选择"构造"→"垂线"命令，作出线段 CA 的垂直平分线。按 Ctrl+K 组合键，显示标签 j。

提示：在空白处单击鼠标，释放对直线 j 的选择。应该经常这样做，不要总是让画板绘图区中的对象处于选中状态。

（5）类似地，作出线段 BC 的垂直平分线，按 Ctrl+K 组合键显示标签 k。

（6）用"选择"工具单击直线 j 与直线 k 的交点处，作出它们的交点 F（如图 2-1-23 所示）。

（7）选中点 C，然后选择"构造"→"以圆心和圆周上的点绘圆"命令，画出△ABC 的外接圆，按 Ctrl+K 组合键（或者选择"显示"→"显示标签"命令）给圆加注标签 c_1（如图 2-1-24 所示）。

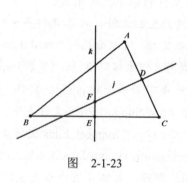

图 2-1-23

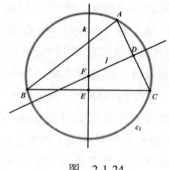

图 2-1-24

（8）先后选中点 A、B、C，再选择"构造"→"角平分线"命令，作出∠ABC 的平分线，按 Ctrl+K 组合键显示它的标签 l。

（9）类似地，作出∠BAC 的平分线，并显示它的标签 m。

（10）用"选择"工具单击这两条角平分线的交点处，作出交点 G。点 G 是△ABC 的内心。

（11）过点 G 作出线段 BC 的垂线，并按 Ctrl+K 组合键显示标签 n。

（12）作出直线 n 与线段 BC 的交点 H。

（13）先后选中点 G、H，选择"构造"→"以圆心和圆周上的点绘圆"命令，以 G 为圆心，经过点 H 画圆，按 Ctrl+K 组合键给圆加注标签 c_2。这就是△ABC 的内切圆。

（14）按住 Shift 键，用"选择"工具单击"显示"→"线型"→"粗线"命令，把圆的线型设置为粗线（如图 2-1-25 所示）。

（15）按住 Shift 键，用"选择"工具单击"显示"→"颜色"命令，单击某颜色块（如蓝色），设置圆的颜色。

（16）增加一段对用户的提示文本。用"工具箱"中的"文本"工具在绘图区划一个矩形框（或者双击鼠标）

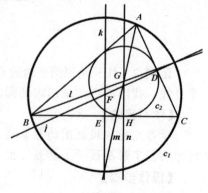

图 2-1-25

进入文本编辑状态，等待输入文字。输入一段文字，如"请你拖动点 A 观察。"对用户的操作做出提示。在图 2-1-26 中，可以拖动矩形编辑框右下角的黑色小方块改变编辑框的长度，但不能改变高度。当编辑结束后在空白处单击鼠标，成为图 2-1-27 所示的情形。

图　2-1-26　　　　　　　　　　　　　图　2-1-27

【经验点拨】

（1）本范例主要学习"构造"菜单中的"角平分线"、"以圆心和圆周上的点绘圆"等功能的实现方法；了解"工具箱"中的"画线"工具、"文本"工具的使用方法。

（2）要经常在画板的空白处单击鼠标释放选中的对象（除非还要对该对象进行操作），应该经常使"选择"工具处于选中状态。

（3）第（7）步中的画三角形外接圆，也可以直接用工具箱中的"画圆"工具来实现。

（4）线段 CA、CB 的中点可以一次作出：同时选中线段 CA、CB，按 Ctrl+M 组合键。由此可见，可以一次作出多条线段的中点。

（5）按住 Shift 键，设置对象的线型、颜色等，只对当前选中的对象有效。

第（14）、（15）步，如果没有按住 Shift 键，则以后画出的线、圆都是粗线，画出的圆都是蓝色。

（6）在第（16）步的文本编辑过程中，一般（系统默认）会自动打开下方的"文本工具栏"（如图 2-1-28 所示）。利用这个工具栏可以设置文本的字体、字号、字形和颜色等。

图　2-1-28

单击 按钮打开数学格式编辑工具栏（如图 2-1-29 所示）。可以编辑比较复杂的数学式，如 $y = \dfrac{\sqrt{x_1^2 + \dfrac{1}{2}}}{1 + \dfrac{x_1 - 1}{x_1 + 1}}$。如果需要输入不等式号、希腊字母等，可以单击 打开图 2-1-30 所示的符号选择库，选择需要的符号。

图　2-1-29

这个文本编辑工具栏可以拖动到屏幕的其他位置（如图 2-1-31 所示）。

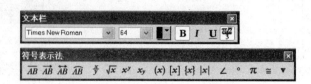

图 2-1-30　　　　　　　　　图 2-1-31

（7）在这个范例中，允许拖动的点只有 A、B、C 三点，它们是"自由的"（主动点，没有父对象），其他的点、线、圆均由它们确定（被动对象，点 A、B、C 的子对象）。拖动 A、B、C 三点以外的任何对象都将拖动整个图形。

【请你试试】

（1）画平行四边形 $ABCD$，过顶点 A 画出 CB 边的垂线 l，作出 l 与 CB 的交点 E。

（2）如图 2-1-32 所示，画出 $\triangle ABC$ 的外心、重心、垂心以及它的一个旁切圆。三角形的外心、重心、垂心三点共线，且外心与重心的距离等于重心与垂心距离的一半（欧拉线）。

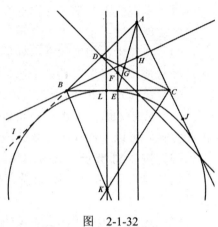

图 2-1-32

2.2　动画及动画按钮

本节主要学习怎样形成对象的动画，并建立按钮控制的方法。涉及"编辑"菜单中的"操作类按钮"、"构造"菜单中的"中点"、"显示"菜单中的"追踪"等功能的运用。了解对动画按钮的参数设置。

范例 3　画一条线段，它的一个端点在一个定圆上运动（建立控制按钮），另一个端点固定，演示线段中点的踪迹。

【学习目的】

学会对对象进行"追踪"，显示对象的踪迹；正确建立"动画点"动画按钮；用"文本"工具编辑按钮上的文本；了解设置踪迹淡出的方法。

【操作步骤】

（1）新建文件。用工具箱中的"画圆"工具画一个圆 A（B 是圆上的点，拖曳它可改变圆的大小）。

（2）用"画线段"工具在圆 A 上（当圆增亮时）单击鼠标，移动鼠标，形成一条线段 CD 后单击鼠标，画出线段 CD。

(3)按 Ctrl+M 组合键,作出线段 CD 的中点 E(如图 2-2-1 所示)。

(4)用"选择"工具仅选中点 C,如图 2-2-2 所示,选择"编辑"→"操作类按钮"→"动画"命令,显示"操作类按钮 动画点"对话框(如图 2-2-3 所示),并同时在窗口显示"动画点"按钮(预览)。

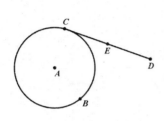

图 2-2-1

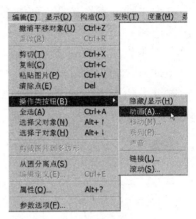

图 2-2-2

如图 2-2-3 所示,这里有"对象"、"标签"、"动画"三个选项卡,当前进入的是有关"动画"的设置。

如图 2-2-4 所示,方向的选择有逆时针方向、顺时针方向、双向、随机。这里选中"逆时针方向",即系统的默认设置。

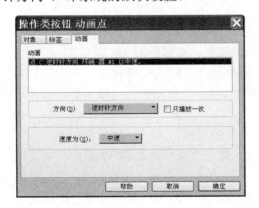

图 2-2-3

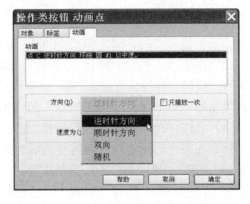

图 2-2-4

若选中"只播放一次"复选框,则单击"动画点"按钮后,点 C 在圆上运动一周停止。

如图 2-2-5 所示,速度设置有慢速、中速、快速、其他(用数值无级控制)。这里选择"中速",即系统的默认设置。

单击"确定"按钮,屏幕上立即出现"动画点"按钮并处于选中状态(如图 2-2-6 所示)。

图 2-2-5

（5）选中点 E，并按 Ctrl+T 组合键（或选择"显示"→"追踪中点"命令），点 E 被跟踪。

（6）用"选择"工具指向"动画点"按钮，当指针成为右手状时单击鼠标（执行按钮控制的动作），点 C 在圆 A 上运动起来，并显示点 E 的踪迹。

（7）再单击"动画点"按钮，动画停止，但按钮仍处于选中状态。在空白处单击鼠标释放对按钮的选择。

（8）用"文本"工具双击"动画点"按钮，显示"操作类按钮 动画点"对话框，把标签改为"动画点（&D）"，单击"确定"按钮。

（9）按键盘上的 D 键，动画开始，出现点 E 的踪迹——一个圆（如图 2-2-7 所示）。再按 D 键动画停止。

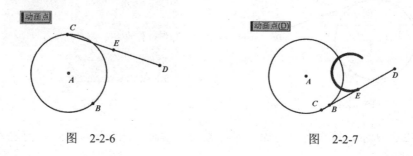

图 2-2-6   图 2-2-7

【经验点拨】

（1）几何画板中的所有按钮都只能通过"编辑"菜单的"操作类按钮"来产生，其他菜单不会产生按钮。

（2）在第（2）步中，当把"画线段"工具指在圆 A 上时，圆 A 增亮显示，屏幕下方状态提示栏提示"…在圆上构造一点"，这时单击鼠标，点画在圆上。

（3）要使动点在它的路径上运动，必须把动点画在它的运动路径上。点运动的路径可以是线（线段、射线、直线）、圆，也可以是点的轨迹、函数图像、绘图函数图像，还可以是被填充的多边形（或弓形或扇形）的边界。

（4）要停止由"动画点"按钮控制的正在进行的动画，可以按两下 Esc 键。

（5）选中"动画点"按钮再按 Alt+?组合键，显示"操作类按钮 动画点"对话框（如图 2-2-8 所示），然后再修改上面的文字，比如改成"点 C 在圆 A 上运动"。开启对象属性对话框的途径较多。选择"编辑"→"属性"命令；或者单击右键，再单击快捷菜单中的"属性"，或者用"文本"工具双击对象等都可以开启对象属性对话框。

（6）要清除点 E 的踪迹，只要按 Esc 键即可。也可以按 Shift+Ctrl+E 组合键，或者选择"显示"→"擦除追踪踪迹"命令。

（7）若要移动"动画点"按钮到屏幕的其他位置，必须先用"选择"工具选择该按钮。用"选择"工具指向按钮的左端，如图 2-2-9 所示，当箭头成为指向左边的黑色指针时单击按钮，然后拖动鼠标移动按钮。

用鼠标指向某个对象，当指针成为指向左边的黑色箭头时单击，该对象被选中。

（8）如果不用"动画点"按钮控制点 C 的动画，则可以先选中点 C，再按 Alt+'组合键（或者选择"显示"→"生成点的动画"命令）。如图 2-2-10 所示，点 C 在圆 A 上运动起来，并且同时打开运动控制台。这时可以利用这个运动控制台来管理点 C 的运动（暂停、恢复、停止、改变速度等），也可以直接打开运动控制台控制点 C 的运动。

图 2-2-8　　　　　　　　　　　　　图 2-2-9

① 通过快捷键控制点 C 的运动：选中点 C，按 Alt+'组合键生成点 C 的动画；按 Alt+]组合键加速；按 Alt+[组合键减速；当点 C 运动时，按 Alt+'组合键可暂停动画；再按 Alt+'组合键则可恢复动画；按 Esc 键两下终止点 C 的运动（第一下取消对点 C 的选中，第二下运动停止，点 C 处于选中状态）。

② 通过单击菜单项控制点 C 的运动：选中点 C，选择"显示"→"生成点的动画"命令可以生成点 C 的动画；选择"显示"→"全部加速"命令，可以加速；选择"显示"→"全部减速"命令可以减速；当点 C 运动时，选择"显示"→"暂停动画"命令可以暂停动画；再选择"显示"→"恢复动画"命令可恢复动画；选择"显示"→"停止所有运动"命令可终止点 C 的运动。

（9）如果要产生几个点同时运动的（一个）动画按钮，只要同时选中它们，再选择"编辑"→"操作类按钮"→"动画"命令，产生一个"动画点"按钮。比如，画出很多个点（可以先画几个，按 Ctrl+A 组合键选中它们，按 Ctrl+C 组合键复制，再反复按 Ctrl+V 组合键粘贴），再按 Ctrl+A 组合键选中，按 Ctrl+T 组合键跟踪它们，选择"编辑"→"操作类按钮"→"动画"命令，产生"动画点"按钮。单击此按钮，这些点将做无规则运动。读者不妨试一试，一定会感到十分有趣。

（10）当打开"范例 3.gsp"时，点 C 已经在圆 A 上转动起来。要使文件打开时就开启某个按钮控制的操作，必须在文件存盘之前把该按钮选中，然后再保存文件。

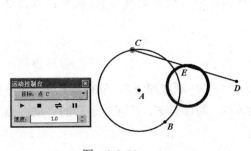

图 2-2-10

图 2-2-11

(11) 对于踪迹,还可以设置有趣的淡入淡出效果。

选择"编辑"→"参数选项"命令,打开"参数选项"对话框。选择"颜色"选项卡,如图 2-2-11 所示,选中"淡入淡出效果时间"复选框,单击"确定"按钮。此刻再单击"动画点"按钮,点 E 形成的踪迹会渐渐淡去。

(12) 用"文本"工具划一个框,单击"动画点"按钮,然后单击"确定"按钮。隐藏原来的"动画点"按钮,用"选择"工具单击刚编辑好的文本"动画点",点 C 运动起来。

(13) 如果点 C 没有画在圆上,则可以同时选中点 C 与圆 A,选择"编辑"→"合并点到圆"命令,把点 C 合并到圆上成为圆的子对象。如果一个点原先已经在圆上,现在要分离出来,可以选中这个点,再选择"编辑"→"从圆分离点"命令。

(14)"动画"按钮不仅可以用于控制点的运动,还可以建立参数的"动画"按钮控制参数的变动。

① 选择"数据"→"新建参数"命令,显示图 2-2-12 所示"新建参数"对话框。选中"单位"选项区域中的"距离"单选按钮,单击"确定"按钮,建立参数 t_1。

② 画点 A,选中点 A 与参数 t_1,选择"构造"→"以圆心和半径绘圆"命令,画圆 A。

③ 选中参数右击,在弹出的快捷菜单中选择"属性"命令,显示图 2-2-13 所示"距离参数 t[1]"对话框,选择"参数"选项卡,在"新建动画"选项区域中,把范围设置成 0～4,单击"确定"按钮。

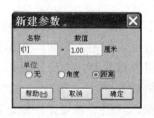

图 2-2-12

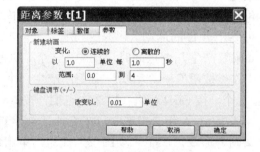

图 2-2-13

④ 选中参数 t_1,选择"编辑"→"操作类按钮"→"动画"命令,显示图 2-2-14 所示"操作类按钮 动画距离参数"对话框,其中"改变数值"选项区域中的设置已与图 2-2-13 所示相同。单击"确定"按钮,这样就产生了一个"动画距离参数"按钮。

提示:这也说明,如果在图 2-2-13 所示的对话框中未设置动画参数,也可以在图 2-2-14 所示的对话框中进行设置。

⑤ 单击这个按钮,观察效果。

【请你试试】

如图 2-2-15 所示,画两个圆 A(c_1) 与圆 C(c_2),画线段 EF,使得端点 E、F 分别在圆 c_1 与圆 c_2 上,作出线段 EF 的中点 G,追踪 G,制作点 E、F 同时运动的"动画点"按钮,观察 G 的踪迹。

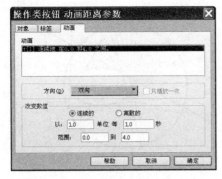

图 2-2-14

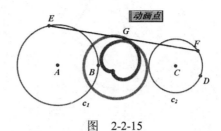

图 2-2-15

2.3 轨迹的形成

本节主要介绍轨迹形成的方法,区别"踪迹(Trace)"与"轨迹(Locus)"这两个不同的概念。学习"工具箱"中"画线"工具的改变方法,"构造"菜单中"轨迹"的用法等。

范例 4 一条线段 CD 的一个端点 C 在定圆 A 上运动,制作线段 CD 的垂直平分线与直线 AC 的交点的轨迹(椭圆、双曲线)。

【学习目的】

了解产生几何对象轨迹的条件,了解怎样使得点的轨迹比较平滑,掌握改变"工具箱"中"画线"工具的方法,介绍"踪迹"与"轨迹"这两个不同的概念。

【操作步骤】

(1)新建画板。用"画圆"工具画圆 A。B 是圆上的点,拖动它可以改变圆的大小,按 Ctrl+H 组合键(或选择"显示"→"隐藏点"命令)隐藏它。

(2)用"画线段"工具画线段 CD,使点 C 在圆上,D 在圆内。

(3)按 Ctrl+M 组合键,作出线段 CD 的中点 E。

(4)过点 E 作线段 CD 的垂线,按 Ctrl+K 组合键显示直线的标签 j。

(5)在空白处单击鼠标,释放对直线 j 的选中。

用鼠标按住"画线段"工具不松开,显示一排按钮,拖动鼠标到"画直线"工具处松开,"画线段"工具成为"画直线"工具。

(6)用"画直线"工具画直线 AC,按 Ctrl+K 组合键,显示直线 AC 的标签 k。

(7)用"选择"工具单击直线 j 与直线 k 的交点处,作出交点 F。

(8)用"选择"工具同时选中主动点 C 与被动点 F,选择"构造"→"轨迹"命令,作出点 F 的轨迹——椭圆。

(9)按住 Shift 键,选择"显示"→"线型"→"粗线"命令,把椭圆设置成粗线(如图 2-3-1 所示)。

(10)同时选中直线 j 和点 C,选择"构造"→"轨迹"命令,作出直线 j 的轨迹,它的包络是椭圆(如图 2-3-2 所示)。

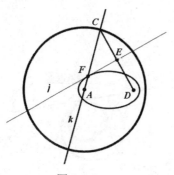 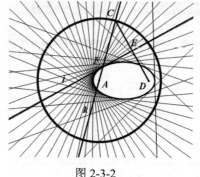

图 2-3-1　　　　　　　　　　　图 2-3-2

【经验点拨】

（1）使用"构造"菜单的"轨迹"产生被动几何对象的轨迹方法是：同时选中主动点与被动对象（无先后），然后选择"构造"→"轨迹"命令（不是"显示"→"追踪垂线"），但是主动点（只能是点）要画在它的运动路径上。

主动点运动的路径可以是线（线段、射线、直线）、圆，也可以是点的轨迹、函数图像、绘图函数的图像，还可以是被填充的多边形（或扇形、弓形）的边界（选择时只能选择其内部，不能选择"边界"）。

（2）主动点（只能是点）不在它的运动路径上，也可以产生由它控制的被动对象的轨迹。方法是先选中主动点，再选中它的运动路径，最后选中被动对象，然后选择"构造"→"轨迹"命令。

（3）还可以用参数控制被动点的轨迹。

① 选择"数据"→"新建参数"命令，显示对话框后单击"确定"按钮，新建参数 t_1。

② 选择"数据"→"计算"命令，打开计算器，计算 $5\cos(t_1)$。再选择"数据"→"计算"命令，打开计算器，计算 $3\sin(t_1)$。

③ 先后选中 $5\cos(t_1)$、$3\sin(t_1)$，选择"绘图"→"绘制点(x,y)"命令，绘制点 A，同时显示坐标系。给原点加注标签 O，隐藏网格。

④ 同时选中参数 t_1、点 A，选择"构造"→"轨迹"命令，画出椭圆。

提示：若画出的椭圆不完整，可修改椭圆属性，使得"绘图"中的取值范围为 0~6.3。

（4）如果作出的椭圆不够平滑，则选中椭圆，按键盘上的"+"键。或者单击鼠标右键，在弹出的快捷菜单中选择"属性"命令，显示"轨迹#1"对话框（如图 2-3-3 所示）。这里有三个选项卡，选择"绘图"选项卡。"采样数量"文本框中数字越大，轨迹越平滑。但是，这里的最大可变值受参数选项中对"新轨迹的样本数量"（如图 2-3-4 所示）的限制（可参考 1.3 节中有关采样的内容），应该把这里的值设置得大一些。

图 2-3-3　　　　　　　　　　　图 2-3-4

选择"标签"选项卡,可以给轨迹加注标签。默认的标签依次是 L_1,L_2,L_3,…。

(5)与范例 3 比较,"轨迹"与"踪迹"不同。后者对被追踪的几何对象没有任何限制条件,而前者必须满足一定的几何约束条件。这也是为什么一个在"构造"菜单,一个在"显示"菜单的原因。

"踪迹"与"轨迹"的区别如表 2-3-1 所示。

表 2-3-1 "踪迹"与"轨迹"的区别

序号	项目	踪迹(Trace)	轨迹(Locus)
1	产生条件	选择几何对象或其他对象的轨迹	(1)由主动点(在路径上)或者参数控制; (2)同时选中主动点(或参数)与被动对象,单击"构造"菜单的"轨迹"
2	菜单项	显示	构造
3	选择	不能被选中	可以被选中
4	标签	不能加注	若轨迹由点生成,可以加注
5	在上面画点	不可以	若轨迹由点生成,则可以
6	作交点	不可以	可作出与线、圆的交点
7	制作按钮	不能	若轨迹由点生成,可以制作其他点在这个轨迹上的"动画点"按钮
8	追踪	不可以	可以再追踪形成轨迹的踪迹
9	快捷键	Ctrl+T(开关)	无

【请你试试】

(1)在这个范例中试一试,把点 D 拖到圆外。

(2)设 $\triangle ABC$ 的顶点 A 在定圆 O 上运动,B、C 固定,作出 $\triangle ABC$ 的外心 W,先猜一猜点 W 的轨迹形状,然后再作出它的轨迹。拖动点 C 位于各种不同的位置,观察点 W 的轨迹的形状变化。

(3)在这个范例中,放弃点 E 为线段 CD 的中点这个条件,其他不变,作出点 F 的轨迹看一看(可参见第 4.1 节)。

2.4 平移及其控制

本节学习用"变换"菜单中的"标记向量"来控制对象平移的方法,了解"编辑"菜单中"操作类按钮"→"移动"命令的用法,还要学习如何填充多边形等。

范例 5 切割三棱柱的一角(三棱锥),用向量控制它的分离与合并。

【学习目的】

如何标记向量移动对象,并建立"移动"按钮控制它的移动。说明锥体体积的计算公式:$V = \frac{1}{3}Sh$。

【操作步骤】

(1)新建文件。如图 2-4-1 所示,用"画线段"工具画 $\triangle ABC$ 作为三棱柱的底面,再画一条线段 AD 作为三棱柱的一条侧棱。

（2）用"选择"工具先后选中点 A 和 D，选择"变换"→"标记向量"命令。

（3）选中△ABC 的三条边以及顶点 B 和 C，选择"变换"→"平移"命令，显示"平移"对话框（如图 2-4-2 所示），单击"平移"按钮，把△ABC 依向量 AD 平移得到△DB'C'。

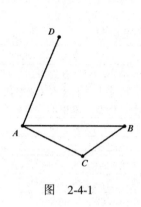

图 2-4-1

图 2-4-2

（4）用"画线段"工具画线段 CC' 和 BB'，完成三棱柱的作图。连接 CD 和 CB'（如图 2-4-3 所示）。

（5）画线段 EF，用"画点"工具画一点 G（不一定非画在线段 EF 上）。

（6）用"选择"工具先后选中点 E 和 G，并选择"变换"→"标记向量"命令。

（7）同时选中线段 C'D、C'B'、C'C、CB'、CD 和 DB'以及点 D、C、C'和 B'共计 10 个对象，并选择"变换"→"平移"命令。显示"平移"对话框后（系统默认按最后一次标记的向量平移），单击"平移"按钮，得到三棱锥 C'–D'B''C''（如图 2-4-4 所示）。

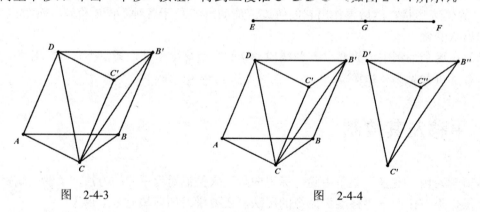

图 2-4-3　　　　　　　　　　图 2-4-4

（8）先后选中点 G、E，选择"编辑"→"操作类按钮"→"移动"命令，在显示"移动 G→E"按钮的同时显示"操作类按钮 移动 G→E"对话框（如图 2-4-5 所示），速度选择"慢速"，单击"确定"按钮，产生一个"移动 G→E"的移动按钮。用"选择"工具单击这个按钮把点 G 移动到 E，使向量 $\overrightarrow{EG}$ 成为零向量，被它控制的对象不做移动。

（9）类似于上一步，制作点 G 慢速移动到 F 的按钮"移动 G→F"。单击这个按钮后把点 G 移动到 F，向量 $\overrightarrow{EG}$ 成为向量 $\overrightarrow{EF}$。

（10）用"选择"工具先后选中线段 C'D、C'B'、C'C 以及点 C'共 4 个对象，按 Ctrl+H

组合键（或选择"显示"→"隐藏对象"命令）把被切割的三棱锥 C–$B'C'D$ 隐藏掉。

（11）同时选中点 B、C 和 B'，按 Ctrl+P 组合键（或选择"构造"→"三角形的内部"命令），填充△BCB'。同样方法填充△$C'B''C''$。

（12）用"文本"工具双击"移动 G→F"按钮，显示对话框后，把"移动 G→F"按钮上的文本改为"移开"。同样方法把"移动 G→E"上的文本改为"复原"（如图 2-4-6 所示）。

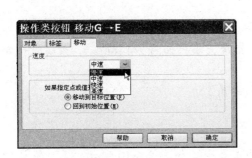

图 2-4-5

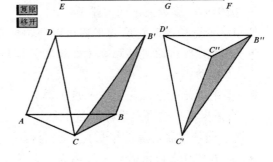

图 2-4-6

【经验点拨】

（1）拖动点 G，体验向量 $\overrightarrow{EG}$ 控制三棱锥 C'–$D'B''C''$ 移动的过程：三棱锥 C'–$D'B''C''$ 的移动方向、距离由向量 $\overrightarrow{EG}$ 控制。按钮"移开"的作用是把点 G 移动到点 F，使向量 $\overrightarrow{EG}$ 成为向量 $\overrightarrow{EG}$；按钮"复原"的作用是把点 G 移动到点 E，使向量 $\overrightarrow{EG}$ 成为零向量。制作时要弄清它们之间的逻辑联系。于是，可以不画出线段 EF，点 G 也未必需要画在线段 EF 上。

（2）一个点到另一个点的移动可以用"移动点"按钮来控制，一组点对间的移动也可以用"移动点"按钮来控制。

如图 2-4-7 所示，用"多边形"（第二个）工具（先后单击 A、B、C、D、E、A）画五边形 $ABCDE$，用"画点"工具画 5 点 F、G、H、I、J。先后选中点 A、F、B、G、C、H、D、I、E 和 J，并选择"编辑"→"操作类按钮"→"移动"命令，显示类似图 2-4-5 所示的对象移动对话框，移动速度设置为"慢速"，单击"确定"按钮，窗口出现"移动点"按钮。用"选择"工具单击这个按钮可使五边形成为五角星（如图 2-4-8 所示）。

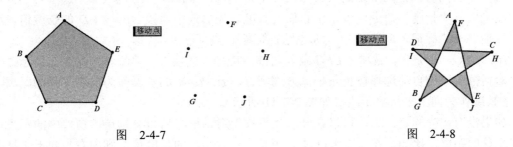

图 2-4-7　　　　　　　　　　　　图 2-4-8

（3）要画图 2-4-7 所示填充的多边形，也可以先画 5 点，再先后选中它们，按 Ctrl+P 组合键。在填充多边形时要注意顶点选择的顺序。先后选中 A、B、C、D 与先后选中 A、C、D、B 所产生的填充效果不同。

（4）用"移动点"按钮控制点的移动与"变换"菜单中的"平移"不同。"移动点"按钮控制的对象只能是点到点的移动，而"平移"的对象不一定是点，可以是其他对象。用"移动点"按钮控制的点被移动后，原来的点不再保留；而"平移"变换某对象后，原对象仍保留。用"移动点"按钮控制的点是从一个（组）已知点移动到另一个（组）已知点，而"平移"变换某对象后，目标对象就是由该对象变换而来的。

（5）在图 2-4-2 所示的"平移"对话框中，除按"标记"选项外还有"极坐标"与"直角坐标"两个单选项。

① 极坐标：按极坐标向量平移。

使用这个选项控制对象的平移可以有两种方式：

- 由用户给出固定的距离（或长度）大小与角度大小。如图 2-4-9 所示，系统默认向上移动 1cm。
- 事先标记一个距离（或长度）与角度（或者角）。

② 直角坐标：按直角坐标向量平移。

用这个选项控制对象的平移也可以有两种方式：

- 由用户给出固定的水平距离大小与竖直距离大小。如图 2-4-10 所示，系统默认向右移动 1cm，同时向上移动 1cm。
- 事先标记两个距离（或长度）值。

图 2-4-9　　　　　　　　　　图 2-4-10

（6）可以同时标记两个距离值。如图 2-4-11 所示，画线段 AB 与 CD。选中它们，选择"度量"→"长度"命令，度量出它们的长度。先后选中线段 AB 与 CD 的长度值，选择"变换"→"标记距离"命令，则这两个距离都被标记。

画△EFG，填充它。选中△EFG 及其内部，选择"变换"→"平移"命令，显示"平移"对话框。系统自动选择按直角坐标方式平移，且把 AB 的长度作为向右平移的距离，CD 的长度作为向上平移的距离（如图 2-4-11 所示）。

如果没有事先标记距离，可以在开启"平移"对话框之后再分别单击窗口中的距离值指出平移的距离。比如，在图 2-4-11 中，再单击线段 CD 的长度值，则向右与向上平移的距离都是 CD 的长度；如果再单击 AB 的长度值，则向右平移的距离是 CD 的长度，向上平移的距离是 AB 的长度；如果再单击 CD 的值，则又像开头一样。

（7）在图 2-4-5 中的"如果指定点或值开始"下有"移动到目标位置"和"回到初始

位置"两个单选项。

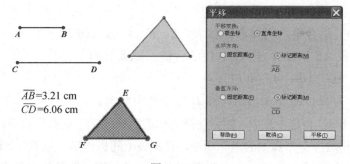

图 2-4-11

我们做一个实验以了解它的意义：
① 画点 A，把它向右平移 2cm，得到点 A'。
② 建立点 A 移动到点 A'的"移动 A→A'"按钮，并设置成"移动到目标位置"。再建立一个点 A 移动到点 A'的"移动 A→A'"按钮，但设置成"回到初始位置"。
③ 分别单击这两个按钮。
单击前一个按钮，点 A 会一直移动下去（目标位置在移动）。单击后一个按钮，点 A 移动 1cm 后停下来，如果度量出点 A 的横坐标，那么单击一次横坐标增加 1。更多的应用请参考 3.12 节范例 84、范例 85。
（8）移动按钮不仅使用于点与点之间，还可以用于参数与参数之间。
【请你试试】
（1）如图 2-4-12 所示，把△ABC 的一部分——△FEC 及其内部向左移动，使得点 C 与点 B 重合，并建立"移动"按钮来完成这个平移。

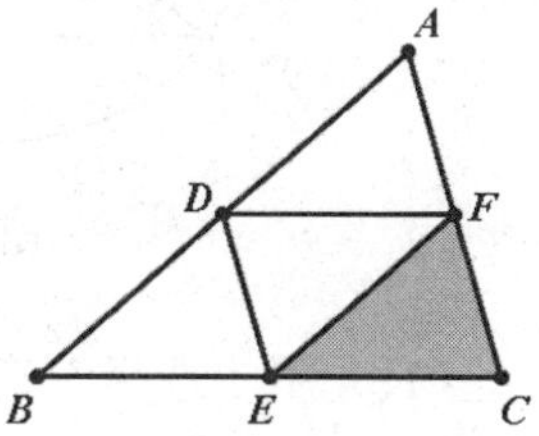

图 2-4-12

（2）建立"移动点"按钮控制点对之间的运动，使一个四边形移动后成为三角形。

2.5 旋转及其控制

本节范例主要学习怎样标记（定义）角控制对象的旋转，介绍工具箱中旋转工具的用法，学习"变换"菜单中的"标记中心"、"标记角度"、"旋转"等功能的实现方法，学习如何作出一个 0°～360°范围内的角，怎样填充扇形与弓形。

范例 6 把三角形的一部分经过旋转与其他部分拼接得到一个平行四边形。
【学习目的】
学习在圆上作出圆弧的方法，怎样用（变动的）角控制对象的旋转。
【操作步骤】
（1）新建文件。选择"编辑"→"参数选项"命令，设置成给所有画出的点加注标签。
（2）画出△ABC。

（3）用"选择"工具把△ABC的三条边都选中，按Ctrl+M组合键，作出三条边的中点D、E、F。

（4）按Ctrl+L组合键，用线段连接D、E、F，作出△DEF。

（5）选中线段AB和AC，按Ctrl+H组合键，隐藏它们。

（6）画线段AD、DB、AF和FC。

（7）以点D为圆心过点A画圆，圆D处于选中状态。

（8）先选中点A，再选中点B，然后选择"构造"→"圆上的弧"命令作出半圆弧AB。

（9）选择"构造"→"弧上的点"命令，在圆弧上随机作出一点G（如图2-5-1所示）。

（10）先在空白处单击鼠标，释放所有选中的对象。用"选择"工具先后选中点A、D、G，选择"变换"→"标记角度"命令，标记∠ADG（如图2-5-2所示）。

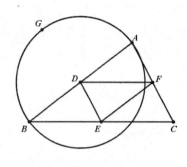

图 2-5-1

图 2-5-2

（11）用"选择"工具双击点D，把D标记为旋转中心。

说明：选中点D，选择"变换"→"标记中心"命令（快捷键Ctrl+Shift+F），也可以把点D标记为旋转中心。

（12）先后选中点A、D、F，按Ctrl+P组合键，填充△ADF（如图2-5-3所示）。

（13）选中点F以及被填充的△ADF的内部，选择"变换"→"旋转"命令，显示图2-5-4所示"旋转"对话框，单选按钮"标记角度"处于选中状态。单击"旋转"按钮。

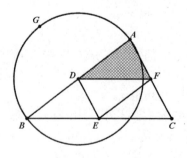

图 2-5-3

图 2-5-4

（14）画△DGF'（如图2-5-5所示）。

（15）分别建立"移动G→A"、"移动G→B"按钮。

（16）用"文本"工具把按钮上的文字"移动 G→A"、"移动 G→B"分别改成"移动"、"还原"。

【经验点拨】

（1）可以直接用工具箱中的"旋转"工具来旋转对象。

用"画点"工具画点 A，用"画线段"工具画△BCD。用"选择"工具双击点 A，把点 A 标记为旋转中心。按住"选择"工具不放，显示一排工具，拖动鼠标到"旋转"工具处松开鼠标，把"选择"工具改成为"旋转"工具。用"旋转"工具选中三角形的三条边和三个顶点，然后转动它们，它们将绕点 A 旋转。

"旋转"工具也具有选择工具的一些功能。

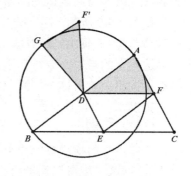

图 2-5-5

（2）如果在标记旋转角时不是先后选择 A、D、G，而是先后选中 G、D、A，则△ADF 绕点 D 旋转时将按顺时针旋转∠GDA 的大小。

（3）如果事先没有标记旋转中心，在显示"旋转"对话框后仍可以再单击某点，把它标记为旋转中心。

（4）作圆弧的方法是：如图 2-5-6 所示，选中圆（周）A，再依次选中点 B、点 C，选择"构造"→"圆上的弧"命令，在圆 A 上作出圆弧 $\overset{\frown}{BC}$。如果顺序是圆（周）A、点 C、点 B，则作出的是 $\overset{\frown}{CB}$。作出圆弧 $\overset{\frown}{BC}$ 后，圆 A 以虚线表示。若需要把圆 A 改成实线，则可以选中它，然后选择"显示"→"线型"→"实线"命令。

需要注意的是，不能在一段弧上再作另一段弧。

（5）作出弧 $\overset{\frown}{BC}$ 后选择"度量"→"弧度角"命令，显示∠BAC 的大小。如图 2-5-7 所示，拖动点 C，可成为 $\overset{\frown}{BC}=301.73°$。这是作出 0°～360°角的方法。

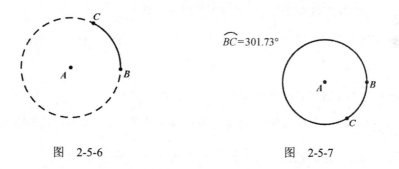

图 2-5-6　　　　　　　　图 2-5-7

（6）选中弧 $\overset{\frown}{BC}$，选择"构造"→"弧内部"→"弓形内部"命令（如图 2-5-8 所示），填充弓形。

图 2-5-8

说明：填充弓形没有快捷键，填充扇形仍然可以按 Ctrl+P 组合键。

（7）被填充的多边形内部、扇形内部以及弓形内部，它们的边界都可以作为动点运动的路径。

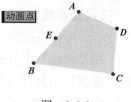

图 2-5-9

如图 2-5-9 所示，用"画多边形"工具依次画点 A、B、C、D，最后单击点 A，画出已经被填充的四边形 ABCD，及时选择"构造"→"边界上的点"命令，在边界上画出一点 E。制作点 E 的"动画点"按钮。单击这个按钮，E 点在边界上运动起来。

范例 7 表现任意角。

【学习目的】

介绍用点的横坐标作为角的弧度数以表现任意角的方法。学习"度量"菜单的"坐标距离"，以及"绘图"菜单的"定义坐标系"、"在轴上绘制点"等功能的运用。

【操作步骤】

（1）新建文件。选择"绘图"→"定义坐标系"命令，建立坐标系。

（2）选择"绘图"→"隐藏网格"命令，隐藏网格。

（3）选中原点，按 Ctrl+K 组合键，加注标签 A。把标签改为 O，给单位点加注标签 B。

（4）在 y 轴的负半轴上画一点 C。

（5）过点 C 画 y 轴的垂线，按 Ctrl+K 组合键显示标签 j。

（6）在直线 j 上画点 D，隐藏直线 j，画线段 CD。

（7）选中点 D，并选择"度量"→"横坐标"命令，度量出点 D 的横坐标 x_D。

（8）选择"数据"→"计算"命令，显示计算器。如图 2-5-10 所示，依次单击 x_D、*、1、8、0，"单位"选项卡中的度、÷、"数值"选项卡中的π，单击"确定"按钮，计算出 $\dfrac{x_D \cdot 180°}{\pi}$，把角的弧度数 x_D 化为度。

（9）用"选择"工具双击原点 O，把点 O 标记为旋转中心。

（10）选中计算值 $\dfrac{x_D \cdot 180°}{\pi}$，并选择"变换"→"标记角度"命令。

（11）画射线 OB。

（12）选中射线 OB，并选择"变换"→"旋转"命令，在显示"旋转"对话框以后单击"旋转"按钮，得到一条射线。这条射线就是大小为 $\dfrac{x_D \cdot 180°}{\pi}$ 的角的终边。

（13）按住 Shift 键，把这条射线设置为粗线，颜色设置为深色。

（14）在线段 CD 上任意画一点 E。

（15）先后选中点 C 和 E，选择"度量"→"坐标距离"命令。同样方法度量 OB。打开计算器计算 OB+CE。

（16）选择"绘图"→"在轴上绘制点"命令，如图 2-5-11 所示，显示"绘制给定数值的点"对话框，单击窗口的度量值 OB+CE，在 x 轴上画出一点 F。

（17）度量点 E 的横坐标 x_E，计算出 $\dfrac{x_E \cdot 180°}{\pi}$。

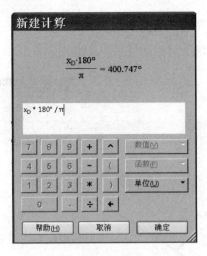

图 2-5-10 　　　　　　　　　　　　图 2-5-11

(18) 用"选择"工具双击 $\dfrac{x_E \cdot 180°}{\pi}$，标记角度 $\dfrac{x_E \cdot 180°}{\pi}$。

(19) 以 O 为旋转中心，按标记角的旋转点 F，得到 F'。

(20) 同时选中点 E 和 F'，选择"构造"→"轨迹"命令，作出曲线，把曲线设置为粗线（如图 2-5-12 所示）。

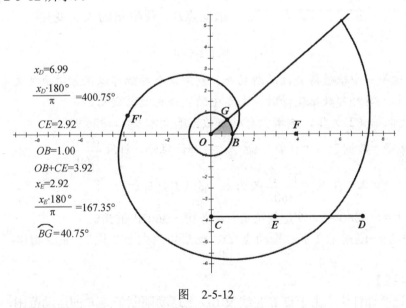

图 2-5-12

(21) 画单位圆，作出单位圆与射线 OF' 的交点 G。

(22) 作出圆弧 $\overset{\frown}{BG}$，度量弧度角 BOG，它的范围是 0°～360°。

(23) 选中圆弧 $\overset{\frown}{BG}$，按 Ctrl+P 组合键，填充扇形内部，设置成比较淡的颜色。

(24) 拖动点 D 至 y 轴左边，可见 $\dfrac{x_D \cdot 180°}{\pi}$ 成为负角。

(25) 用"文本"工具在空白处双击，显示文本编辑框，同时屏幕下方显示文本编辑工具栏。单击 α（如图 2-5-13 所示），再输入"="号，然后单击"$\widehat{BG}$=33.09°"，形成含有动态数据的文本"α=33.09°"（如图 2-5-14 所示）。

图 2-5-13

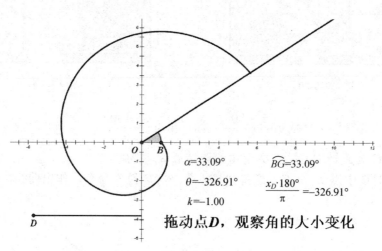

图 2-5-14

提示：这是一个很值得关注的新功能。利用这个功能可以很方便地把文本与动态的数据整合在一起。当外部数据变动时，文本中的数据也随之变动。

（26）类似第（25）步，编辑含有动态数据的文本 $\theta = -326.91°$。

（27）选择"数据"→"计算"命令，打开计算器，计算 $\dfrac{\theta - \alpha}{360°}$。

（28）用"文本"工具把 $\dfrac{\theta - \alpha}{360°}$ 改为 k。显然 k 是整数。

于是有 $\theta = k \cdot 360° + \alpha$，$\theta$ 是任意角，α 是 0°~360°内的角。

（29）增加一段提示文字"拖动点 D，观察角的大小变化"，完成制作（如图 2-5-14 所示）。

【经验点拨】

（1）在这个课件中，由于点 E 在线段 CD 上运动限制了点 E 的运动范围，与 E 相应的点 F' 画出了曲线（点 F' 的轨迹）。

（2）两点间的"坐标距离"是这两点间距离与单位点到原点的距离的比值。

范例 8 根据正弦线画正弦函数的图像。

【学习目的】

学习由正弦线画正弦函数在[0，2π]上的图像，学习"标记距离"控制平移对象的方法，学习"绘图"菜单中"在轴上绘制点"、"绘制点"等功能的用法。

【操作步骤】

（1）新建文件。选择"绘图"→"定义坐标系"命令，建立直角坐标系。

（2）给原点加注标签，并改为 O，隐藏网格。

（3）选择"绘图"→"在轴上绘制点"命令，如图 2-5-15 所示，显示"绘制给定数值的点"对话框，输入–4，单击"绘制"按钮，画出点 $O'(-4，0)$，并显示坐标系。

（4）同第（3）步，再绘制点 $B(-3，0)$。

（5）以 O' 为圆心经过点 B 画圆 O'。按 Ctrl+K 组合键，显示标签 c_1。

（6）画射线 $O'P$，使点 P 在圆 c_1 上。射线 $O'P$ 是角 α 的终边。

（7）用"选择"工具先后选择点 B、P，圆 c_1，选择"构造"→"圆上的弧"命令，作出圆弧 a_1。

（8）选择"度量"→"弧长"命令，度量出弧 $\overset{\frown}{BP}(a_1)$ 的长。

（9）选中弧 $\overset{\frown}{BP}$，按 Ctrl+P 组合键，填充扇形。

（10）选中弧 $\overset{\frown}{BP}$ 的长，选择"变换"→"标记距离"命令。

（11）选中 y 轴，选择"变换"→"平移"命令，显示"平移"对话框。如图 2-5-16 所示，把平移的方向（固定角度）改为 0，单击"平移"按钮，把 y 轴平移一段距离。按 Ctrl+K 组合键，显示标签 y'。

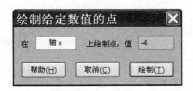

图 2-5-15

图 2-5-16

（12）过 P 作 x 轴的垂线，并单击交点处做出垂足 M。

（13）隐藏直线 MP，画线段 MP。MP 就是正弦线。

（14）过 P 作 x 轴的平行线 j。

（15）作直线 y' 与直线 j 的交点 E。

（16）选中点 E，按 Ctrl+T 组合键（或者选择"显示"→"追踪点"命令），跟踪它。

（17）拖动点 P，观察点 E 的踪迹（如图 2-5-17 所示）。

点 E 的踪迹就是函数 $y=\sin x$ 在区间 $[0,2\pi]$ 上的图像。

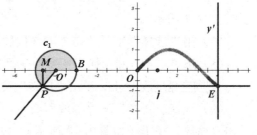

图 2-5-17

【经验点拨】

（1）可以接第（17）步，同时选中点 P 和 E，选择"构造"→"轨迹"命令，作出点 E 的轨迹，这是 $[0, 2\pi]$ 上的一段正弦线。

（2）也可以度量点 P 的纵坐标 y_p，先后选中度量出的弧 $\overparen{BP}$ 的长度及 y_p，选择"绘图"→"绘制（x，y）"命令绘制一点 F。这样就不必平移 y 轴，也不必过 P 画 x 轴的平行线了。

（3）开启"绘图"菜单的"在轴上绘制点"功能后，系统默认"在轴 x 上绘制点"。如果需要在 y 轴上绘制点，只要再单击 y 轴即可。此刻"在轴 x 上绘制点"成为"在轴 y 上绘制点"，输入纵坐标值，确定后画出该点。

（4）无论是通过"绘图"菜单的"在轴上绘制点"，还是通过"绘制（x，y）"绘制出的点，都可以通过选择"编辑"→"从轴分离绘制点"（或"从坐标系分离绘制点"）命令使得它们成为自由点。

【请你试试】

（1）接本范例，画 $y=\sin x$ 在 $[2\pi, 4\pi]$ 上的图像。

（2）根据正切线画正切函数 $y=\tan x$ 在 $[0, 2\pi]$ 上的图像。

2.6 圆的水平放置与几何体的转动

本节学习"变换"的"标记中心"、"旋转"、"缩放"等功能的使用方法。

范例 9　画一个圆，并依斜二测作图规则水平放置它。

【学习目的】

通过"圆的斜二测水平放置"的制作，学习"旋转"、"缩放"等功能的运用。

【操作步骤】

（1）新建文件，画点 A。

（2）把 A 向右移动 1cm 得到 A'，再画直线 AA'。

（3）用"画圆"工具画圆 A，使得控制大小的点 B 落在直线 AA'上。

（4）在圆 O 上任意画点 C。

（5）过点 C 作直线 AA'的垂线，按 Ctrl+K 组合键，加注标签 j。

（6）用"选择"工具单击直线 j 与直线 AA'的交点处，作出直线 j 与直线 AA'的交点 D（如图 2-6-1 所示）。

（7）用"选择"工具双击点 D（快捷键 Ctrl+Shift+F），把点 D 定义为旋转中心。

（8）选中点 C，并选择"变换"→"旋转"命令，显示"旋转"对话框（如图 2-6-2 所示）。把固定角度改为-45，单击"旋转"按钮，使点 C 绕点 D 顺时针旋转 45°得到点 C'。

（9）选择"变换"→"缩放"命令，显示"缩放"对话框，不必改动缩放比（1：2），单击"缩放"按钮（如图 2-6-3 所示），以 D 为缩放中心缩放 C'得到一点 C''。

提示：缩放中心已经由第（7）步定义。

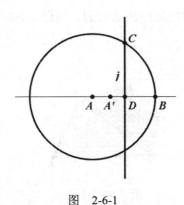

图 2-6-1　　　　　　　　　　　图 2-6-2

（10）用"选择"工具选中点 C（C''处于选中状态），并选择"构造"→"轨迹"命令，这样就作出了圆 A 按斜二测水平放置的图形——椭圆（如图 2-6-4 所示）。按 Ctrl+K 组合键，给椭圆加注标签 L_1。

 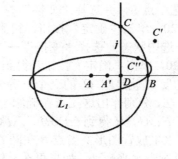

图 2-6-3　　　　　　　　　　　图 2-6-4

（11）按住 Shift 键，给椭圆设置粗线。如果不平滑，选中它，按键盘上的"+"键，增加轨迹上的样点数目。

【经验点拨】

（1）操作步骤的第（8）步中，如果显示的是图 2-6-5 所示的对话框，则输入角度为 $-\dfrac{\pi}{4}$。输入 π 的方法是输入 p（不限大小写）。如果希望输入的是角度值，则需要事先把系统"参数选项"（在"编辑"菜单中）中的角度单位设置成"度"。否则，输入 –45 就不能使点 C 顺时针旋转 45°，而是旋转 –45 弧度了。

（2）"缩放比"是指缩放中心到缩放后的点（"新点"）的距离与缩放中心到缩放前的点（"旧点"）的距离的比值。如果这个比值是负数，则新点与旧点位于缩放中心的两侧，否则在同侧。

（3）如果不需要用缩放比控制缩放，则可以用工具箱中的"缩放"工具来缩放对象。

按住"选择"工具不放，显示一排工具，拖动鼠标到"缩放"工具 处松开鼠标，"选择"工具成为"缩放"工具。用"缩放"工具仍可以选择对象。

用"画点"工具画点 A，用"画线段"工具画△BCD，用"缩放"工具双击点 A，把点 A 标记为缩放中心，用"缩放"工具画一个矩形框框住三角形的三条边和三个顶点后松开,选中它们,再按 Ctrl+T 组合键追踪它们,然后用鼠标拖动它们。如图 2-6-6 所示,△BCD 只能沿着缩放中心 A 做缩放变换。

图 2-6-5

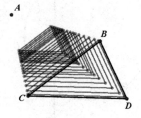

图 2-6-6

用"缩放"工具如同"选择"工具一样,也可以用来编辑点的标签。

(4) 实际上点 C 与 C″之间建立了一种映射关系。由于点 C 的任意性,点 C 在圆 A 上运动,点 C 的无数个像 C″就构成了圆的水平放置——椭圆。

如图 2-6-7 所示,建立直角坐标系。画圆 O,在圆 O 上画点 B。把圆心 O 标记为"旋转中心",选中点 B,并选择"变换"→"旋转"命令,然后输入 120,单击"确定"按钮,得到 B′;及时(此刻点 B′处于选中状态)选择"变换"→"旋转"命令,然后输入 120,单击"确定"按钮,得到 B″。如图 2-6-7 所示,B、B′、B″就是圆 O 的三个三等分点。如同本范例的作图方法,分别作出这三点在椭圆上的像 F、G、H,用线段连接 F、G、H 得到△FGH,△FGH 就是正三角形 BB′B″的水平放置图形。当点 B 在圆 O 上转动时,△FGH 就在椭圆上水平转动。如果再在 y 轴上任意画一点 I,连接 IF、IG、IH,就得到了一个转动的三棱锥。细心体会映射的含义,运用它可以作出许多与转动有关的课件来,读者不妨试一试。

(5) 如何使得旋转时该显示虚线的地方显示虚线,请参考 3.13 节范例 86。

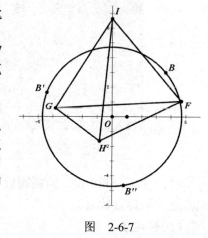

图 2-6-7

【请你试试】

制作一个旋转的四棱柱。

2.7 函数图像及其变换

本节范例将学习函数图像的各种画法(含参数、给定区间,编辑含有动态数据的表达式等);学习对图像跟踪,观察分布规律;学习图像的变换以及反函数的图像;还要学习分段函数图像的画法。

范例 10 画函数 $f(x) = \dfrac{\sqrt{4-x}}{x-1}$ 的图像。

【学习目的】

学习"绘图"菜单中"绘制新函数"功能的实现方法,绘制初等函数的图像,并介绍与函数图像有关的一些问题的处理方法。介绍与坐标系有关的一些功能的实现方法。

【操作步骤】

（1）新建文件。用"选择"工具单击"绘图"菜单的"绘制新函数"(快捷键 Ctrl+G)，显示函数式编辑器，提示"使用键盘和弹出菜单创建一个表达式或者通过单击画板中已存在的数或函数来插入。"

提示：函数式编辑器不同于科学计算器，这里有作为自变量的 x 可供选择，而计算器中没有。

（2）选择"函数"选项卡，单击开方符号 sqrt，编辑框中出现 sqrt()，接着单击 4、-、x，移动鼠标到右括号的右边，继续单击÷、(、x、-、1 和)，这时在预览框内以数学格式出现 $f(x) = \dfrac{\sqrt{4-x}}{x-1}$（如图 2-7-1 所示）。

提示：图 2-7-2 中系统提供的函数依次是：

正弦函数	sin[x]
余弦函数	cos[x]
正切函数	tan[x]
反正弦函数	Arcsin[x]
反余弦函数	Arccos[x]
反正切函数	Arctan[x]
绝对值函数	abs[x]
算术平方根	sqrt[x]
自然对数函数	ln[x]
以 10 为底的对数函数（常用对数函数）	log[x]
符号函数	sgn[x] = $\begin{cases} -1 & (x<0) \\ 0 & (x=0) \\ 1 & (x>0) \end{cases}$
取整函数	round[x]
截尾函数	trunc[x]

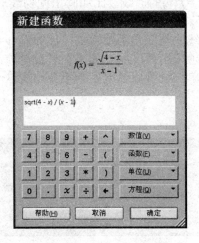

图 2-7-1

图 2-7-2

（3）单击"确定"按钮，屏幕上自动显示直角坐标系，画出函数 $f(x)=\dfrac{\sqrt{4-x}}{x-1}$ 的图像，并出现函数表达式。在空白处单击鼠标释放选择的对象。

（4）给原点加注标签 O。

（5）选择"绘图"→"隐藏网格"命令。

【经验点拨】

（1）在"数据"菜单中还有一个"新建函数"选项。"新建函数"是新建立一个函数式，并不立即画出它的图像。要画出一个已经存在函数式确定的图像，只要选中它，再选择"绘图"→"绘制函数"命令（"绘制新函数"成为此菜单），立即画出图像。

（2）拖动单位点可以改变坐标系的单位长。若把"选择"工具移到 x（或 y）轴上显示刻度数字的下边（或左边）成为带有指向左右（或上下）的箭头时，按下鼠标拖动，也可以改变单位长度。改变单位长度，尽可能使单位长较小，这时最小刻度为 100，在 x 轴上靠近原点显示的数字为 1000，y 轴上为 500。

（3）选择"绘图"→"隐藏网格"命令可以隐藏网格。也可以单击格点（即网格线与网格线的交叉点）选中网格，再选择"绘图"→"隐藏网格"命令（或按 Ctrl+H 组合键）。若画板中显示了网格，按住 Shift 键，则"隐藏网格"菜单成为"隐藏坐标系"，单击它可以隐藏坐标系。

（4）要修改函数表达式，只要双击该表达式打开函数式编辑器，或者选择"编辑"→"编辑函数"命令（快捷键 Ctrl+E），或者选中函数式右击，在弹出的快捷菜单中选择"编辑函数"命令。编辑函数式时，其中的运算符号以及字母 x 等也可以使用键盘来输入。

（5）选中已有的函数式 $f(x)$，按 Ctrl+C 组合键复制到剪贴板，再按 Ctrl+V 组合键粘贴，得到 $g(x)$，双击 $g(x)$ 进入编辑状态，可以重新编辑成另一个函数，确定后画出它的图像。当然，重复第（1）步的操作也可以画出另一个函数的图像。

几何画板支持在同一个坐标系中画多个函数图像，这对于讨论方程的解的情况是非常有用的。

（6）由本范例可见，只要给出表达式，几何画板可以画出任意一个初等函数的图像。不仅如此，在图 2-7-1 中选择"方程"选项卡，由图 2-7-3 可见，函数表达式可以"$y=$"与"$f(x)=$"两种方式显示；可以画出方程 $x=f(y)$ 的曲线（比如画出抛物线 $y^2=x$），可以画出极坐标系下的曲线 $\rho=f(\theta)$、$\theta=f(\rho)$ 等。

（7）需要注意的是，若画出的图像（或曲线）与三角函数有关，比如画 $y=\sin x$ 的图像，会出现图 2-7-4 的提示，要求角度单位必须采用弧度制。如果在参数选项（选择"编辑"→"参数选项"命令打开）中已经把角度单位设置成弧度，则不会出现这一提示。一般单击"是"按钮，继续画图。

图 2-7-3

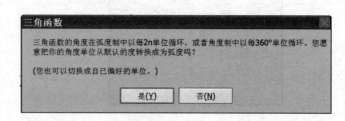

图 2-7-4

（8）用"文本"工具单击图像则显示图像的标签 $y=f(x)$，再单击它则隐藏标签。或者用"选择"工具选中它，然后按 Ctrl+K 组合键，显示图像的标签，再按 Ctrl+K 组合键则隐藏标签。要修改标签，用"文本"工具双击标签，如图 2-7-5 所示，会打开"函数 f"对话框，然后进行修改。

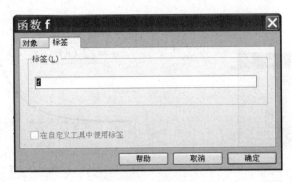

图 2-7-5

系统给函数自动命名，依次是 $f(x)$，$g(x)$，$h(x)$，$q(x)$，$r(x)$，$s(x)$，$t(x)$，…。

（9）要打开对象属性对话框，可以选中该对象再按 Alt+?组合键，或者选择"编辑"→"属性"命令，或者使用快捷菜单。

（10）选中函数表达式 $f(x)=\dfrac{\sqrt{4-x}}{x-1}$，按 Alt+>组合键可以放大字号(按 Alt+<组合键缩小字号)。

选中图像，然后按键盘上的"+"键，图像将更加平滑；按"-"键会减少图像的样点数目，图像不平滑。

范例 11　画函数 $f(x)=a^x$ 的图像。

【学习目的】

画含参数的函数图像，介绍与参数有关、图像设置有关的一些问题。

【操作步骤】

（1）新建文件。

（2）选择"数据"→"新建参数"命令，显示图 2-7-6 所示"新建参数"对话框，把 $t[1]$改成 a，单击"确定"按钮，窗口出现 $a=\boxed{1.00}$。数字 1.00 带有编辑框。

提示：由图 2-7-6 可见，可以为参数设置单位。角度单位有弧度（度），长度单位有厘米（英寸、像素），这些都与"编辑"菜单的"参数选项"中的单位设置有关。

（3）选择"绘图"→"绘制新函数"命令，显示函数式编辑器。再依次单击窗口中的参数 a，编辑器中的乘方符号^、x，单击"确定"按钮，显示直角坐标系，并画出 $a=1$ 时函数 $f(x)=a^x$ 的图像。

（4）及时按 Ctrl+K 组合键，给图像加注标签 $y=f(x)$。

（5）选择"绘图"→"隐藏网格"命令，隐藏网格。选中原点，按 Ctrl+K 组合键，给原点加注标签，用"文本"工具把标签改为 O。

（6）用"选择"工具仅选中参数 a，按键盘上的"+"键（注意按 Shift 键），参数 a

的值以每按一次增加 0.01 的速度增加。

提示：按键盘上的"－"键，参数 a 的值以每按一次减少 0.01 的速度减少。也可以直接编辑参数的大小，而不是通过按键来改变。如图 2-7-7 所示，这里使其等于 2。

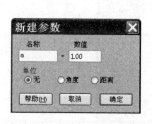

图 2-7-6

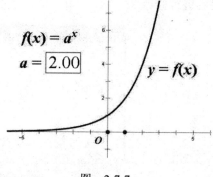

图 2-7-7

【经验点拨】

（1）选中参数 a 右击，在弹出的快捷菜单中选择"属性"命令，显示"参数 a"对话框（如图 2-7-8 所示）。这里有 4 个选项卡，我们介绍"数值"与"参数"两个选项卡。

选择"数值"选项卡，可以设置参数的精确度，最大精确到十万分之一，最小精确到单位（整数）。如果选中"无标签"单选按钮，则仅显示 2.00，不显示为 $a=$ 2.00。若去掉对"显示编辑框"复选框的选择，原来显示 $a=$ 2.00 变为显示 $a=2.00$，但是不能再直接编辑它的大小（可通过按加号或减号改变其大小）。

选择"参数"选项卡，如图 2-7-9 所示，可以设置变化方式：连续的或离散的。

图 2-7-8

图 2-7-9

其中，"速度"指在用"运动控制台"（选择"显示"→"显示运动控制台"命令可开启）改变参数大小时显示的数字的跳跃状态。比如设置成每 2s 改变 10 个单位，参数的当前值是 2.56。当用运动控制台改变参数 a 的值时，每隔 2s 看到的依次是 12.56、22.56（增加时）。"范围"是指参数的取值范围。

"键盘调节（+/−）"指按一次键盘上的"+"键或者"−"键所改变的值的大小（即步长），这里设置成 0.1。

（2）选中函数图像右击，在弹出的快捷菜单中选择"属性"命令（或者按 Alt+？组合键），显示"函数图像 $y=f(x)$"对话框。如图 2-7-10 所示，这里有三个选项卡："对象"、

"标签"和"绘图"。

选择"对象"选项卡，如图 2-7-11 所示，说明这是编号为 1 的坐标系中函数 $f(x)$ 的图像。选择"父对象"选项，显示其父对象是函数式 f 以及 1 号坐标系。由此可见，几何画板支持同时建立若干个坐标系（请参考 2.17 节范例 31）。

图 2-7-10

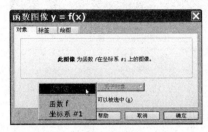

图 2-7-11

利用"父对象"与"子对象"可以分析对象之间的逻辑关系、图形形成的过程，这对于学习他人制作经验，提高制作技巧是非常必要的。

选择"绘图"选项卡，如图 2-7-12 所示，可以修改图像上的样点数目（数字越大越平滑），还可以选择是连续的还是离散的（类似虚线），还可以直接修改自变量 x 的取值范围。比如把 x 的取值范围设置成 $-2 \leq x \leq 3$，轨迹上样点数目改为 50，并选中"离散的"单选按钮，单击"确定"按钮，这时画出的图像如图 2-7-13 所示。在图 2-7-13 中，使鼠标位于图像的端点处时会显示成 ✥（如图 2-7-14 所示），按下鼠标并拖动，可以直接修改图像的范围。如果把 x 的取值范围设置成 $-2 \leq x \leq 3$，选中"连续的"单选按钮，选中"显示箭头和端点"复选框，单击"确定"按钮，绘制出的图像如图 2-7-15 所示，两端带有箭头，方便直接修改图像范围。

图 2-7-12

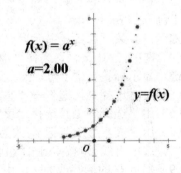

图 2-7-13

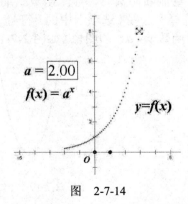

图 2-7-14

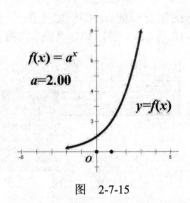

图 2-7-15

(3) 同时选中参数 a 与函数图像, 选择"构造"→"函数系"命令, 如图 2-7-16 所示, 显示"轨迹#1"对话框,"绘图"选项卡处于选中状态。把"采样数量"改成 5, a 的取值范围的下限改为 0.01, 单击"确定"按钮, 如图 2-7-17 所示, 除原先画出的图像外, 又画出 5 条。

图 2-7-16

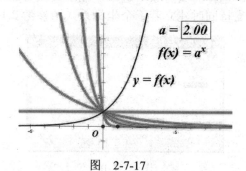

图 2-7-17

说明: 如果 a 的取值范围的下限不改, 而是 0, 那么有一条曲线是 $y=0^x$, 读者看不清楚。如果选中"离散的"单选按钮, 则画出的 5 条曲线中的每一条都以虚线方式显示。

范例 12 用点的坐标做参数 a 画函数 $y=ax^2$ 的图像。

【学习目的】

用点的一个坐标作为参数画函数的图像, 用点的位置控制参数变化, 学习跟踪图像观察分布规律。

【操作步骤】

(1) 新建文件。选择"绘图"→"定义坐标系"命令建立坐标系。选择"绘图"→"隐藏网格"命令隐藏网格。

(2) 用"文本"工具给原点加注标签, 并改成 O。

(3) 把"画点"工具指向 x 轴的负半轴, 当 x 轴高亮显示成红色时单击, 在 x 轴的负半轴上画一点 B。

提示: 当某对象高亮显示时, 表示后面的操作是针对该对象的。

(4) 选中点 B、x 轴, 选择"构造"→"垂线"命令, 过点 B 作 x 轴的垂线, 按 Ctrl+K 组合键, 显示标签 j。

(5) 及时选择"构造"→"直线上的点"命令, 在直线 j 上画一点 C。

(6) 用"选择"工具选择"度量"→"纵坐标"命令, 度量出点 C 的纵坐标 y_C。

(7) 用"文本"工具把 y_C 改为 a。

(8) 选中直线 j, 按 Ctrl+H 组合键, 隐藏它。

(9) 把点 C 的标签改为 A, 用"画线段"工具画线段 AB。这样, 参数 a 制作完毕。

(10) 用"选择"工具单击"绘图"菜单的"绘制新函数", 显示函数式编辑器, 依次单击画板窗口的 a, 编辑器上的 *、x、^、2, 并选择"方程"选项卡中的"符号 $y=$"(如图 2-7-18 所示), 最后单击"确定"按钮, 立即画出函数 $y=ax^2$ 的图像(如图 2-7-19 所示)。

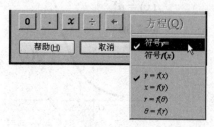

图 2-7-18

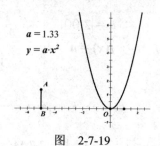

图 2-7-19

拖动点 A，改变点 A 的纵坐标的大小也就是改变参数 a 的大小，这时图像跟着变动起来。

【经验点拨】

选中函数图像，选择"显示"→"追踪函数图像"命令（或按 Ctrl+T 组合键）追踪它。然后再拖动点 A，如图 2-7-20 所示，形成被追踪函数图像的踪迹，观察随 a 的变化图像分布情况。

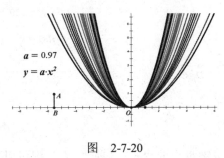

图 2-7-20

在几何画板 4.0 以上版本中，可以追踪函数的图像形成它的踪迹（Trace）。

范例 13 画函数 $f(x)=x^2$（$x\in[-1, 2]$）的图像。

【学习目的】

用线段上点的横坐标作为自变量控制函数的定义域，把动点的轨迹作为函数的图像；介绍如何填充"曲边梯形"。

【操作步骤】

（1）新建画板。选择"绘图"→"定义坐标系"命令。用"文本"工具给原点加注标签，并改成 O。隐藏网格。

（2）用"画线段"工具在 x 轴上画线段 BC，及时选择"构造"→"线段上的点"命令，在线段 BC 上画出点 D。

（3）用"选择"工具选中点 D，选择"度量"→"横坐标"命令，度量出点 D 的横坐标 x_D。

（4）选择"数据"→"计算"命令（快捷键 Alt+=），打开计算器，计算 x_D^2。

（5）先后选中 x_D、x_D^2，选择"绘图"→"绘制（x，y）"命令，绘制点 $E(x_D, x_D^2)$。

提示：当先后选择两个数值（与有无单位无关）时，"绘图"菜单的"绘制点"成为"绘制（x，y）"。

（6）同时选中主动点 D，被动点 E，选择"构造"→"轨迹"命令，作出点 E 的轨迹，也就是函数的图像。

提示：这样画出的图像，其范围由点 B、C 的横坐标确定。这就是这个画法的好处。

（7）为了画出区间[-1, 2]上的图像，可以先绘制点（-1, 0）与（2, 0），然后可以把点 B 和 C 分别拖动到这两点处（如图 2-7-21 所示）。

下面介绍如何填充"曲边梯形"，即由图像、x 轴、直线 $x=a$，$x=b$ 围成的区域。

（8）同时选择点 D 和 E，按 Ctrl+L 组合键画出线段 DE。

提示：这是画线段的快捷方法。若依次选中若干个点，按 Ctrl+L 组合键，则用线段依次连接它们，其中一条把首尾连接起来。

（9）同时选择主动点 D，被动线段 DE，选择"构造"→"轨迹"命令，作出线段 DE 的轨迹，填充直线 $x=-1$，$x=2$，x 轴与图像围成的区域。

（10）选择"绘图"→"绘制新函数"命令，编辑表达式 x^2，单击"确定"按钮后画出函数 $f(x)=x^2$ 的图像（如图 2-7-22 所示）。

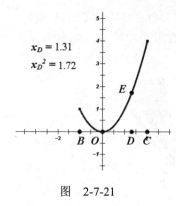

图 2-7-21　　　　　　　　　　　　图 2-7-22

（11）选中阴影部分，按键盘上的"+"（或"–"）键可以增加(或减少)阴影中线条的数目。

（12）拖动线段 BC，可以移动整个阴影部分。

【经验点拨】

（1）接第（5）步，选中点 E，按 Ctrl+T 组合键，追踪点 E，自左向右拖动点 D，如图 2-7-23 所示，点 E 的踪迹可以表现点 E 描出图像的过程。

要擦除点 E 形成的踪迹，可以按键盘上的 Esc 键，也可以选择"显示"→"擦除追踪踪迹"命令（快捷键是 Shift+Ctrl+E）。

（2）要作出被动对象的轨迹，只要同时选择主动点与该被动对象（不必分先后），再选择"构造"→"轨迹"命令。

（3）接第（6）步，选中点 E 的轨迹，按 Ctrl+K 组合键，显示轨迹的标签 L_1。

系统自动给点的轨迹加注的标签依次是 L_1、L_2、L_3、…。

（4）作函数 $f(x)=x^2(x\in[-1, 2])$ 的图像还有一个更方便的方法：把表达式写成 $f(x)=x^2+0\times\sqrt{(x+1)(2-x)}$。

（5）为了表现函数 $f(x)=x^2(x\in[-1, 2])$ 图像的端点，可以这样做：

度量点 B 的横坐标 x_B，计算 x_B^2，绘制点 $F(x_B, x_B^2)$。把点 F 的颜色设置成黑色。隐藏点 F 的标签。同样，画点 $G(x_C, x_C^2)$，如图 2-7-24 所示，把点 G 的颜色设置成无色，这样可以表现区间[–1, 2)。

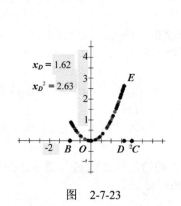　　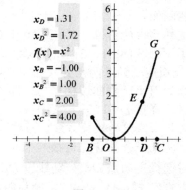

图 2-7-23　　　　　　　　　　　　图 2-7-24

(6) 自上而下，依次选中图 2-7-24 中的文本，按 Shift+Enter 组合键可以上下对齐，按住不放可以调整间距。

作为练习，请读者试试。

画下列函数的图像：

① $f(x) = x^{\frac{b}{a}}$；（其中 a，b 设置成只能取整数的参数）

② $g(x) = ax^2+bx+c$；（其中 a、b、c 分别是三个点的纵坐标）

③ $h(x) = \log_a x$（$a>0$，$a \neq 1$）；

④ $q(x) = \dfrac{4}{x-1}$（$x \in [2, 6]$）；

⑤ $r(x) = a|x+1|+b|x-2|$；

⑥ $y = ax^2$，并用阴影填充区间[−1, 2]上的曲边梯形。

范例 14 画分段函数 $f(x) = \begin{cases} x^2 & (a < x \leq 1) \\ 1-(x-1)^2 & (1 < x < b) \end{cases}$ 的图像。

【学习目的】

学习利用符号函数 $\mathrm{sgn}(x) = \begin{cases} -1 & (x<0) \\ 0 & (x=0) \\ 1 & (x>0) \end{cases}$ 制作分段函数图像的方法。

【操作步骤】

（1）新建文件。建立直角坐标系，隐藏网格，给原点加注标签 O，给单位点加注标签数字 1。

（2）在 x 轴上画线段 CD。

（3）在线段 CD 上画两点 E 和 F（使 F 在 E 的右边）。

（4）同时选中点 E 和 F，并选择"度量"→"横坐标"命令，度量出点 E 和 F 的横坐标 x_E 和 x_F。

提示：这里假设函数的定义域由点 C 的横坐标 x_C 到点 D 的横坐标 x_D 确定，点 E 的横坐标 x_E 为分界值。在区间（x_C, x_E）上函数表达式为 $y = x^2$，在区间[x_E, x_D]上函数表达式为 $y = 1-(x-1)^2$。

（5）选择"数据"→"计算"命令打开计算器，依次单击"函数"选项卡中的 sgn 以及 x_E、−、x_F，单击"确定"按钮，屏幕上出现 $\mathrm{sgn}(x_E-x_F)=-1.00$。同样方法计算得到 $\mathrm{sgn}(x_F-x_E)=1.00$。

（6）再打开计算器，计算出 $\dfrac{\mathrm{sgn}(x_E-x_F)+1}{2}$ 与 $\dfrac{\mathrm{sgn}(x_F-x_E)+1}{2}$，如 $\dfrac{\mathrm{sgn}(x_E-x_F)+1}{2}=0.00$，$\dfrac{\mathrm{sgn}(x_F-x_E)+1}{2}=1.00$。

（7）隐藏点 E 的横坐标 x_E，隐藏 $\mathrm{sgn}(x_E-x_F)=-1.00$ 与 $\mathrm{sgn}(x_F-x_E)=1.00$。

（8）打开计算器，计算 $\dfrac{\mathrm{sgn}(x_E-x_F)+1}{2} \cdot x_F^2 + \dfrac{\mathrm{sgn}(x_F-x_E)+1}{2}[1-(x_F-1)^2]$，即 $f(x_F)$ 的值。

(9) 先后选中 $x_F = 1.76$, $\dfrac{\text{sgn}(x_E - x_F)+1}{2} \cdot x_F^2 + \dfrac{\text{sgn}(x_F - x_E)+1}{2} \cdot [1-(x_F-1)^2] = 0.42$, 并选择"绘图"→"绘制 (x, y)"命令, 绘制出点 $G(x_F, F(x_F))$。

(10) 同时选中点 F 和 G, 并选择"构造"→"轨迹"命令, 画出函数 $f(x) = \begin{cases} x^2 & (x_C \leq x \leq x_E) \\ 1-(x-1)^2 & (x_E < x \leq x_D) \end{cases}$ 的图像。按住 Shift 键, 把曲线的线型设置为粗线。

(11) 为了使在两个区间的连接处函数值相等, 先后选中点 E 和单位点 B, 并选择"编辑"→"操作类按钮"→"移动"命令, 显示对话框后单击"确定"按钮, 产生一个使点 E 移动到单位点 B 的按钮"移动 E→B"。用"选择"工具单击这个按钮, 使点 E 移动到单位点 (如图 2-7-25 所示)。

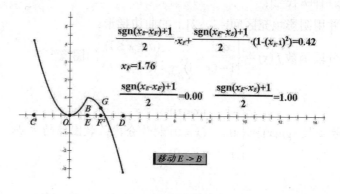

图 2-7-25

【经验点拨】

(1) 这个作法的关键是利用 $\dfrac{\text{sgn}(x_E - x_F)+1}{2}$ 与 $\dfrac{\text{sgn}(x_F - x_E)+1}{2}$ 一个等于 1 时, 另一个等于 0。要作出这个函数的图像, 还有其他简单的方法:

选择"绘图"→"绘制新函数"命令打开函数式编辑器, 编辑 $\dfrac{1+\text{sgn}(1-x)}{2} \cdot x^2 + \dfrac{1+\text{sgn}(x-1)}{2}(1-(1-x^2))$, 确定后立即画出它的图像。

(2) 如果定义域分三段, 如 $f(x) = \begin{cases} f_1(x) & (x < a) \\ f_2(x) & (a \leq x \leq b) \\ f_3(x) & (x > b) \end{cases}$, 则可以依下列两种方法编辑表达式:

① $f(x) = \dfrac{1+\text{sgn}(x_A - x)}{2} \cdot f_1(x) + \dfrac{\text{sgn}(x - x_A)+\text{sgn}(x_B - x)}{2} \cdot f_2(x) + \dfrac{1+\text{sgn}(x - x_B)}{2} \cdot f_3(x)$。

② $f(x) = \left[\dfrac{1+\text{sgn}(xAx)}{2} \cdot f_1(x) + \dfrac{\text{sgn}(xxA)+\text{sgn}(xBx)}{2} \cdot f_2(x)\right] \cdot \dfrac{1+\text{sgn}(x_B - x)}{2} + f_3(x) \cdot \dfrac{1+\text{sgn}(x - x_B)}{2}$, 其中 $x \in (-\infty, x_A) \cup (x_A, x_B) \cup (x_B, +\infty)$, $x_A = a$, $x_B = b$。

类似地, 以上可以写出分成 n 段的函数。

作为练习，请你试试（画出下列分段函数的图像）：

① $f(x)=\begin{cases} x^2 & (x<0) \\ \dfrac{1}{2}x & (x\geq 0) \end{cases}$

② $g(x)=\begin{cases} x^2 & (x<1) \\ 1-(x-1)^2 & (1\leq x<3) \\ 2x-9 & (x\geq 3) \end{cases}$

范例 15 一个面积问题的表现。

如图 2-7-26 所示，△BOC 是定三角形，D 在射线 OB 上自 O 开始移动，过 D 作 OB 的垂线 l，以 OD 的长为自变量，画出在直线 l 的左边△BOC 的面积（阴影部分）的图像。

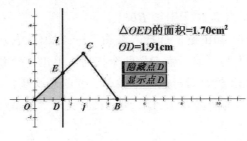

图 2-7-26

【学习目的】

学习通过几何方法作分段函数的图像的方法。

【操作步骤】

（1）新建画板。建立直角坐标系，隐藏网格，隐藏单位点。

（2）给原点加注标签 O。

（3）把"画线段"工具改为"画射线"工具。用"画射线"工具先单击原点，再单击单位点画出射线，按 Ctrl+K 组合键显示标签 j。

（4）用"画点"工具在射线 j 上画一点 B，在第一象限画一点 C。用"画线段"工具画线段 CO 和 CB，形成△BOC。

（5）在射线 jB 上画一点 D。

（6）用"选择"工具同时选中点 D 和 x 轴，选择"构造"→"垂线"命令，过 D 作出 x 轴的垂线，按 Ctrl+K 组合键显示标签 l。

（7）单击直线 l 与线段 OC 的交点处，作出直线 l 与线段 OC 的交点 E。

（8）先后选中点 O、E、D，按 Ctrl+P 组合键，填充△OED。

（9）选择"度量"→"面积"命令，度量△OED 的面积。

（10）先后选中点 O 和 D，选择"度量"→"距离"命令，度量线段 OD 的长度。

（11）先后选中 OD，面积△OED，选择"绘图"→"绘制（x, y）"命令，画出点 F。

（12）同时选中点 D 和 F，选择"构造"→"轨迹"命令，作出点 F 的轨迹。

（13）按住 Shift 键，把点 F 的轨迹的线型设置成粗线。

（14）拖动点 D，使得直线 l 与线段 CB 相交。

（15）单击直线 l 与线段 CB 的交点处，作出它们的交点 G。或选中直线 l 与线段 CB，按 Shift+Ctrl+I 组合键，作出它们的交点 G。

（16）先后选中点 O、C、G 和 D，按 Ctrl+P 组合键，填充四边形 $OCGD$。

（17）选择"度量"→"面积"命令，度量四边形 $OCGD$ 的面积。

（18）先后选中 OD，面积 $OCGD$，选择"绘图"→"绘制（x，y）"命令，绘制点 H。

（19）同时选中点 D 和 H，选择"构造"→"轨迹"命令，作出点 H 的轨迹。

（20）按住 Shift 键，把点 H 的轨迹的线型设置成粗线。

（21）选中点 B，选择"变换"→"平移"命令，显示"平移"对话框。如图 2-7-27 所示，把"固定角度"改为 0，单击"平移"按钮，平移点 B 得到点 B'。

（22）画射线 BB'。

（23）拖动点 D，使得点 D 位于射线 BB' 上。

（24）选中点 D，按住 Shift 键，选择"编辑"→"操作类按钮"→"隐藏&显示"命令，一次出现"隐藏点 D"与"显示点 D"两个按钮。单击"隐藏点 D"按钮，隐藏点 D。

提示：如果不按住 Shift 键，则产生一个按钮。可以修改属性，使其具备显示与隐藏两个功能，即在"隐藏点 D"与"显示点 D"间切换。关于"隐藏/显示"的属性设置还可以参考 3.4 节的范例 62。

（25）同时选中直线 l、射线 BB'，按 Shift+Ctrl+I 组合键作出它们的交点 I。

提示：显然，点 I 的存在与消失依赖直线 l 与射线 BB' 有无交点。

（26）先后选中点 O、C、B 和 I，按 Ctrl+P 组合键，填充四边形 $OCBI$。

提示：由于点 B 和 I 都在 x 轴上，四边形 $OCBI$ 的面积实际上仅是 $\triangle OCB$ 的面积。注意不能选择 C、O、B 和 I 填充，这样会填充 $\triangle COI$。

（27）先后选中 OD，面积 $OCBI$，选择"绘图"→"绘制（x，y）"命令画出点 J。

（28）隐藏点 I，单击"显示点 D"按钮，把点 D 显示出来。

（29）同时选中点 D 和 J，选择"构造"→"轨迹"命令，作出点 J 的轨迹。

（30）把点 J 的轨迹的线型设置成粗线（如图 2-7-28 所示）。

这三部分图像合起来就是以 OD 的长为自变量，在直线 l 左边的 $\triangle BOC$ 的面积的图像。

图 2-7-27

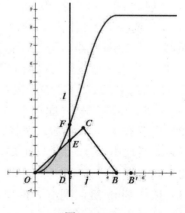

图 2-7-28

【经验点拨】

分段函数图像的几何作法就是分段作出它的图像。在以上过程中,点 D 的运动控制自变量的大小变化,而三段图像分别由点 E、G、I 控制。

范例 16　一道"中考"题。

△ODC 是锐角三角形,面积一定,边 OC 长一定。EF 平行于边 OC,把△DEF 沿 EF 折叠,求折叠以后的△DEF 与△ODC 重叠部分面积最大值。

这是某地初中升学数学考试题。

【学习目的】

利用一个点分段存在这一特点制作分段函数的图像,提高用几何方法制作分段函数的技巧。

【操作步骤】

(1) 新建文件。建立坐标系,给原点加注标签 O,给单位点加注标签数字 1,隐藏单位点,隐藏网格。

(2) 如图 2-7-29 所示,用"画点"工具在 y 轴正半轴上画一点 C,在第一象限画点 D。

(3) 用"画线段"工具画线段 CD 和 OD,形成△ODC。

(4) 用"画点"工具在线段 OD 上画点 E,这里用点 E 到 y 轴的距离作为自变量。

(5) 过点 E 作 x 的垂线 (j)。

(6) 用"选择"工具单击线段 CD 与直线 j 的交点处,作出它们的交点 F。

(7) 双击 y 轴,把 y 轴标记为反射镜面。选中点 D,选择"变换"→"反射"命令,反射点 D 得到 D′。

(8) 画线段 D′D。

(9) 作出线段 D′D 与 y 轴的交点 G,选中线段 D′D,按 Ctrl+H 组合键,隐藏它。

(10) 画线段 D′G 和 GD。

(11) 把直线 j 标记为反射镜面,反射点 D 得到 D′。把点 D′的标签改为 H。

(12) 过 H 作 x 轴的垂线 k(如图 2-7-29 所示)。

(13) 隐藏点 H,拖动点 E 使得直线 k 与线段 D′G 有交点。

(14) 选中直线 k,线段 D′G,按 Shift+Ctrl+I 组合键,作出它们的交点 I。

提示:显然 I 依赖线段 D′G。当拖动 E 使得直线 k 与线段 D′G 不相交时,点 I 消失,点 D 关于直线 j 的对称点位于△ODC 内。

(15) 画线段 IF 和 IE。

(16) 作出线段 IF 与 y 轴的交点 J。

(17) 作出线段 IE 与 y 轴的交点 K。

(18) 先后选中点 E、F、J 和 K,按 Ctrl+P 组合键,填充梯形 EFJK。

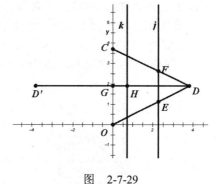

图 2-7-29

（19）及时选择"度量"→"面积"命令，度量出梯形 EFJK 的面积（p_1）。
（20）同时选中点 E 和 y 轴，选择"度量"→"距离"命令，度量点 E 与 y 轴的距离。
（21）先后选中点 E 到 y 轴的距离、面积 EFJK，选择"绘图"→"绘制（x，y）"命令，画出点 L。
（22）同时选中点 E 和 L，选择"构造"→"轨迹"命令，作出点 L 的轨迹。
（23）按住 Shift 键，把点 L 的轨迹的线型设置成粗线（如图 2-7-30 所示）。
（24）拖动点 E，使直线 k 与线段 GD 有交点，这时点 I、梯形 EFJK 都消失。
（25）作出直线 k 与线段 GD 的交点 M，画线段 ME 和 MF，填充△FME。
（26）度量△FME 的面积（p_2）。
（27）类似第（21）步，以 E 到 y 轴的距离为横坐标、面积△FME 为纵坐标画点 N。
（28）类似第（22）步，以 E 为主动点作出点 N 的轨迹。把点 N 的轨迹设置成粗线。点 L 和 N 的轨迹合起来就是这个函数的图像（如图 2-7-31 所示）。

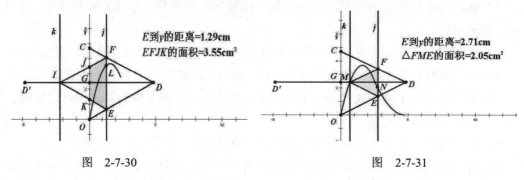

图 2-7-30　　　　　　　　　　　　　图 2-7-31

【经验点拨】

梯形 EFJK 与△EFM 隐与显的分界点是 D 关于直线 EF 的对称点 H 在 y 轴的左侧还是右侧。作出点 D 关于直线 EF 的对称点只能在 y 轴左侧的点 I，作出点 D 关于直线 EF 的对称点只能在 y 轴右侧的点 M，这是解决问题的关键。

【请你试试】

（1）如图 2-7-32 所示，四边形 OABC 是正方形，边长是定值，直线 l：$y=x+t$ 下方的面积为 S（图中阴影部分），当直线 l 从虚线（过 A 与 l 平行）位置开始由下到上匀速运动时，画出面积 S 与时间 t 函数关系的图像。

（2）如图 2-7-33 所示，四边形 OBCD 是正方形，边长为定值，点 P 自 B 沿着边 BC、CD、DO 运动到 O。设点 P 运动的路程为 x，△POB 的面积为 S，绘出函数 S=f(x) 的图像。

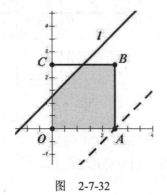 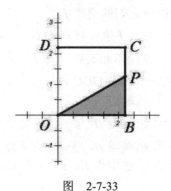

图 2-7-32　　　　　　　　　　　　　图 2-7-33

范例 17　由原函数的图像画反函数的图像。

【学习目的】

学习"变换"菜单中"旋转"、"反射"等功能的实现方法。

【操作步骤】

(1) 新建文件。建立直角坐标系,给原点加注标签 O。

(2) 在 x 轴的负半轴上画一点 B。

(3) 选中点 B,选择"变换"→"平移"命令,显示"平移"对话框后单击"平移"按钮,把点 B 依 90°方向平移 1cm 得到点 B'。

(4) 按住"画线段"工具,拖动鼠标到"画射线"工具处松开,把"画线段"工具改成"画射线"工具。

提示:也可以选中"画线段"工具,然后按 Shift+→(或←)组合键来改换。

(5) 用"画射线"工具单击点 B,移动鼠标到点 B'处单击,画出射线 BB'。

(6) 在射线 BB' 上画一点 C,隐藏点 B'。

(7) 度量点 C 的纵坐标 y_C,用"文本"工具把 y_C 改成 a。

提示:这样做的目的是点 C 在射线 BB' 上运动,a 不会成为负数。

(8) 选择"绘图"→"绘制新函数"命令,打开函数式编辑器,编辑函数式 a^x,确定后画出函数 $f(x)=a^x$ 的图像。

(9) 用"选择"工具双击原点 O(快捷键 Ctrl+Shift+F),把它标记为旋转中心。

(10) 选中 x 轴,选择"变换"→"旋转"命令,如图 2-7-34 所示,显示"旋转"对话框,输入 45,把旋转角度改成 45°,单击"旋转"按钮,把 x 轴旋转 45°得到直线 $y=x$。按 Ctrl+K 组合键显示标签 x'。

(11) 用"选择"工具双击直线 x',把直线 x'标记为反射镜面。

提示:把一条线段、射线、直线标记为反射镜面可以先选中它,再选择"变换"→"标记镜面"命令。当然,用"选择"工具双击它是最快捷的方法。

(12) 用"画点"工具在 $f(x)=a^x$ 的图像上画一点 D。

(13) 用"选择"工具选中点 D,选择"变换"→"反射"命令,得到点 D'(如图 2-7-35 所示)。

图 2-7-34

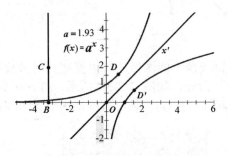

图 2-7-35

(14) 同时选中点 D 和 D',选择"构造"→"轨迹"命令作出点 D'的轨迹。这是函数 $y=\log_a x$ 的图像。

【经验点拨】

(1) 不论画线段,还是画射线、直线,不仅可以使用画板工具箱中的画线工具实现,还可以通过菜单来实现。比如画射线,只要先后选中两点,然后选择"构造"→"射线"

命令即可（没有快捷键，快捷键 Ctrl+L 只能画出线段）。

（2）旋转或者缩放一个对象都需要事先标记一个点为旋转（或缩放）中心。标记一个点为旋转（或缩放）中心的最快捷方法是双击该点（或者选中它后选择"变换"→"标记中心"命令）。反射一个对象需要事先标记一条线段（或射线、直线）为反射镜面。标记一条线段（或射线、直线）为反射镜面的最快捷方法是双击该线段（或射线、直线）（或者选中它，然后选择"变换"→"标记镜面"命令）。

（3）画对数函数的图像有时需要用换底公式。打开函数式编辑器进行编辑 $\dfrac{\ln(x)}{\ln(a)}$，确定后画出函数 $g(x)=\dfrac{\ln x}{\ln a}$（即函数 $g(x)=\log_a x$）的图像。

（4）接第（13）步，画线段 DD'，选中点 D'，按 Ctrl+T 组合键，追踪它。拖动点 D，如图 2-7-36 所示，可以显示原函数与它的反函数图像上的点的对应关系。

（5）接第（14）步，并画出函数 $g(x)=\dfrac{\ln x}{\ln a}$ 的图像。隐藏点 D 和 D'。如图 2-7-37 所示，拖动单位点拉大单位长；拖动点 C，使 a 的值尽可能小一些。同时选中函数 $f(x)=a^x$ 与 $g(x)=\dfrac{\ln x}{\ln a}$ 的图像，并选择"构造"→"交点"命令（快捷键 Shift+Ctrl+I），作出这两个函数图像的交点。会发现方程 $a^x=\log_a x(0<a<1)$ 有三个解。及时选择"度量"→"横坐标"命令，度量出这三个点的横坐标，这就是此刻方程 $a^x=\log_a x$ 的三个近似解。

能够直接作出两个函数图像的交点是几何画板 5.0 以上版本的新功能。

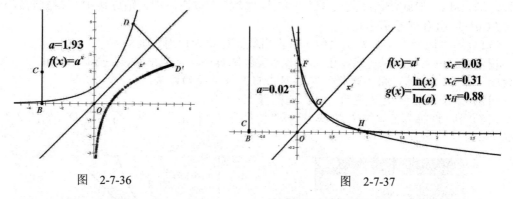

图 2-7-36　　　　　　　　　　　　图 2-7-37

（6）画反函数的图像还可以直接利用函数编辑器的 $x=f(y)$ 功能。选择"绘图"→"绘制新函数"命令，如图 2-7-38 所示，打开函数式编辑器，单击"方程"选项卡中的"x=g(y)"，编辑 $x=f(y)$，确定后画出函数 $y=\log_a x$ 的图像（如图 2-7-39 所示）。

 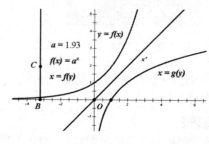

图 2-7-38　　　　　　　　　　　　图 2-7-39

范例 18 函数图像的平移。

【学习目的】

学习如何建立平移向量来平移函数图像。

【操作步骤】

（1）新建文件。按 Ctrl+G 组合键（或者选择"绘图"→"绘制新函数"命令），打开函数式编辑器，编辑函数式 x^2，确定后画出函数 $f(x)=x^2$ 的图像。

（2）给原点加注标签 O。隐藏网格。

（3）在 y 轴的负半轴画一点 B。

（4）过点 B 画 y 轴的垂线，按 Ctrl+K 组合键，显示标签 j。

（5）在直线 j 上画一点 C。

（6）先后选择点 B、C，选择"变换"→"标记向量"命令，标记向量 $\overrightarrow{BC}$。向量 $\overrightarrow{BC}$ 就是平移向量。

（7）在函数 $f(x)=x^2$ 的图像上画一点 D。

（8）选中点 D，选择"变换"→"平移"命令，显示"平移"对话框，单击"平移"按钮，得到点 D'。

（9）用"选择"工具同时选择主动 D 和被动点 D'，选择"构造"→"轨迹"命令，作出点 D' 的轨迹。这就是函数 $y=(x-x_C)^2$ 的图像。

（10）画线段 BC。隐藏直线 j，隐藏点 B（如图 2-7-40 所示）。

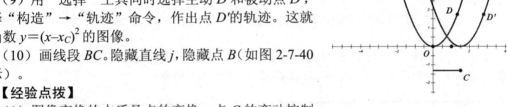

图 2-7-40

【经验点拨】

（1）图像变换的本质是点的变换。点 C 的变动控制了函数 $f(x)=x^2$ 上任意一点的左右平移，即控制了图像的左右平移。类似地，可以再建立一个向量来控制 $f(x)=x^2$ 图像的上下平移，请读者自己完成。

（2）点 C 的轨迹所形成的图像也可以这样作出：度量点 C 的横坐标 x_C，打开函数式编辑器，编辑 $(x-x_C)^2$，确定后画出函数 $g(x)=(x-x_C)^2$ 的图像。改变点 C 的位置形成函数 $f(x)=x^2$ 图像的左右平移。

（3）画线段 DD'，拖动点 D，以此说明这两个函数图像上点的对应关系。

【请你试试】

（1）画出函数 $f(x)=\sqrt{3-2x^2}$ 的图像，并画出与它关于 x 轴对称的函数图像。

（2）画出与函数 $f(x)=a^x$（$a>0$，$a\neq 1$）关于原点对称的函数图像。

（3）用一个点的上下移动控制函数 $y=\sin x$ 图像的上下平移。

2.8 根据定义画圆锥曲线

本节通过根据圆锥曲线的定义画圆锥曲线的学习，了解几何画板中怎样建立对象之间的主、被动关系，进行对象之间的控制。

范例 19 根据椭圆的第一定义"平面上到两个定点距离之和等于定值的点的轨迹"画椭圆。

【学习目的】
了解怎样控制被动对象的运动，配合几何画板在教学中的应用。

【操作步骤】

（1）新建文件。按住 Shift 键，如图 2-8-1 所示，用"画直线"工具在屏幕的上方画一条直线 AB，按 Ctrl+K 组合键显示直线 AB 的标签 j。

提示：按住 Shift 键画线（直线、射线、线段），画出的线与水平方向成 15°角的整数倍角。这里是为了画水平线。

（2）用"画点"工具在直线 j 上画点 C（使 C 在 AB 之间）。

（3）按住 Shift 键，用"画线段"工具在直线 j 的下方画线段 F_1F_2。使 F_1F_2 的长度小于线段 AB 的长度（估计即可，不必度量）。

（4）选中点 A 和 C，按 Ctrl+L 组合键，画线段 AC。

（5）以点 F_1 为圆心，线段 AC 为半径画圆 c_1。

（6）画线段 CB。以点 F_2 为圆心，线段 CB 为半径画圆 c_2。

（7）作出圆 c_1 与 c_2 的两个交点 M 和 M'。

（8）画线段 MF_1 和 MF_2。

（9）同时选中点 C 和 M，选择"构造"→"轨迹"命令，作出点 M 的轨迹。同法再作出点 M' 的轨迹。

（10）选中点 M 和 M' 的轨迹，按键盘上的"+"键，增加轨迹上的样点数目，使之比较平滑。

提示：若要演示点 M 画椭圆的过程，在第（9）步前选中点 M 和 M'，按 Ctrl+T 组合键追踪它们，如图 2-8-2 所示，拖动点 C 显示 M 和 M' 的踪迹。

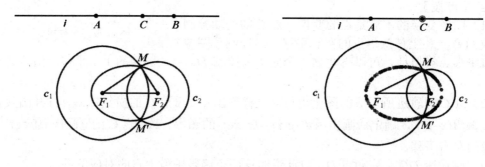

图 2-8-1　　　　　　　　　　图 2-8-2

拖动 F_2 使得 F_1F_2 的长大于 AB 的长，M 和 M' 的轨迹是双曲线（如图 2-8-3 所示）。

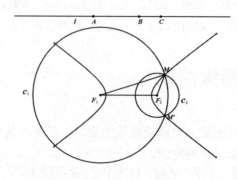

图 2-8-3

【经验点拨】

在这个例子中,点 C 的运动控制了点 M 的运动。如果只需要表示椭圆,则不必画直线 j,只要画线段 AB 就可以了。

可以把线段 CA 与 MF_1,CB 与 MF_2 设置成相同的颜色,并把它们都设置成粗线。隐藏直线 j。

范例 20 根据圆锥曲线的第二定义画圆锥曲线。圆锥曲线是"平面上一个动点到一定点距离与到一条定直线距离(定点不在定直线上)的比是一个常数的点的轨迹"。

【学习目的】

学习"度量"菜单中"点的值"的意义,学习"变换"菜单中"标记比值"、"缩放"等功能的运用。

【操作步骤】

(1) 新建文件。建立直角坐标系,隐藏网格,给原点加注标签 O,给单位点加注标签 B。

(2) 如图 2-8-4 所示,按住 Shift 键,在屏幕的上方画一条射线 CD,按 Ctrl+K 组合键显示标签 j,在直线 j 上画一点 E。

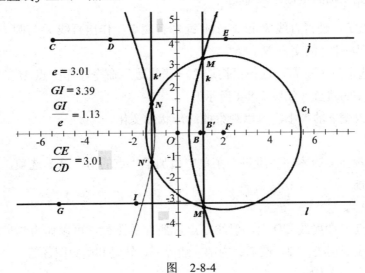

图 2-8-4

(3) 用"选择"工具选中 E,选择"度量"→"点的值"命令,得到"点 E 在 j 上"值的大小。用"文本"工具将"点 E 在 j 上"改为 e,用 e 作为离心率,拖动点 E 控制离心率的变化。

提示:如果把 CD 画成直线,那么得到以直线 CD 为数轴,点 C 为原点,D 为单位点,点 E 的坐标(点 E 在 j 上的值)。

另外,也可以先后选中点 C、D、E,然后选择"度量"→"比"命令,得到 $\dfrac{CE}{CD}$ 的值,这也是直线 CD 为数轴,C 为原点,D 是单位点,E 的坐标。

这是一个十分重要的功能,利用它可以获得一个通过拖动点改变的数值,由此可以自定义一个坐标系统。

(4) 在 x 轴的正半轴上画一点 F 作为圆锥曲线的焦点。把 y 轴作为圆锥曲线的准线。

(5) 按住 Shift 键，用"画直线"工具画直线 GH（直线 l）。隐藏点 H。

(6) 在直线 l 上画一点 I。

(7) 画线段 GI。以点 F 为圆心，线段 GI 为半径画圆 c_1。

(8) 度量 G 和 I 间的坐标距离 GI。

(9) 打开"数据"菜单的计算器，计算 $\dfrac{GI}{e}$。

(10) 选中 $\dfrac{GI}{e}$，选择"变换"→"标记比值"命令。

(11) 双击原点，标记为缩放中心。以 $\dfrac{GI}{e}$ 为缩放比，缩放单位点 B 得到 B'。

(12) 过 B' 画 x 轴的垂线 k。

(13) 双击 y 轴，把 y 轴标记为反射镜面。选中直线 k，选择"变换"→"反射"命令，得到直线 k'。

直线 k 和 k' 到 y 轴的坐标距离都是 $\dfrac{GI}{e}$。

(14) 拖动点 E，使得直线 k 和 k' 与圆 c_1 都有交点，作出直线 k 与圆 c_1 的交点 M 和 M'；作出直线 k' 与圆 c_1 的交点 N 和 N'。

(15) 同时选中点 I 和 M，选择"构造"→"轨迹"命令，作出点 M 的轨迹。同样再作出点 M'、N、N' 的轨迹（如图 2-8-4 所示）。

拖动点 E，改变 e 的大小，可以观察曲线形状的变化。

【经验点拨】

(1) 几何画板 5.x 版本在"度量"菜单中增加了"点的值"这一选项，这是一个十分有趣而重要的功能。

① 点在路径上。

本范例中，点 E 在射线 CD 上，射线是点 E 所在的路径。可以作为测量点的值的点的路径有线段、射线、直线、圆、圆弧、内部（边界）、轨迹和函数图像等。

点的值的意义或范围：

● 点在线段上，其范围是[0, 1]；点在射线上，其范围是[0, +∞)；点在直线上，其范围是（-∞, +∞）。

● 点在圆上，其范围是[0, 1]。如图 2-8-5 所示"画圆"工具画圆 O（A 是控制圆的大小的点），在圆上任意画一点 B，画水平半径 OC，分别度量出点 B、C 的"点的值"，可见点 C 的值是 0。拖动点 B，显示点 B 的值的范围是[0, 1]。再作出圆弧 $\overset{\frown}{CB}$，度量它的长，再度量圆周长，计算出 $\overset{\frown}{CB}$ 弧长与圆周长的比，这个比值就是点 B 在这个圆上的值。如图 2-8-6 所示，在圆弧 $\overset{\frown}{CB}$ 上画一点 D，度量点 D 的值，其意义是比值 $\dfrac{\overset{\frown}{CD} \text{的长度}}{\overset{\frown}{CD} \text{的长度}}$。

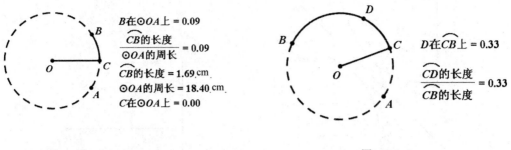

图 2-8-5   图 2-8-6

- 点在多边形的边界上。如图 2-8-7 所示，被填充的多边形是 ABCD（注意顺序），点 E 是边界上一点，度量点 E 的值，其意义是以 A 为起点，点 E 沿着路径 A→B→C→D→A 行走所经过的路程与多边形周长的比值。
- 点在函数图像上。点的值表示该点的横坐标，其范围由自变量的取值范围确定（如图 2-8-8 所示）。但是也有例外，比如用范例 17 中"经验点拨"的第 6 点指出的方法画反函数的图像。如图 2-8-9 所示，在 $x = g(y)$ 的图像上画一点，度量它的值，再度量该点的纵坐标，它们是一致的。应该说这个例外并不意外，这个图像是由 $y = f(x)$ 确定的，在 $y = f(x)$ 的图像上的点的值与横坐标一致，相应地，在 $x = g(y)$ 的图像上的点的值应该与纵坐标一致。

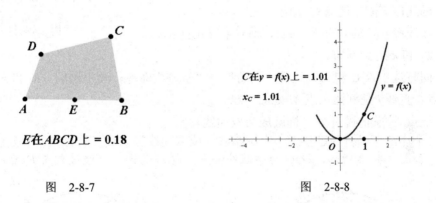

图 2-8-7   图 2-8-8

- 点在轨迹上。由于轨迹类型较多，构造方式不同，轨迹的起点和长度不同，导致点的值也有所不同，难以有一个统一的表述。

② 点不在路径上。

点不在其运动路径上，也可以度量点的值。选中该点以及作为该点运动的路径，按住 Shift 键，可以选择"度量"→"点的值"命令。如图 2-8-10 所示，画线段 AB，任意画一点 C（点 C 不在线段 AB 上），选中点 C 与线段 AB，按住 Shift 键，选择"度量"→"点的值"命令，得到 C 在 AB 上的值。拖动点 C 使得经过点 C 作线段 AB 的垂线垂足落在线段 AB 上。再度量点 D 的值，发现此刻它们是一致的（如图 2-8-11 所示）。当垂足 D 在线段 AB 的延长线上时，

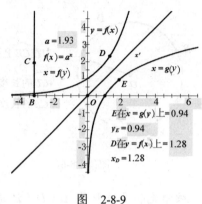

图 2-8-9

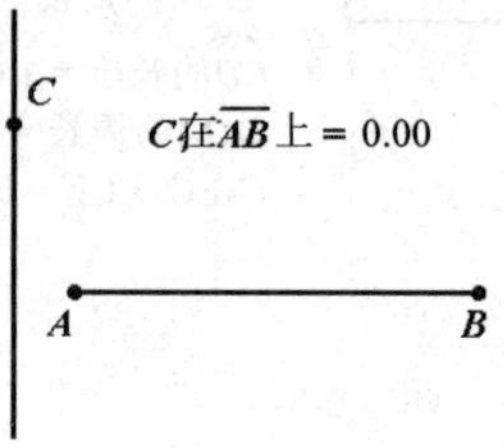

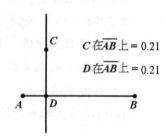

图 2-8-10

点 C 在 AB 上的值是 1；当垂足 D 在线段 AB 的反向延长线上时，点 C 在 AB 上的值是 0。类似地，读者可以度量点不在圆上时该点的值，观察其意义与在圆上时的异同。

（2）从范例 19、范例 20 可见，要建立一个主动点（如范例 19 中的点 C，范例 20 中的 I）来控制被动点的运动，从而作出被动点的轨迹。

（3）生成圆锥曲线的方法很多：

方法 1 作出椭圆或双曲线的最简单方法。

① 如图 2-8-12 所示，画圆 c_1，点 F_1 是圆心。

② 画线段 F_2C，使点 C 在圆 c_1 上。

③ 作线段 F_2C 的垂直平分线 j，画直线 CF_1（直线 k），作出直线 j 和 k 的交点 M。

图 2-8-11

④ 同时选中点 C 和 M，选择"构造"→"轨迹"命令，画出椭圆。F_1 和 F_2 是椭圆的两个焦点。直线 j 是椭圆在点 M 处的切线。

⑤ 把点 F_2 拖到圆 c_1 外，椭圆成为双曲线。

由这个作法可以得到过任意一点画椭圆（或双曲线）切线（若存在）的方法。

● 如图 2-8-13 所示，设 G 为椭圆外一点。以 G 为圆心，经过焦点 F_2 画圆 c_2。

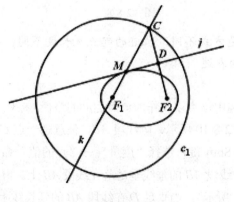

图 2-8-12

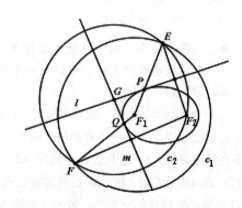

图 2-8-13

- 作出圆 c_1 与 c_2 的交点 E 和 F。其中，圆 c_1 是以焦点 F_1 为圆心，椭圆的长轴为半径的圆。
- 画线段 F_2E 和 F_2F 的垂直平分线 l、m。直线 l 和 m 就是经过点 G 椭圆的两条切线。
- 半径 F_1E 与直线 l 的交点 P、半径 F_1F 与直线 m 的交点 Q 是两切点。

当点 G 在椭圆的准线上时，线段 PQ 就是焦点弦。

方法 2　由五个点确定的圆锥曲线。

① 如图 2-8-14 所示，画五点 A、B、C、D、E。

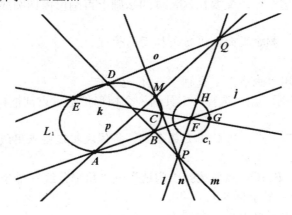

图　2-8-14

② 画直线 AB 和 EC，作出交点 F。

③ 以 F 为圆心画一个圆 c_1。

④ 在圆 c_1 上任意画一点 H。

⑤ 画直线 FH。

⑥ 画直线 DB，与直线 FH 交于 P。

⑦ 画直线 DE，与直线 FH 交于 Q。

⑧ 画直线 PC 和 QA，作出交点 M。

⑨ 同时选中 H 和 M，选择"构造"→"轨迹"命令作出圆锥曲线。

【请你试试】

（1）平面上，点 M 到两定点 F_1 和 F_2 的距离的积是一个常数 a^2，画出点 M 的轨迹。

（2）画一条定长的线段 EF 在定圆 C 上运动（EF 的长小于定圆直径长），作出点 E 运动时线段 EF 的中点 G 的轨迹。

（3）BM 是单位圆的切线，B 是切点，点 A 的坐标是（3，0），$|MB|=\lambda|MA|$，画出点 B 在圆上运动时点 M 的轨迹（其中 λ 是常数）。

（4）已知圆 M 与圆 c_1：$(x+2)^2+y^2=1$ 相外切，与圆 c_2：$(x-2)^2+y^2=36$ 相内切，画出圆心 M 的轨迹。

2.9 文档分页与管理

学习如何用"文件"菜单中的"文档选项"把一个文件分成若干页,并管理这些页面;学习怎样从另外一个文件中复制某个页面。

范例 21 制作一个有两页的文件。假定在第一页上画出一个三角形的两内角平分线与内心,现在既要保留这一页,又要在这一页的基础上再画出内切圆成为另一页。

【学习目的】
如何给文档增加、删除页面,进行文档页面管理。

【操作步骤】
(1) 新建文件。用"画点"工具画三点 A、B、C。
(2) 如图 2-9-1 所示,用"选择"工具画一个矩形把这三点都框住(选中),按 Ctrl+L 组合键,画出 $\triangle ABC$。

提示:先后选中若干点,按 Ctrl+L 组合键,将依次把这些点用线段连接起来,其中最后一点与第一点连接。

(3) 先后选中 A、B、C,然后选择"构造"→"角平分线"命令,画出 $\angle ABC$ 的平分线。按 Ctrl+K 组合键,显示标签 j。
(4) 同样方法画出 $\angle ACB$ 的平分线 k。
(5) 用"选择"工具单击射线 j 与 k 的交点处,作出它们的交点 D。如图 2-9-2 所示,完成这一页的制作。

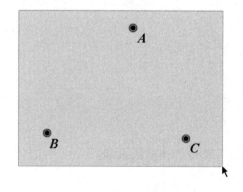
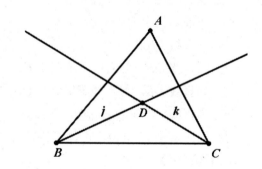

图 2-9-1　　　　　　　　　　　　　　图 2-9-2

(6) 选择"文件"→"文档选项"命令(快捷键 Shift+Ctrl+D),显示图 2-9-3 所示"文档选项"对话框。其"视图类型"包括"页面"与"工具"两个单选项。

(7) 单击"增加页"按钮。这里有两个选项:一个是"空白页面",另一个是"复制"(复制已存在的页面,也可以是其他文件中的页面)。因为希望在第一页制作的基础上继续制作,因此移动鼠标到"复制"处,这时又出现下级菜单,再移动到"从当前文档"中的"1"处单击(如图 2-9-4 所示)。第一页被复制得到第二页(如图 2-9-5 所示),此刻两页上的内容完全相同。单击"确定"按钮。

图　2-9-3

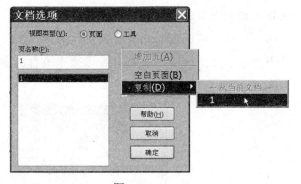

图　2-9-4

注意：屏幕左下方有两个按钮页面代号 1 与 2，其中 2 处于选中状态，表示当前页是第 2 页。

（8）在第 2 页上，选中射线 j 和 k，按 Ctrl+H 组合键，隐藏它们（如图 2-9-6 所示）。

图　2-9-5

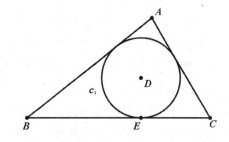

图　2-9-6

（9）过点 D 作出 BC 的垂线 l。

（10）作出直线 l 与线段 BC 的交点 E，隐藏直线 l。

（11）用"选择"工具先后选中点 D 和 E，选择"构造"→"以圆心和圆周上点绘圆"命令画出内切圆，按 Ctrl+K 组合键显示标签 c_1。

（12）选择"文件"→"保存"命令，显示"另存为"对话框，系统默认把文件保存在"我的文档"文件夹中，文件类型是几何画板（.gsp）文档。输入文件名"范例 21"，保存文件。

（13）要把几何画板中的图形复制到其他文本中，可以先选中它们，按 Ctrl+C 组合键，复制到剪贴板上，在相应的文件（如 WPS、Word）中按 Ctrl+V 组合键就可以粘贴过去。复制到剪贴板的几何画板对象也可以粘贴到几何画板的其他页面中，参与后续制作。

（14）选择"文件"→"打开"命令，然后打开"范例 17.gsp"。

（15）单击"窗口"菜单，可见共打开了两个文件。当前打开的文件是"范例 21-2"，即当前页面是这个文件的第 2 页；还有一个文件是"范例 17-1"，打开的是第 1 页。

（16）选择"文件"→"文档选项"命令，显示"文档选项"对话框。如图 2-9-7 所示，选择"增加页"→"复制"→"其他打开的文档"→"范例 17"→1，最后单击"确定"按钮，这样"范例 17.gsp"这个文件的第 1 页被复制过来。"范例 21.gsp"由三页组成，左下方显示三个选项。显然，若选择"所有页面"选项就可以复制"范例 17.gsp"的所有页面。

图　2-9-7

（17）再打开"文档选项"对话框，页面"范例 17∶1"处于选中状态（当前页）。如图 2-9-8 所示，鼠标指针指向范例 17∶1，并按下鼠标向上拖动使得"范例 17∶1"成为第 1 页，松开鼠标。原先的第 1 页编号自动成为第 2 页，而原先的第 2 页编号自动成为第 3 页。在"页名称"文本框中把"范例 17∶1"改为"1"。如果再把这时的第 1 页（原范例 17-1）拖回到第 2 页位置，页面顺序显示为"1，1，3"。如果再把这时的第 2 页（原范例 17-1）拖回到第 3 页位置，页面顺序显示为"1，2，1"。这说明页面名称被改动之后，即便页面名是数字也不随其位置顺序改变。若页面名称未做修改，将随着其所在顺序改变。

提示：对每一个页面最好起一个页面名，这样在改变顺序时就不会自动改变页面名称。

在图 2-9-9 中，若取消对"显示页切换"复选框的选择，则屏幕左下方不会显示页面按钮。一般不需要这样做。页面间的切换也可以通过其他方法（设置链接按钮）实现（具体内容请参考 3.17 节范例 90）。

 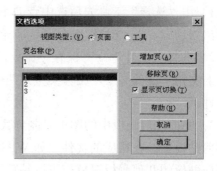

图　2-9-8　　　　　　　　　　　　图　2-9-9

（18）在页面管理过程中，如果曾经删除过某页面，在单击"确定"按钮退出页面管理时，将显示图 2-9-10 所示"页面被删除"警告框。单击"确定"按钮，则认可删除操作；单击"取消"按钮，则不会执行删除操作。

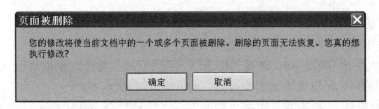

图 2-9-10

【经验点拨】

利用几何画板强大的页面管理功能,可以在前一次制作的基础上稍作修改成为新的页面,可以很方便地进行文件之间的合并与分割,大大减少了工作量。

【请你试试】

把一个已经存在的文件的所有页面复制到当前文档中,改变它们的顺序,重新命名,把某一页中的图形(或者文本、函数式)复制到另一页中,并修改、利用它们。

2.10 自定义工具的运用与管理

新版几何画板在自定义工具方面有了很大的改进,结构更加合理,使用、管理也更加方便。本节介绍如何使用画板"工具箱"中的"自定义"工具定义画图工具;介绍使用以及管理这些工具的方法;介绍用自定义工具破解他人的制作过程,学习他人制作经验,提高制作技巧。

范例 22 自定义画椭圆的工具。

【学习目的】

学习如何按照椭圆的参数方程的意义画椭圆,学习如何自定义一个工具。

【操作步骤】

(1)用"画圆"工具画圆 A,点 B 是控制圆大小的点,按 Ctrl+K 组合键显示圆的标签 c_1。

(2)用"画线段"工具画线段 AB,按 Ctrl+K 组合键显示标签 j。

(3)用"选择"工具选中点 A,线段 AB,选择"构造"→"垂线"命令,作出线段 AB 的垂线,按 Ctrl+K 组合键显示标签 k。

(4)单击直线 k 与圆 A 的交点处作出交点 C,仅选中直线 k,按 Ctrl+H 组合键隐藏直线 k。

(5)同时选中点 A 和 C,按 Ctrl+L 组合键画线段 AC,并按 Ctrl+K 组合键显示标签 l,选择"构造"→"在线段上画点"命令,在线段 AC 上画一点 D。

提示:用 AB、AD 分别作为椭圆的长半轴和短半轴,这也是为什么把点 D 画在线段 AC 上的原因。

(6)先后选中点 A 和 D,选择"构造"→"以圆心和圆周上的点画圆"命令画小圆 A,按 Ctrl+K 组合键显示标签 c_2。

(7)用"画线段"工具画半径 AE,使点 E 位于圆 c_1 上。

(8) 过点 E 作线段 AB 的垂线 m。

(9) 单击半径 AE 与圆 c_2 的交点处,作出它们的交点 F。

(10) 选中点 F,线段 AB,选择"构造"→"平行线"命令,作出线段 AB 的平行线 n。

(11) 单击直线 m 与直线 n 的交点处,作出它们的交点 G。

(12) 同时选中点 E 和 G,选择"构造"→"轨迹"命令作出椭圆。

(13) 同时选中点 D 和线段 AB,选择"构造"→"以圆心和半径绘圆"命令作出圆 D(c_3)。

(14) 单击圆 c_3 与线段 AB 的交点处,作出它们的交点 H(这是椭圆的一个焦点)。

(15) 用"选择"工具双击线段 AC(线段 l),把它标记为反射镜面。

(16) 选中点 H,选择"变换"→"反射"命令,得到点 H'。点 H、H' 是椭圆的两个焦点(如图 2-10-1 所示)。

(17) 用"文本"工具双击点 H' 的标签,如图 2-10-2 所示,显示"点 H'"对话框,把 H' 改成 $F[1]$,并选中"在自定义工具中使用标签"复选框,单击"确定"按钮,原先标签 H' 成为 F_1。同样,把点 H 的标签改为 F_2。

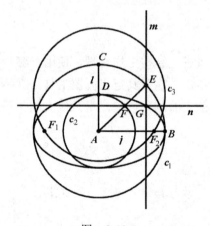

图 2-10-1

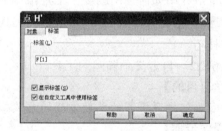

图 2-10-2

提示:用"文本"工具双击点 A 的标签,显示"点 A"对话框中没有"在自定义工具中使用标签"这一选项。因为它是初始点。修改的方法以及作用见"经验点拨"第(3)点。

(18) 选中除 5 个点 A、B、D、F_1、F_2 以及椭圆以外的对象,按 Ctrl+H 组合键,隐藏它们。

(19) 按 Ctrl+A 组合键,选中所有对象(或选择"编辑"→"选择所有"命令)。单击画板工具箱中的"自定义"工具按钮,单击"创建新工具",如图 2-10-3 所示,显示"新建工具"对话框,把"工具#1"改为"画椭圆",单击"确定"按钮,完成工具的定义工作。

提示:把文件名与工具名区别开来。这里的"画椭圆"是工具名,不是文件名(文件尚未保存)。

(20) 按住"自定义"工具按钮不放,如图 2-10-4 所示,可见在"当前文档"栏有一个"画椭圆"工具,并处于选中状态。

单击图 2-10-4 中的"显示脚本视图"选项,显示图 2-10-5 所示"画椭圆的脚本"对话框。拖动右边的滚动条,可以看出画图步骤共有 17 步。

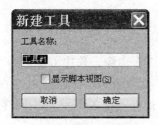

图 2-10-3

图 2-10-4

例1 使用"画椭圆"工具画椭圆的方法。

单击画板工具箱中的"自定义"工具按钮(因为此刻画椭圆工具处于选中状态),这时鼠标上"粘连"了一个点 I,在作为椭圆中心的点处单击鼠标,再在作为椭圆长轴端点的点处单击鼠标,画出椭圆(如图 2-10-6 所示)。其中,两个焦点的标签分别是 F_1、F_2。立即单击工具箱中的"选择"工具,退出画椭圆的状态。拖动点 J 可以改变椭圆的长轴长,拖动点 L 可以改变椭圆的短轴长。

图 2-10-5

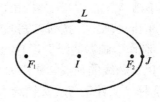

图 2-10-6

例2 制作"画双曲线"工具的过程。

(1)选择"文件"→"文档选项"命令,进入页面管理,再为文件增加一空白页面。这样文件有了两页。

(2)画圆 A,点 B 是控制圆大小的点。按 Ctrl+K 组合键显示标签 c_1。

(3)画直线 AB。过点 A 画直线 AB 的垂线,及时选择"构造"→"在垂线上画点"命令,在直线上画一点 C,并把 C 拖到圆内。

(4)画圆 A,使它经过点 C。显示标签 c_2。

(5)画直线 AD,使点 D 位于圆 c_1 上。

(6)过点 D 画直线 AD 的垂线,并作出它与直线 AB 的交点 E。

(7)过 E 作直线 AB 的垂线 j。

(8)作出圆 c_2 与直线 AB 的交点 F(在点 A、B 之间),过 F 作出直线 AB 的垂线,作出它与直线 AD 的交点 G。

（9）过 G 作 AB 的平行线 k。

（10）作出直线 j 与直线 k 的交点 H。

（11）同时选中点 D 和 H，选择"构造"→"轨迹"命令，作出双曲线。

（12）画线段 BC，以 A 为圆心，以线段 BC 为半径画圆 c_3，作出圆 c_3 与直线 AB 的两个交点，它们是双曲线的焦点（如图 2-10-7 所示）。把标签改为 F_1、F_2，同样选中"在自定义工具中使用标签"复选框。

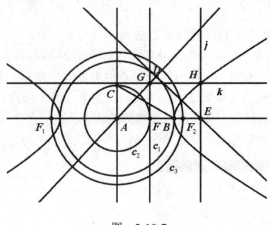

图 2-10-7

（13）隐藏除点 A、B、C、F_1、F_2 以及双曲线以外的其他对象。

（14）按 Ctrl+A 组合键，选中所有对象。

（15）单击"自定义"工具按钮，单击"创建新工具"，显示对话框，把工具名改为"画双曲线"，单击"确定"按钮，完成"画双曲线"工具的定义工作。

例 3　制作"画抛物线"工具的过程。

（这里以抛物线的顶点、焦点为初始点画抛物线）

（1）选择"文件"→"文档选项"命令，进入页面管理，再为文件增加一空白页面。这样文件有了三页。

（2）画线段 AB。这里点 A 作为抛物线顶点，B 作为抛物线的焦点。

（3）用"选择"工具双击点 A，把点 A 标记为旋转中心。

（4）选中点 B，选择"变换"→"旋转"命令，显示"旋转"对话框，把旋转角度改为 180°，单击"旋转"得到点 B'。B' 是抛物线的对称轴与准线的交点。

（5）过 B' 作 AB 的垂线 j，在直线 j 上画点 C。

（6）画线段 BC，及时按 Ctrl+M 组合键，作出它的中点 D。

（7）过 D 作线段 BC 的垂线，过 C 作直线 j 的垂线，作出这两条垂线的交点 E。

（8）同时选中点 C 和 E，选择"构造"→"轨迹"命令，作出当点 C 在直线 j 上运动时点 E 的轨迹——抛物线（如图 2-10-8 所示）。其中 B 是它的焦点，直线 j 是它的准线。

（9）只留下抛物线以及初始点 A 和 B，隐藏其余对象。

（10）按 Ctrl+A 组合键，选中所有对象。

（11）单击"自定义"工具按钮，单击"创建新工具"，显示对话框，把工具名改为"画抛物线"，单击"确定"按钮，完成"画抛物线"工具的定义工作。

例 4 工具文件保存的方法。

(1) 保存文件,文件名为"画圆锥曲线.gsp",保存在某个文件夹(如 C:\几何画板工具)中,如图 2-10-9 所示。

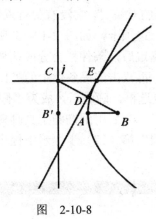

图 2-10-8

图 2-10-9

(2) 不要关闭"画圆锥曲线.gsp"这个文件,选择"文件"→"新建文件"命令,建立新文件"未命名 2"。在这个新画板窗口中,单击画板工具箱中的"自定义"工具,如图 2-10-10 所示,可以看到"其他文档"栏中有"画圆锥曲线"这个含有工具的文件,再单击"画圆锥曲线",看到在这个文件中有"画椭圆"、"画双曲线"、"画抛物线"三个自定义工具(一个文件中可以放置若干个自定义工具)。单击"画椭圆"这个工具,将进入画椭圆状态。

在图 2-10-10 中还可以看到,在工具文件夹中还有其他含有工具的文件夹。这里的 Example Tools 文件是安装几何画板英文版时,原版几何画板提供的一些工具。

图 2-10-10

【经验点拨】

(1) 在自定义工具制作完成后,如果删去原来画出的椭圆、双曲线、抛物线等,并不影响所对应的工具存在。

(2) 产生工具时所选择的对象必须包括初始的点与数(如新建的参数等)。比如在画椭圆的第(18)步中不能隐藏点 A 与 B。

(3) 如图 2-10-11 所示,按住"自定义"工具,移动鼠标到"画圆锥曲线"→"画椭圆"处单击,选中该工具。不要画椭圆,再按住"自定义"工具按钮,然后单击"显示脚本视图"(如图 2-10-12 所示),打开"画椭圆的脚本"对话框。如图 2-10-13 所示,在"请在此输入您的注释。"处可以编辑使用这个自定义工具的提示说明,如"这是一个画椭圆的工具。"等。使用这个"画椭圆"工具画椭圆必须给出前提条件:两个点(如点 A 与点 B)。

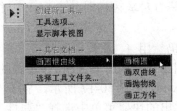

图 2-10-11

图 2-10-12

使用某个工具时首先应该关注前提条件,并且注意给出这些条件的顺序。要改变这个顺序,可以按住某个前提条件不放把它拖动到某个顺序位置。

用"选择"工具双击"1.点 A",显示图 2-10-14 所示"点 A"对话框。选择"对象"选项卡,这里显示这个对象的说明是"点 A 是一个独立的对象。",它没有父对象。选择"子对象"选项卡,可见它有许多子对象。再选择"标签"选项卡,如图 2-10-15 所示,把 A 改成 O,并选中"自动匹配画板中的对象"复选框。确定后,条件栏会分成两栏,即"假设:1.点 O;前提条件:1.点 B"(如图 2-10-16 所示)。再双击前提条件中的"1.点 B",并选中"标签"选项卡中的"自动匹配画板中的对象"复选框,确定后,成为"假设:1. 点 O;2. 点 B"而不再是"前提条件:1. 点 O;2. 点 B"。今后用画椭圆工具画椭圆时,中心的标签将成为 O,而不是 A。这就回答了"操作步骤"第(17)步提示中提出的初始点标签是否可以固定的问题。

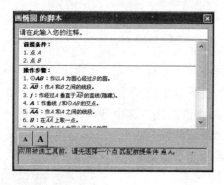

图 2-10-13

图 2-10-14

图 2-10-15

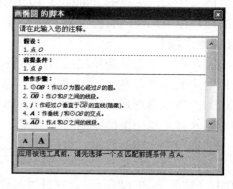

图 2-10-16

提示:"自动匹配画板中的对象"复选框被选中也有它的缺点:只要窗口有以 O 为标签的点,在使用"画椭圆"工具画椭圆时,它将自动成为椭圆的中心。有时给使用这个工具带来麻烦,因此一般不要选中这个选项。

这里恢复原先状态,前提条件中点的标签仍然用 A、B。

(4)再打开"画椭圆的脚本"对话框,如图 2-10-13 所示,在操作步骤的第(3)步"j:经过 A 垂直于 AB 的直线(隐藏)"处双击鼠标,如图 2-10-17 所示,显示"垂线 j"对话框(也可以在第(3)步处单击鼠标右键,在弹出的快捷菜单中选择"属性"命令),这里有"对象"、"标签"两个选项卡。在"标签"选项卡中有"显示标签"与"在画板中使用标签"两个复选项。因为在生成工具时直线 j 被隐藏,在使用此工具画椭圆时不会出现直线 j,所以选中这两个选项没有意义。选择"对象"选项卡可见"直线 j 经过点 A 垂直于线段 AB"的说明。由此可见,利用脚本可以分析作图的过程,这对于分析他人制作过程、提高制作技巧是十分必要的。

单击右上角的"关闭"按钮;或者用鼠标指向标题栏"画椭圆的脚本"后右击,在弹出的快捷菜单中选择"隐藏"命令;或者单击"自定义"工具,再单击"隐藏脚本视图",都可以关闭这个窗口。

(5) 在屏幕上任意画出两点 A 和 B,并先后选中 A 和 B。单击画板工具箱中的"自定义"工具,选中画椭圆工具,单击"显示脚本视图",再打开"画椭圆的脚本"对话框。如图 2-10-18 所示,与前面不同的是,窗口的下方多出了两个按钮"下一步骤"、"所有步骤",并且前提条件是窗口的"1.点 A"、"2.点 B"都处于选中状态,操作步骤中的第(1)步也处于选中状态。

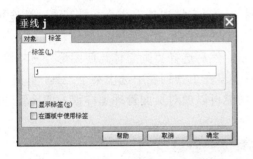

图 2-10-17

图 2-10-18

不断单击"下一步骤"这个按钮,可以再现当时制作工具绘图的过程。

现在单击"下一步骤"7 次,如图 2-10-19 所示,执行后的步骤文本颜色显蓝,右边显示画椭圆的过程。在执行到某一步时,如果对所画出的某些对象的位置、标签等不够满意,可以及时拖动、修改,还可以按 Ctrl+Z 组合键撤销这一步的操作,满意后再单击"下一步骤"按钮执行以后的步骤。若单击"所有步骤"按钮,将很快结束画椭圆的过程而画出椭圆。也可以单击右上角的关闭按钮中止绘图工作。

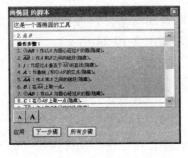 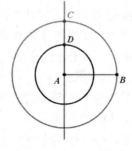

图 2-10-19

（6）如果没有打开任何自定义工具文件，也没有选中某个工具，而单击"显示脚本视图"，则显示图 2-10-20 所示的有关说明。

（7）选择"文件"→"新建文件"命令，新建一个文件。按住"自定义"工具，单击"工具选项"，如图 2-10-21 所示，打开"文档选项"对话框，其中"视图类型"选项组中的"工具"单选按钮被选中，进入对工具的管理。左边的说明告诉我们，这个文件不包含工具以及怎样添加工具。

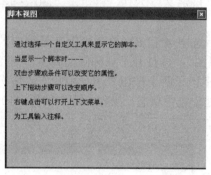

图　2-10-20

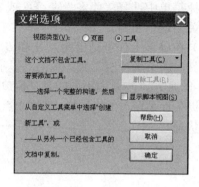

图　2-10-21

打开"画圆锥曲线.gsp"文件，选择"文件"→"文档选项"命令，打开"文档选项"对话框。如图 2-10-22 所示，左边显示此文件所包含的工具。

单击"复制工具"按钮，如图 2-10-23 所示，然后选择"画立体几何图形"→"画正方体"选项就可以把这个工具复制到这个文件中来。在工具列表中选中某个工具，单击"删除工具"按钮就可以删除它。显然，利用这一功能可以像对页面管理那样很方便地管理自定义工具。

图　2-10-22

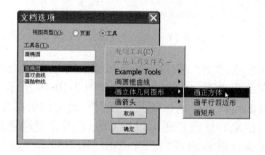

图　2-10-23

（8）打开含有自定义工具的文件"画圆锥曲线.gsp"，再打开一个含有"画正方体"工具的文件，然后单击"自定义"工具按钮。如图 2-10-24 所示，这里有 4 栏。在"当前文档"中有"画正方体"、"画平行四边形"、"画矩形"工具；"其他文档"栏显示了打开的名为"画圆锥曲线"的文件（其中含有三个自定义工具）。如果选择"选择工具文件夹"选项，则可以指定某存放工具的文件所在的文件夹，这样每次运行几何画板软件时，将很方便地使用该文件夹中的文件所带有的工具。

（9）在自定义工具中可以指定对象的标签，可以带有动作按钮（如动画等）以及控制迭代次数的数值等（请参考 3.9 节范例 72）。

（10）这里介绍设置工具文件夹的方法。

方法 1 通过"自定义工具"→"选择工具文件夹"设置。

单击"自定义工具"→"选择工具文件夹"选项，指出放置含有工具的文件所在的文件夹（如图 2-10-25 所示）。单击"选择"按钮，显示图 2-10-26 所示"文档访问"对话框（因为是用户自己定义文件夹，不是安装几何画板软件时自动定义的文件夹，所以显示此文字)，单击"确定"按钮。如图 2-10-27 所示，显示"新建工具文件夹"对话框，单击"确定"按钮。再单击"自定义工具"，如图 2-10-28 所示，显示工具文件夹中有一个文件"画圆锥曲线"，若单击右边的箭头可以选择工具。

图 2-10-24

图 2-10-25

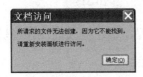

图 2-10-26

图 2-10-27

方法 2 改变程序快捷方式的属性。

① 建立文件夹 c:\tools，

② 把含有工具的文件保存在 c:\tools 文件夹中。

提示： 显然，可以定义存放自定义工具文件的文件夹在其他磁盘上。

③ 右击桌面的运行几何画板软件的图标，从弹出的快捷菜单中选择"属性"命令。如图 2-10-29 所示，在目标尾部增加 -t "c:\tools"，目标文本框中成为 "C:\Program Files\Sketchpad5\GSP5chs.exe" -t "c:\tools"（注意引号与空格）。

图 2-10-28

图 2-10-29

提示：其中参数"-t"是有关自定义工具的参数。顺便指出，参数"-ma"表示程序运行时自动最大化窗口，即几何画板的主窗口会满屏显示；参数"-md"表示打开文档时最大化文档窗口，即在几何画板中打开文档，文档会自动满窗口显示。

④ 运行几何画板，单击"自定义"工具，可以看到存放在 c:\tools 文件夹中的工具文件，再单击某个文件名可以看到该文件含有哪些自定义工具。

方法 3　通过 Windows 的程序运行窗口打开几何画板程序。

① 在 Windows 中选择"开始"→"运行"命令，显示"运行"对话框。

② 输入："C:\Program Files\Sketchpad5\GSP5chs.exe" -t "c:\tools"单击"确定"按钮。

（11）取消对之前工具文件夹的设置。按住 Shift 键，单击"自定义工具"，原先的"选择工具文件夹"成为"忽略工具文件夹"（如图 2-10-30 所示）。单击"忽略工具文件夹"，如图 2-10-31 所示，显示"新建工具文件夹"对话框，单击"确定"按钮，之前工具文件夹的设置被取消。

图　2-10-30　　　　　　　　　　　图　2-10-31

（12）用"自定义工具"可以破解他人的制作过程，学习他人的制作经验，提高制作技巧。

① 打开一个他人制作的几何画板文件。

② 复制要学习的那一页。保留原始页，以便以后对照。

③ 选择"显示"→"显示所有隐藏对象"命令，把所有隐藏的对象显示出来。

④ 删除说明文本等一些明显不必要的对象，或者自己能够看出的构图过程涉及的对象（包括按钮）。

⑤ 在删除（选中后按 Del 键）图中的某一对象时，如果发现有些对象跟着也被删除，则立即按 Ctrl+Z 组合键撤销。

⑥ 经常使用右键，在弹出的快捷菜单中选择"属性"命令，了解对象的父对象与子对象之间的逻辑关系。

⑦ 直到你认为必要时，再选中所有对象，创建一个工具。

⑧ 显示该工具的脚本视图，观察前提条件（点、数值等）。

⑨ 新建一个页面，打开脚本视图。给出该脚本视图所指出的前提条件，并依次选中它们。

⑩ 单击"下一步骤"按钮，对照作图步骤观察作图过程。如果有对象重叠不清楚可以及时拖动，进行必要的修改。借助脚本视图，弄清他人作图的每一步。

【请你试试】

（1）请读者自定义一个画正方体的工具（可参考第 3.5 节范例 63 画正方体）。

（2）破解他人的一个作图过程（先简单些）。

2.11 对象的分离与合并

新版几何画板在对象的分离与合并方面有了很大的改进。特别是可以编辑含有动态数值的文本，以及编辑来自按钮的标签，形成热字，通过热字驱动按钮。本节将介绍含有动态数值的文本的编辑；介绍怎样把点合并到曲线（线段、射线、直线、圆、函数图像、点的轨迹、绘图函数图像）上；介绍怎样把动态的数值合并到点上等功能的实现方法。

范例 23 函数表达式 $f(x)=ax^2$ 中的系数随外界数值改变而改变。

【学习目的】

学习怎样编辑含有动态数值的文本。

【操作步骤】

（1）新建文件。建立直角坐标系，隐藏网格。给原点加注标签 O。

（2）用"画点"工具在 x 轴的负半轴上画点 B。

（3）过 B 作出 x 轴的垂线。

（4）及时选择"构造"→"在垂线上画点"命令，在直线上画出点 C。

（5）及时选择"度量"→"纵坐标"命令，度量出点 C 的纵坐标。

（6）用"文本"工具把 y_C 改成 a。

（7）选中直线 BC，按 **Ctrl+H** 组合键，隐藏它。

（8）用"画线段"的工具画线段 BC。

（9）隐藏点 B。

（10）把点 C 的标签分别改为 A。这样，拖动点 A，数值 a 变动。

（11）用"选择"工具单击"绘图"菜单的"绘制新函数"选项，打开函数式编辑器。

（12）如图 2-11-1 所示，单击 a、*、x、^、2、（除 a 在画板窗口上外，其余都在编辑器上）。单击"确定"按钮，立即出现函数 $f(x)=ax^2$ 在 $a = 0.76$ 时的图像。

（13）把函数图像的线型设置成粗线（如图 2-11-2 所示）。

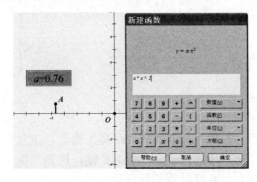

图 2-11-1

至此，带参数的二次函数的图像已画成功，拖动点 A 可以观察图像的变化。

提示：下面制作一个二次函数的表达式，使得在拖动点 A 时，函数表达式中的系数也随着变化。

（14）选择"显示"→"显示文本工具栏"命令（快捷键 Shift+Ctrl+T），打开文本编辑工具栏。用"文本"工具编辑画一个框，进入编辑状态，编辑 $y=ax^2$（其中，a 是窗口中的 $a=0.76$，x^2 的编辑可用数字格式编辑工具）。

（15）隐藏原先的 $y=ax^2$，完成作图（如图 2-11-3 所示）。

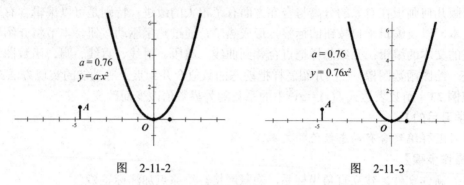

图 2-11-2　　　　　　　　　　　图 2-11-3

提示：选中它，按 Alt+＞组合键可以增大字号（按 Alt+＜组合键缩小字号）。

（16）用"选择"工具拖动点 A，观察图像以及函数表达式的变化，会发现抛物线的开口大小在改变，同时函数表达式中的二次项系数也在变动。

【经验点拨】

（1）由此例可见，如图 2-11-4 所示，可以绘制在某区间上的函数图像（参考 2.7 节范例 13），用"文本"工具编辑一个动态的区间，当拖动点 C 或 D 改变区间时，显示区间端点值同时改变。

（2）文本（或度量值）与点的合并与拆分。

① 如图 2-11-5 所示，画线段 AB，在线段 AB 上画一点 C。

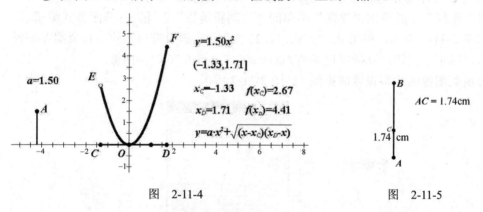

图 2-11-4　　　　　　　　　　　图 2-11-5

② 先后选中点 A、C，选择"度量"→"距离"命令，度量出线段 AC 的长。

③ 同时选中点 C 与线段 AC 的长，按住 Shift 键，选择"编辑"→"文本合并到点"命令，度量值合并到点 C 上，原度量值仍然保留。

提示：合并到点 C 上的文本并不是点 C 的标签，点 C 的标签仍然存在（此刻是 C），可以隐藏它的标签 C 或者点，即便隐藏点 C，合并到点 C 上的文本并不被隐藏。

很明显，图 2-11-5 中合并到点 C 上的度量值遮挡了点 C，看不清楚，可用下面的方法解决。

④ 选中合并到点 C 的 AC 的长（不要选择点 C），按 Del 键删除它。

⑤ 选中点 C，选择"变换"→"平移"命令，显示"平移"对话框，把平移的角度改为 0，距离改为 1.5，单击"平移"按钮，点 C 向右移动 1.5cm，得到一点 C'。

⑥ 把 AC 的度量值合并到点 C' 上，隐藏点 C'。

⑦ 拖动点 C，表示线段 AC 的长度值随点的变动也变动（如图 2-11-6 所示）。

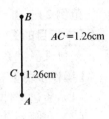

图 2-11-6

（3）点与其他对象的合并与拆分。

"点与其他对象的合并与拆分"包括点与线段、射线、直线、圆、函数图像、点的轨迹、绘图函数图像等。比如，用"画圆"工具画圆 A，B 是控制圆大小的点。另外画一点 C，如果点 C 没有画到圆上，可以同时选中点 C 与圆 A，选择"编辑"→"合并点到圆"命令，把点 C 移到圆 A 上成为圆 A 的子对象。再选中 C（显然只要选中点 C，不必再选中圆），单击"编辑"菜单发现，原先的"合并点到圆"成为"从圆分离点"。单击这个选项又可以把点 C 从圆上拆分出来。不能把点 B 拆分出来，因为它是圆（周）的父对象。值得注意的是，点与点合并后不能再拆分开来，可以及时按 Ctrl+Z 组合键撤销合并。

（4）利用点与点的合并可以制作折线，并制作一个点在折线上运动。

① 如图 2-11-7 所示，画 4 点 A、B、C、D。

② 先后选中 A、B、C、D，按 Ctrl+P 组合键填充四边形 $ABCD$。

③ 及时选择"构造"→"四边形上的点"命令，在边界上画一点 E。

④ 制作"移动 E→B"、"移动 E→D"的移动按钮。

⑤ 先后选中点 C、A（注意选择顺序），选择"编辑"→"合并点"命令，把点 C 合并到点 A。

【请你试试】

（1）画函数 $y=\log_a x$（$a>0$，$a\neq 1$）的图像，并使表达式 $y=\log_a x$ 中的 a 随外界数据的变动而变动。

（2）制作一个画正方体的工具，使用它画正方体的同时显示它的体积。

（3）如图 2-11-8 所示，画折线 AE，并建立"移动 P→A"、"移动 P→E"的移动按钮。

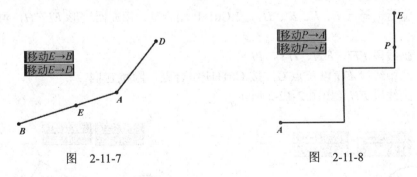

图 2-11-7　　　　　　　　　　图 2-11-8

2.12　系列按钮与动作延时

系列按钮是按钮的有序组合，可以用来控制若干个（依序执行或同时执行）不同的动作。本节介绍如何设置系列按钮。

范例 24 由一条射线先旋转成一个角，然后再形成一个二面角。

【学习目的】

如何设置"系列"按钮控制两个不同（旋转与平移）的动作。

【操作步骤】

（1）新建文件。如图 2-12-1 所示，画圆 A，按 Ctrl+K 组合键，显示标签 c_1。

（2）在圆 c_1 上画一点 C。用"选择"工具先后选择点 B、C 以及圆 c_1，选择"构造"→"圆上的弧"命令，作出圆弧 BC。

（3）选中圆 c_1，按 Ctrl+H 组合键，隐藏它。

（4）用"画点"工具在圆弧 BC 上画一点 D，用"画线段"工具画半径 AB、AC 以及 AD。

（5）用"选择"工具先后选择点 D 与 C，选择"编辑"→"操作类按钮"→"移动"命令，显示"操作类按钮 移动 D→C"对话框。速度选择慢速，单击"确定"按钮，产生按钮"移动 D→C"。

（6）类似于第（5）步，再产生一个把点 D 慢速移动到 B 的"移动 D→B"按钮。

（7）用"选择"工具先后选择点 B、A、D，选择"变换"→"标记角度"命令，标记 $\angle BAD$。

（8）画线段 EF。

（9）用"选择"工具双击点 E，把点 E 标记为旋转中心。选择线段 EF 以及端点 F，选择"变换"→"旋转"命令，显示"旋转"对话框，单击"旋转"按钮。线段 EF 绕点 E 旋转 $\angle BAD$ 确定的大小，得到 EF'。为避免混淆，把点 F' 的标签改为 I。

（10）用"画线段"工具画一条线段 EG，用"画点"工具在线段 EG 上任意画一点 H。

（11）类似第（5）步，制作点 H 移动到点 G 的"移动 H→G"按钮，制作点 H 移动到点 E 的"移动 H→E"按钮（如图 2-12-1 所示）。

（12）标记向量 $\overrightarrow{EH}$。

（13）同时选中点 F、I，选择"变换"→"平移"命令，显示"平移"对话框，确定后平移点 F、I 得到 F'、I'。

（14）先后选择点 E、F、F'、H。按 Ctrl+P 组合键，填充四边形 $EFF'H$，再填充四边形 $EHI'I$。

（15）画线段 FF'、$F'H$、HI'、$I'I$。

（16）选中线段 EG 以及点 G，按 Ctrl+H 组合键，隐藏它们。

（17）画线段 EH（如图 2-12-2 所示）。

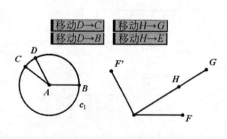

图 2-12-1

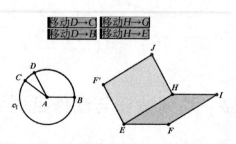

图 2-12-2

（18）先后选中"移动 D→C"、"移动 H→G"两个按钮，选择"编辑"→"操作类按钮"→"系列"命令，显示"操作类按钮 系列 2 个动作"对话框。如图 2-12-3 所示，选中"依序执行"单选按钮，单击"确定"按钮，得到一个由两个按钮组成的系列按钮"顺序 2 个动作"。

（19）选中"顺序 2 动作"按钮，按 Alt+?组合键，打开属性对话框。选择"标签"选项卡，把标签"顺序 2 个动作"改成"形成二面角"，单击"确定"按钮。

（20）类似第（18）步，先后选中"移动 H→E"、"移动 D→B"两个按钮，再制作一个"顺序 2 个动作"系列按钮（依序执行），并把按钮上的标签"顺序 2 个动作"改成""还原"。

（21）使画板工具箱中的"画点"工具处于选中状态，按 Ctrl+A 组合键，选中所有点，再按 Ctrl+K 组合键，隐藏点的标签。

（22）隐藏"移动 D→C"、"移动 H→G"、"移动 H→E"、"移动 D→B"这 4 个按钮等其他对象，只留下图 2-12-4 所示的对象（如图 2-12-4 所示）。

图 2-12-3

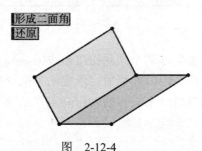

图 2-12-4

【经验点拨】

（1）"系列"按钮是按钮的有序集合，在系列按钮中可以设置按钮间的动作。如图 2-12-5 所示，"系列动作"部分"同时执行"和"依序执行"有两个单选项。

① 同时执行。
- 开始前：
  ☐ 取消所有选定：释放所有被选中的对象，执行此系列按钮控制的动作。
  ☐ 停止所有动画：停止任何已有的运动，执行此系列按钮控制的动作。
  ☐ 清除所有追踪踪迹：清除所有已经存在的追踪产生的踪迹，执行此系列按钮控制的动作。
- 停止后：
  ☐ 末动作停止：系列按钮中最后一个按钮控制的动作停止，则停止此系列按钮控制的动作。
  ☐ 首动作停止：系列按钮中第一个按钮控制的动作停止，则停止此系列按钮控制的动作。
  ☐ 经过时间：经过多长时间才停止。

② 依序执行（如图 2-12-3 所示）。

动作之间暂停：两个按钮之间停留的时间。即前一个按钮控制的动作停止后多长时间进入下一个按钮控制的动作。

这里需要注意的是，这一选项还与系列按钮中的最后一个按钮之前的按钮设置的动作方式有关。如图 2-12-6 所示，制作一个点 E 在圆 A 上逆时针（圆周）运动的"逆时针永远"的动画按钮，再制作一个点 F 在线段 CD 上"向前"（由线段 CD 的起点 C 到终点 D）的动画按钮，然后制作一个由"逆时针永远"与"向前"组合成"逆时针永远+向前"的系列按钮（选中"同时执行"、"末动作停止"单选按钮），在产生系列按钮时设置成"同时执行"、"末动作停止"是无效的，当"向前"控制的动作停止时，系列按钮不停止，继续执行"逆时针永远"控制的动作。

图　2-12-5

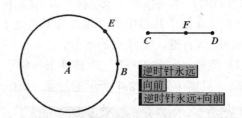

图　2-12-6

如果在两个动画按钮组成的系列按钮中，执行前一个按钮所用的时间比执行最后一个按钮所用的时间要短，形成系列按钮时设置成"同时执行"、"末动作停止"也是无效的，因为最后一个按钮的动作尚未停止前一个按钮控制的动作已经停止了。

由于动画按钮设置的方式有许多种，几个动画按钮搭配又有许多种组合，读者不难发现所谓的"同时执行"、"末动作停止"在何种情形下才起作用。

制作一个点 F 在线段 CD 上"向前仅一次"的动画按钮，再制作一个点 E 在圆 A 上逆时针运动的"逆时针永远"的动画按钮，然后制作一个由"向前仅一次"与"逆时针永远"组合成"向前仅一次+逆时针永远"的系列按钮，在产生系列按钮时设置成"同时执行"、"首动作停止"，那么当点 F 在线段 CD 上完成一次运动停止后，点 E 在圆上的运动也停下来。

与前面的讨论类似，如果系列按钮中的第一个按钮控制的动作还没有停止下来，后一个按钮的动作已经停止，所设置的"同时执行"、"首动作停止"无效，即第一按钮要先于其他按钮停止动作才有效。

经过时间：设置动作的共用时间。

选择"依序执行"单选按钮，则"开始前"选项区域中的三个复选框不变，而"停止后"选项区域消失，成为"动作之间暂停"时间设置栏。在这里可以设置在第一个按钮动作停止以后停留多长时间执行下一个按钮控制的动作。

但是，如图 2-12-7 所示，制作一个点 E 在圆 A 上逆时针运动的"逆时针永远"的动画按钮，再制作一个点 F 在线段 CD 上"向前"的动画按钮，然后制作一个由"逆时针永远"与"向前"组合成"逆时针永远+向前"的系列按钮，在产生系列按钮时把动作暂停的时间设置成 5s，当执行这个系列按钮时，由于前一个按钮所控制的点 E 在圆上的动画不会停止下来，第一个按钮停止后 5s 执行第二个按钮的设置无效。

注意到图 2-12-7 中"逆时针永远"正处于执行状态，可以用"选择"工具单击这个按钮（当然不能隐藏）使其停止，在停止 5s 后再执行"向前"按钮控制的动作。从这个意义上讲，"停留 5s 后执行后一个按钮的动作"的设置是无意义的。

（2）"动作之间暂停"所设置的各按钮间停留的时间必须相同。如果一个系列按钮由三个（或者三个以上）按钮组成，要第一个按钮停止后停留 5s 执行第二个按钮控制的动作，在第二个按钮停止后停留 10s 执行第三个按钮控制的动作，即所停留时间不一致，这时可以用下列方法解决：

先产生一个由第一个按钮与第二个按钮依次组成的"顺序 2 个动作"按钮（顺序执行，中间停留 5s）。定义一个无效的移动按钮"移动 P→Q"。把点 P 拖动到 Q，让 P 与 Q 重合。建立这个按钮与第三个按钮依次组成的"顺序 2 个动作"按钮（中间停留 10s）。再把这两个"顺序 2 个动作"按钮依次组成另一个新的"顺序 2 个动作"按钮（不停留）。单击最后这个系列按钮可以实现这一效果。

【请你试试】

制作一个系列按钮，把图 2-12-8 所示的图形剪拼成图 2-12-9 所示的情形。

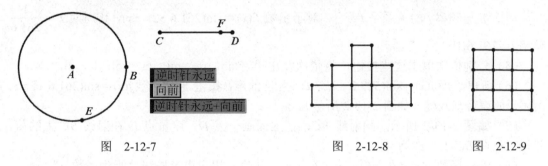

图 2-12-7　　　　　　　　　图 2-12-8　　　　　　　　　图 2-12-9

2.13　声音按钮的产生

几何画板 5.0 以上版本在"编辑"菜单的"操作类按钮"中增加了一个"声音"按钮。本节介绍"声音"按钮的用法以及与声音有关的问题。

范例 25　制作声音按钮。

【学习目的】

介绍"声音"按钮的用法以及与声音有关的问题。

【操作步骤】

（1）选择"数据"→"新建函数"命令，显示"新建函数"对话框。编辑函数 $f(x)=\sin(261.6 \cdot 2\pi \cdot x)$，单击"确定"按钮。

（2）选中函数 $f(x)=\sin(261.6 \cdot 2\pi \cdot x)$，选择"编辑"→"操作类按钮"→"声音"命令，显示图 2-13-1 所示对话框，单击"确定"按钮，产生一个"听到函数 f"按钮。

图 2-13-1

（3）打开音响，单击"听到函数 f"按钮，发出由这个声波函数控制的声音。

(4) 重复第（1）、（2）步，如图 2-13-2 所示，建立下列函数，并建立相应的声音按钮。
$g(x)=\sin(293.7 \cdot 2\pi \cdot x)$，$h(x)=\sin(329.6 \cdot 2\pi \cdot x)$，$q(x)=\sin(349.3 \cdot 2\pi \cdot x)$，
$r(x)=\sin(392.1 \cdot 2\pi \cdot x)$，$s(x)=\sin(440 \cdot 2\pi \cdot x)$，$t(x)=\sin(493.9 \cdot 2\pi \cdot x)$。
提示：这些函数所表示的振动的频率，以及与之对应的音符、音名如表 2-13-1 所示。

表 2-13-1 音阶与频率对照表

音　　高	中央 C	D	E	F	G	A	B	高音 C
音符	1	2	3	4	5	6	7	i
音名	do	re	mi	fa	sol	la	si	si
十二平均律/Hz	261.6	293.7	329.6	349.3	392.1	440	493.9	523.2

资料来源：http://wenku.baidu.com/view/6477a55177232f60ddcca11b.html

周期 T 与频率 f 的关系是 $f=\dfrac{1}{T}$。对于函数 $f(x)=\sin(261.6 \cdot 2\pi \cdot x)$，其周期 $T=\dfrac{1}{261.6}$，频率 $f=261.6(\mathrm{Hz})$。

(5) 分别依次单击这些按钮，将依次发出声音 do，re，mi，fa，sol，la，si。

(6) 新建函数 $u(x)=\sin(523.2 \cdot 2\pi \cdot x)$ 及相应的声音按钮。它比函数 $f(x)=\sin(261.6 \cdot 2\pi \cdot x)$ 所表示的声音高八度（如图 2-13-2 所示）。

(7) 如图 2-13-3 所示，画射线 BC，在上面画一点 D，度量点 D 在射线 BC 上的值，并把"点在 BC 上"改为 A。

(8) 编辑函数 $v(x)=A\sin(261.6 \cdot 2\pi \cdot x)$，并建立相应声音按钮"听到函数 v"。

(9) 单击"听到函数 v"按钮，然后拖动点 D，改变振幅 A 的大小，感受声音的强弱变化。

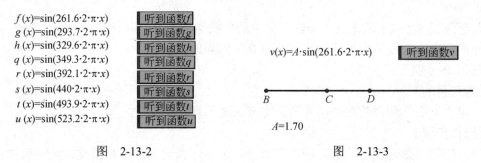

图 2-13-2　　　　　　　　　　图 2-13-3

范例 26 制作"电子琴"。

【学习目的】

进一步介绍"声音"按钮的用法以及用键盘控制按钮执行的方法。

【操作步骤】

(1) 选择"数据"→"新建参数"命令，显示"新建参数"对话框，如图 2-13-4 所示，把"名称"改为 B，单击"确定"按钮。

(2) 选中参数 B，选择"编辑"→"操作类按钮"→"动画"命令，显示"操作类按钮动画参数"对话框，按图 2-13-5 所示参数进行设置，单击"确定"按钮，产生一个"动画参数"按钮。

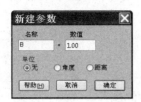

图 2-13-4

图 2-13-5

（3）用"文本"工具双击"动画参数"按钮，选择"标签"选项卡，如图 2-13-6 所示，输入&Q，单击"确定"按钮，按钮成为图 2-13-7 中标签为 Q 的按钮。

（4）按键盘上的 Q 键，参数 B 将成为 261.6（如图 2-13-7 所示）。

（5）与第（2）、（3）步相同，建立控制参数 B 变化的按钮"<u>W</u>"、"<u>E</u>"、"<u>R</u>"、"<u>T</u>"、"<u>Y</u>"、"<u>U</u>"、"<u>1</u>"、"<u>2</u>"、"<u>3</u>"、"<u>4</u>"、"<u>5</u>"、"<u>6</u>"、"<u>7</u>"、"<u>8（1）</u>"，所不同的是对参数 B 变化范围设置不同。对参数 B 的变化范围的下限如表 2-13-2 所示，上限比下限大 0.001（类似图 2-13-5 中的范围设置）。

图 2-13-6

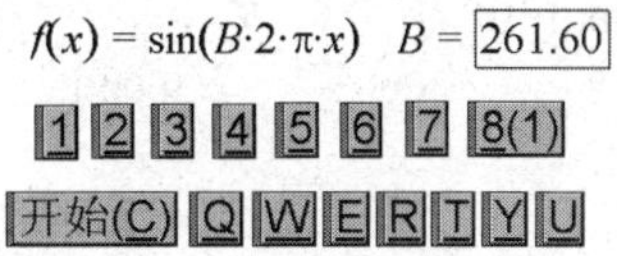

$f(x) = \sin(B \cdot 2 \cdot \pi \cdot x)$ $B = \boxed{261.60}$

图 2-13-7

表 2-13-2　各按钮控制参数范围对照表

按钮	B 范围的下限	音符	按钮	B 范围的下限	音符
"<u>Q</u>"	261.6	1	"<u>2</u>"	587.4	$\dot{2}$
"<u>W</u>"	293.7	2	"<u>3</u>"	659.2	$\dot{3}$
"<u>E</u>"	329.6	3	"<u>4</u>"	698.6	$\dot{4}$
"<u>R</u>"	349.3	4	"<u>5</u>"	784.2	$\dot{5}$
"<u>T</u>"	392.1	5	"<u>6</u>"	880	$\dot{6}$
"<u>Y</u>"	440	6	"<u>7</u>"	987.8	$\dot{7}$
"<u>U</u>"	493.9	7	"<u>8（1）</u>"	1046.4	$\dot{\dot{1}}$
"<u>1</u>"	523.2	$\dot{1}$			

按键盘上的相应键将改变参数 B 的取值范围。

（6）选择"数据"→"新建函数"命令，显示"新建函数"对话框，编辑函数 $\sin(B\cdot 2\cdot\pi\cdot x)$，单击"确定"按钮，产生函数 $f(x)=\sin(B\cdot 2\cdot\pi\cdot x)$。

（7）选中函数 $f(x)=\sin(B\cdot 2\cdot\pi\cdot x)$，选择"编辑"→"操作类按钮"→"声音"命令，产生"听到函数 f"按钮。

（8）用"文本"工具双击"听到函数 f"按钮，把标签改为"开始（&C）"，单击"确定"按钮产生标签为"开始（C）"。完成"电子琴"的制作。

（9）按键盘上的 C 键将开始发出声音，分别按键盘上由表 2-13-2 中列出的键将发出音符。

（10）如果需要改变声音的强弱，可以类似前一范例中的第（7）、（8）步，增加一个可以控制大小的数值 A，编辑函数 $g(x)=A\sin(B\cdot 2\cdot\pi\cdot x)$，并建立相应声音按钮"听到函数 g"以及键盘上对应的热键。

【经验点拨】

（1）通过热键控制按钮的执行是几何画板 5.0 以上版本新增加的功能。比如在图 2-13-7 中，按键盘上的 C 键将发出声音，再按 C 键将停止执行。这给控制按钮的执行带来很大方便。

（2）笔者对声音的知识了解甚少，范例中甚至存在欠妥之处，有兴趣的读者可以查阅有关声音的知识，运用几何画板的声音功能制作出更加精彩的例子。

【请你试试】

依下列函数制作播放声音的按钮：

（1）$y=\tan(300x)$；

（2）$y=\dfrac{1}{x}\left(2\sin\dfrac{3000}{x}+5\cos\dfrac{3000}{x}\right)$。

2.14 剪裁图片到多边形

几何画板 5.0 以上版本在"编辑"菜单中增加了一个"剪裁图片到多边形"选项。本节介绍"剪裁图片到多边形"功能的运用以及与图片操作有关的问题。

范例 27 用多边形视窗观看艺术字。

【学习目的】

介绍"编辑"菜单中"剪裁图片到多边形"功能的用法以及与图片有关的问题。

【操作步骤】

（1）在文字编辑软件（如 WPS、Word）中编辑艺术字"新版几何画板 5.0 功能更强大，使用更方便。"

（2）选中艺术字，按 Ctrl+C 组合键，把艺术字复制到剪贴板上。

（3）运行几何画板软件，按 Ctrl+V 组合键，把艺术字粘贴到画板窗口中。

（4）用"多边形"工具画正五边形（含有边，并填充其内部），隐藏顶点（如图 2-14-1 所示）。

（5）同时选中多边形内部、艺术字图片，选择"编辑"→"剪裁图片到多边形"命令，图片被隐藏（如图 2-14-2 所示）。

图 2-14-1　　　　　　　　图 2-14-2

（6）拖动多边形内部，可以看到被多边形剪裁出的那部分。即使艺术字图片只显示被填充的多边形罩住的部分。移动该多边形，像观察窗那样可以观察到图片位于窗口中的部分。或者说，该图片被隐藏起来，使用这个填充的多边形才可以观察到它。

【经验点拨】

（1）如果拉大这个多边形，当然可以看到这个图片的更多部分，甚至全部。

（2）接第（3）步。如果在几何画板窗口中画一个点 A，选中它，按 Ctrl+V 组合键，则图片被粘贴到窗口中，且点 A 是图片构成的矩形对角线的交点。

（3）接第（3）步。如果在几何画板窗口中画两点 A、B，选中它，按 Ctrl+V 组合键，则图片被粘贴到窗口中，且点 A、B 是图片构成的矩形对角线的两个端点。

【请你试试】

把一幅风景画粘贴到几何画板窗口中，用画多边形工具画六边形（填充内部），把风景画剪裁到这个六边形中，拖动它观察效果。

2.15　自定义变换

几何画板 5.0 以上版本在"变换"菜单中增加了一个"创建自定义变换"选项。本节介绍"创建自定义变换"功能的运用，并介绍与自定义变换有关的问题。

范例 28　大脚走路。

【学习目的】

介绍"变换"菜单中"创建自定义变换"功能的运用，并介绍与自定义变换有关的问题。

【操作步骤】

（1）新建文件。如图 2-15-1 所示，按住 Shift 键，用"画线"工具自下而上画线段 AB。

（2）用"画点"工具在线段 AB 上画一点 C，在线段的右边画点 D。

（3）先后选中点 A、C，选择"变换"→"标记向量"命令，标记向量 $\overrightarrow{AC}$。

（4）选中点 D，选择"变换"→"平移"命令，显示"平移"对话框后，单击"平移"按钮，把点 D 依向量平移得到点 D'。

（5）双击线段 AB，把它标记为反射镜面。

（6）选中点 D'，选择"变换"→"反射"命令，得到线段 AB 左边的点 D''。

（7）先后选中点 D、D''，选择"变换"→"创建自定义变换"命令，显示图 2-15-2 所示"创建自定义变换"对话框。输入"大脚走路"作为自定义变换名称，单击"确定"按钮。

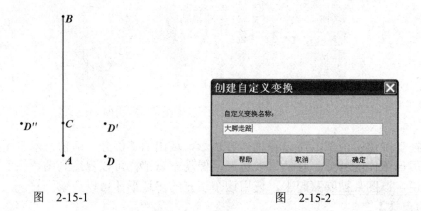

图 2-15-1　　　　　　　　　　　　图 2-15-2

（8）把文件夹" C:\program Files\Sketchpad\Sketchpad Help\Picture Gallery\Images\Transformation\"中的图片文件 footprint.png 插入文字编辑软件（WPS 或 Word）编辑的文档中。

提示：在安装几何画板软件时选择默认路径，该图片才在此文件夹中。

（9）选中这个图片，选择"编辑"→"复制"命令（或按 Ctrl+C 组合键），把它复制到剪贴板中。

（10）回到几何画板如图 2-15-1 所示窗门，按 Ctrl+V 组合键（或选择"编辑"→"粘贴图片"命令），把图片粘贴到窗口中。

（11）拖动图片，如图 2-15-3 所示，把图片放置在线段 AB 右边（下方）的适当位置。

（12）选中图片，如图 2-15-4 所示，选择"变换"→"大脚走路"命令（或者按 Ctrl+1 组合键），得到左边的一只"脚"。

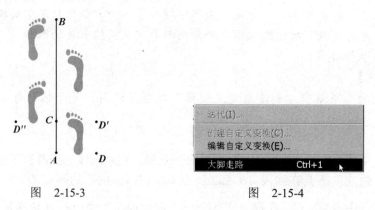

图 2-15-3　　　　　　　　　　　　图 2-15-4

（13）及时按 Ctrl+1 组合键（因为此刻左边的脚处于选中状态），得到右边的第二只脚。

（14）再及时按 Ctrl+1 组合键，得到左边的第二只脚（如图 2-15-3 所示）。

【经验点拨】

（1）可以隐藏图 2-15-3 中除脚之外的其他对象，选中任一脚，按 Ctrl+1 组合键，观察效果。

（2）从制作过程可以看出，自定义的变换"大脚走路"复合了"根据向量$\overrightarrow{AC}$平移"与"关于线段 AB 反射"两个变换。"自定义的变换"是变换的有序组合。

（3）如果在同一个页面中定义了多个自定义变换，那么执行这些变换时，除单击"变换"菜单的相应菜单项外，可以使用快捷键。快捷键依自定义变换的先后依次为 Ctrl+1、Ctrl+2、Ctrl+3 等。

（4）在图 2-15-4 中，如果选择"编辑自定义变换"选项，则进入自定义变换的删除、修改变换名、改变在菜单栏的先后顺序等管理操作。

（5）用自定义变换不仅可以控制图片的变换，还可以直接控制图形的变换，甚至直接变换函数的图像、点的轨迹、绘制函数图像等对象。请看范例 29、范例 30。

范例 29　利用"自定义变换"绘制图形的斜二测放置。

【学习目的】

介绍"变换"菜单中"创建自定义变换"功能在数学中的运用。

【操作步骤】

（1）新建文件。如图 2-15-5 所示，按住 Shift 键，用"画线"工具画水平直线 AB。

（2）用"画点"工具在直线 AB 上方画一点 C。

（3）过点 C 作直线 AB 的垂线，作出垂足 D。

（4）双击点 D，把它标记为旋转中心。

（5）选中点 C，选择"变换"→"旋转"命令，显示"旋转"对话框后，把旋转角度改为$-45°$（或者$-\pi/4$），单击"旋转"按钮，得到点 C′。

（6）及时（点 C′处于选中状态）选择"变换"→"缩放"命令，显示"缩放"对话框后，单击"缩放"按钮，得到点 C″。

（7）先后选中点 C、C″，选择"变换"→"创建自定义变换"命令，显示图 2-15-6 所示"创建自定义变换"对话框。输入"斜二测放置"作为自定义变换名称，单击"确定"按钮。

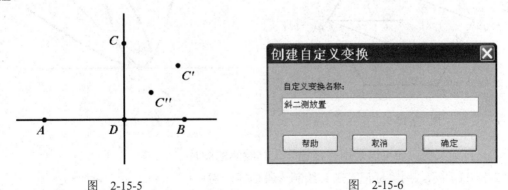

图 2-15-5　　　　　　　图 2-15-6

（8）按 Ctrl+A 组合键，选中所有对象；按 Ctrl+H 组合键，隐藏它们。

（9）如图 2-15-7 所示，用"画圆"工具画圆 E。其中点 F 是控制圆大小的点。

（10）选中圆（周），按 Ctrl+1 组合键（或者选择"变换"→"斜二测放置"命令），如图 2-15-7 所示，得到圆 E 的水平放置图形（一个椭圆）。

（11）按住 Shift 键，选择"显示"→"重设下一标签"命令（快捷键 Alt+/），显示图 2-15-8 所示对话框，单击"是"按钮。

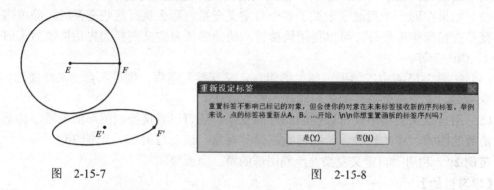

图 2-15-7　　　　　　　　　　　图 2-15-8

提示：这一操作的结果是之后画出的点的标签将以依次以 A、B、C、D、…的顺序自动加注。

（12）画圆 A（B 是控制圆大小的点），并画它的内接正六边形 BCDEFG。隐藏圆 A。

（13）选中正六边形 BCDEFG，按 Ctrl+1 组合键（或者选择"变换"→"斜二测放置"命令），如图 2-15-9 所示，得到正六边形 BCDEFG 的水平放置图形（一个椭圆）。

【经验点拨】

（1）利用本范例中"斜二测放置"变换，还可以斜二测放置函数的图像。如图 2-15-10 所示，画函数 $y=x^2$ 的图像，选中这个图像和 y 轴，按 Ctrl+1 组合键，函数 $y=x^2$ 的图像被斜二测放置。

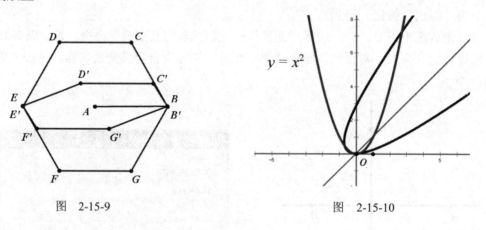

图 2-15-9　　　　　　　　　　　图 2-15-10

（2）自定义变换还可以是由"标记"工具绘制的图片。如图 2-15-11 所示，用"标记"工具绘制一段曲线，然后按 Ctrl+1 组合键，得到它的斜二测放置图形。

（3）自定义变换依赖于产生该自定义变换的页面，不能随着页面的复制被复制。但是，这并不影响在新的页面中利用在某一页定义的自定义变换。可以在含有自定义变换的页面中实施需要的自定义变换，然后复制这一页来作

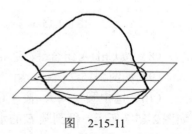

图 2-15-11

为新页面。打开范例 29 这个文件,它就是由 5 个页面组成的,分别放置了产生变换的页面以及其他 4 个页面(分别放置了利用这个变换产生的对象)。

(4)产生自定义变换的对象可以被隐藏,但是不能被删除。否则将删除这个自定义变换。

【请你试试】

自定义一个把对象先旋转 45°,再以一个向量控制的平移合成的变换,并利用这个变换来实施对下列对象的变换:

(1)正五边形;
(2)函数 $y=\sin x$ 的图像;
(3)一个由"标记"工具绘制产生的图片。

2.16 制表与根据表格数据画点

范例 30 三角形内接矩形面积的图像。

【学习目的】

学习"数据"菜单中"制表"功能的使用方法,学习怎样根据表格中的数据画点,并介绍与表格有关的操作。

【操作步骤】

(1)新建文件。选择"绘图"→"定义坐标系"命令,建立直角坐标系。
(2)用"文本"工具给原点加注标签 O。
(3)如图 2-16-1 所示,在第一象限画一点 B,在 x 轴的正半轴画一点 C。
(4)画线段 OB、BC、OC,形成三角形 OBC。
(5)选中线段 OC,选择"构造"→"线段上的点"命令,在线段 OC 上画一点 D。
(6)过 D 作出直线 OC 的垂线,按 Ctrl+K 组合键,显示它的标签 j。
(7)用"选择"工具单击直线 j 与线段 OB 的交点处,作出直线 j 与线段 OB 的交点 E。
(8)过 E 作出 OC 的平行线(直线 k)。
(9)单击直线 k 与线段 BC 的交点处,作出直线 k 与线段 BC 的交点 F。
(10)过 F 作出 OC 的垂线(直线 l)。
(11)选中直线 l,线段 OC,按 Shift+Ctrl+I 组合键,作出直线 l 与线段 OC 的交点 G。
(12)同时选中直线 j、k、l,按 Ctrl+H 组合键,隐藏三条直线。
(13)先后选中点 D、E、F、G,并选择"构造"→"四边形内部"命令(或按 Ctrl+P 组合键),填充四边形 $DEFG$。
(14)及时选择"度量"→"面积"命令,度量出矩形 $EFGH$ 的面积。
(15)同时选中点 O、D,并选择"度量"→"距离"命令,度量出线段 OD 的长度(如图 2-16-1 所示)。
(16)用"画线段"工具画线段 DE、EF、FG。
(17)用"选择"工具先后选中 OD 的长度、四边形 $DEFG$ 的面积,然后选择"数据"

→"制表"命令,产生一个表格。

(18) 拖动点 D 挪动一个位置,再双击表格,表格又增加一行。不断地这样做,得到图 2-16-2 中的表格。

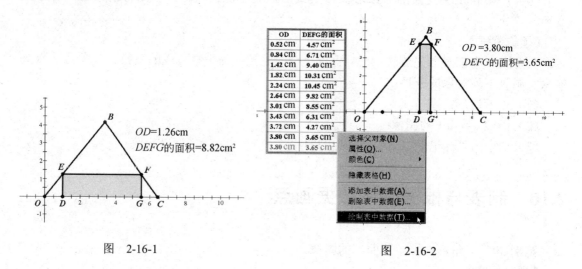

图 2-16-1　　　　　　　　　　　　图 2-16-2

(19) 选中表格右击,显示图 2-16-2 所示快捷菜单。选择"绘制表中数据"命令(或者选择"数据"→"绘制表中数据"命令),显示图 2-16-3 所示"绘制表中数据"对话框。这里默认以 OD 的长作为横坐标,以四边形 $DEFG$ 的面积作为纵坐标画点(单击"x"、"y"按钮可以重新设置)。单击"绘制"按钮,立即画出由表格数据确定的点(如图 2-16-4 所示)。因为绘制出的点标签是顺序给出的,其中点 O 与之前修改后的原点的标签重复,可以修改这个点的标签,避免与原点标签重复。

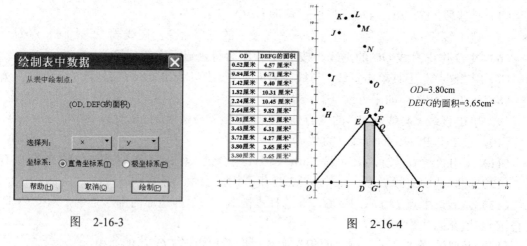

图 2-16-3　　　　　　　　　　　　图 2-16-4

(20) 若及时按 Ctrl+L 组合键,可以用线段连接这些点。

【经验点拨】

(1) 如果不需要制作表格,也可以先后选中 OD 的长度、四边形 $DEFG$ 的面积,选择"绘图"→"绘制点(x, y)"命令,绘制出点 W(OD,面积 $DEFG$)。及时按 Ctrl+T 组合键追踪点 W,拖动点 D,观察点 W 绘制函数图像的过程(如图 2-16-5 所示)。或者同时选中点

D 和 W，选择"构造"→"轨迹"命令，作出点 W 的轨迹。

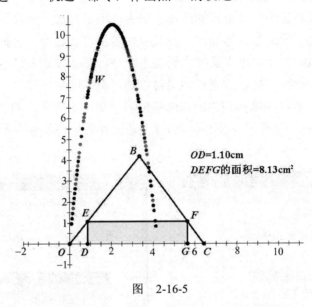

图 2-16-5

（2）即使不拖动点 D，双击表格，表格也会增加一行。拖动点 D，表格中最后一行中的数据在变动。

（3）右击表格，从弹出的快捷菜单中选择"属性"命令，显示"表格#1"对话框。如图 2-16-6 所示，选择"表格"选项卡，取消对"在最后一行中追踪变化中的值"复选框的勾选，再拖动点 D，表格中数据不再变动。

（4）选中表格，选择"数据"→"添加表中数据"命令，则显示图 2-16-7 所示"添加表中数据"对话框。这里有两个单选项，系统默认选择"添加一个新条目"单选按钮。选择"当数值改变时添加"单选按钮，即"当数值改变时添加 10 个条目，每过 1.0 秒添加一个新条目"，单击"确定"按钮。这时用"选择"工具拖动四边形顶点 D，观察表格，行数自动增加，直到又增加 10 行为止。此刻表格属性中的"添加表中数据"自动回到系统默认状态"添加一个新条目"。

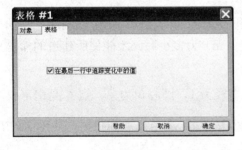

图 2-16-6

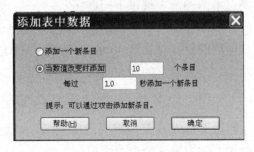

图 2-16-7

用"选择"工具双击表格或者（选中表格）按键盘上的"+"键，也能增加表格的行数（双击一次或按一次键盘上的"+"键一次增加一行），即自动恢复到系统默认设置状态。若按住 Shift 键用鼠标双击表格，或者（选中表格）按键盘上的"−"键，则表格减少一行。

（5）要了解表格的其他属性，选择图 2-16-8 中的"对象"选项卡。

若取消对"可以被选中"复选框的选择，则表格不能再被"选择"工具选中，对表格也就不能进行如移动、增加行数等操作。若又要使表格可被选中，可把"选择"工具移到表格上右击，从弹出的快捷菜单中选择"属性"命令，重新设置表格的这一属性。

单击"父对象"按钮，则显示表格的父对象是"距离度量值#2"与"面积度量值#1"（如图 2-16-9 所示）。若移动鼠标到"面积度量值#1"处，则屏幕上的"面积 DEFG"高亮显示。如果事先"面积 DEFG"被隐藏，进行上述操作时仍然能够在原位置高亮显示四边形 DEFG 的面积。

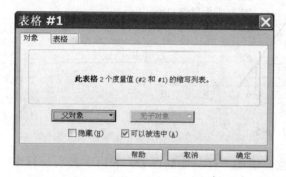
图 2-16-8

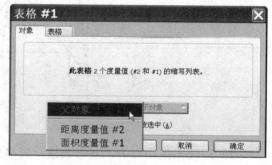
图 2-16-9

（6）选中表格，选择"编辑"→"复制"命令（或按 Ctrl+C 组合键），把表格数据复制到剪贴板上。在文字编辑软件（如 WPS 或 Word）的文字编辑状态下，选择"编辑"→"粘贴"命令，则表格数据以文本方式被粘贴到这个文档中。如果复制到 Excel 中，则能被 Excel 以表格数据形式接受，参与计算。但是反过来，Excel 中的表格复制到几何画板中来只能以图片形式呈现。

（7）"度量"菜单中"距离"与"长度"的不同之处是："距离"可以是点到点的距离，也可以是点到线的（垂直）距离，而"长度"仅指线段的长度。

【请你试试】

类似本范例，表现以下问题：

（1）如图 2-16-10 所示，动物园要建造一面靠墙的两间相同的矩形熊猫居室。如果可供建造围墙的材料总长是 30m，那么宽 x（单位：m）为多少时，才能使所建造的熊猫居室面积最大？熊猫居室的最大面积是多少？

（2）如图 2-16-11 所示，已知扇形 OPQ 的半径为 1，圆心角为 $\frac{\pi}{3}$。点 C 是扇形弧上的动点，四边形 $ABCD$ 是扇形的内接矩形。记 $\angle COP=\alpha$，求当 α 取何值时，矩形 $ABCD$ 的面积最大？并求出这个最大面积。

（3）矩形的面积是 1，它的一边长是 x，周长为 l，画出函数 $l=f(x)$ 的图像。

（4）画一个四边形，度量各个内角的大小，计算它们的和，制作这些数据构成的表格。拖动四边形的一个顶点，并给表格添加行数。

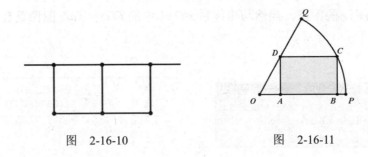

图 2-16-10　　　　　　图 2-16-11

2.17　多个坐标系与自定义坐标系

几何画板支持在同一个屏幕窗口同时定义几个坐标系。本节介绍"绘图"菜单中"定义坐标系"、"标记坐标系"等功能的用法。介绍"编辑"菜单中"操作类按钮"→"滚动"的用法；还要介绍自定义坐标系，并在自定义坐标系中画函数的图像。

范例 31　在不同坐标系中度量同一个点的坐标，介绍坐标平移的意义；介绍如何给出条件定义坐标系。

【学习目的】

学习建立几个坐标系以及控制的方法。

【操作步骤】

（1）新建文件。选择"绘图"→"定义坐标系"命令，建立直角坐标系。

（2）给原点加注标签 O，给单位点加注标签，并改为数字 1，给 x、y 轴加注标签 x、y。

（3）选择"绘图"→"隐藏网格"命令，隐藏网格。

（4）用"画点"工具任意画一点 C。

（5）用"选择"工具选中点 C，选择"绘图"→"定义原点"命令，如图 2-17-1 所示，显示"新建坐标系"对话框，单击"是"按钮，屏幕上又出现一个新的直角坐标系。这个坐标系为当前坐标系。

（6）选择"绘图"→"隐藏网格"命令。用"文本"工具把点 C 的标签改为 O'；给单位点加注标签 1；给新坐标系的 x、y 轴加注标签，并把 x 改为 x'，把 y 改为 y'。

（7）任意画一点 E。选择"度量"→"坐标"命令，度量出点 E 在 $x'O'y'$ 坐标系中的坐标。

（8）选中点 O，选择"绘图"→"标记坐标系"命令，点 O 会以矩形框闪动一下，这样坐标系 xOy 成为当前坐标系。

（9）选中点 E，选择"度量"→"坐标"命令，度量出点 E 在 xOy 坐标系中的坐标（如图 2-17-2 所示）。

（10）拖动点 O'，点 E 的一个坐标在动，另一个不动。

（11）标记坐标系 $x'O'y'$ 为当前坐标系。

（12）选择"绘图"→"绘制新函数"命令，打开函数式编辑器，编辑函数式 sin(x)，确定后在 $x'O'y'$ 坐标系中画出函数 $f(x) = \sin x$ 的图像。

这个图像相对于坐标系 xOy 位置变动，形状不变。

（13）若定义坐标系 xOy 为当前坐标系，度量 O' 的横坐标 $x_{O'}$ 与纵坐标 $y_{O'}$，画出函数

$g(x) = \sin(x - x_{O'}) + y_{O'}$ 的图像,当然与坐标系 $x'O'y'$ 中的 $f(x) = \sin x$ 图像重合。

图 2-17-1

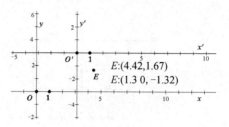

图 2-17-2

利用建立多坐标系这一功能可以演示坐标系的平移或者图像的平移。

(14) 选中点 O',如图 2-17-3 所示,选择"编辑"→"操作类按钮"→"滚动"命令,显示图 2-17-4 所示"操作类按钮滚动"对话框,同时屏幕上显示一个"滚动"按钮。滚动方向有两种选择:"窗口左上方"和"窗口中央"。选中"窗口中央"单选按钮,单击"确定"按钮。

图 2-17-3

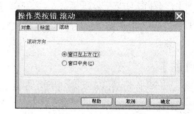

图 2-17-4

(15) 单击"滚动"按钮,点 O' 位于窗口的中心。

【经验点拨】

(1) 当屏幕上有几个坐标系时要注意哪个坐标系是当前坐标系。

(2) 产生"滚动"按钮的条件是选中一个点。对同一个点既可以把它定义为"窗口左上方",也可以把它定义为"窗口中央",产生两个"滚动"按钮。

(3) 新版几何画板支持矩形坐标系。如图 2-17-5 所示,选择"绘图"→"网格"→"矩形网格"命令,屏幕上出现直角坐标系。所不同的是绘制出点 $B(0,1)$,拖动点 B 可以改变 y 轴的单位长。

从图 2-17-5 可见,网格形式还可以选择"三角坐标轴"。单击此选项,显示图 2-17-6 所示对话框,单击"确定"按钮,建立坐标系,横轴上的刻度以 $\dfrac{\pi}{6}$,$\dfrac{\pi}{2}$ 等方式显示。这是几何画板 5.0 以上版本新增的功能。

图 2-17-5

图 2-17-6

(4) 除了给出一个点作为坐标原点定义坐标系外,给出下列条件也能定义坐标系:

① 选中一条线段（或者一个长度值）。线段长（或者长度值）作为单位长。

② 选中一个点与一条线段（或者一个长度值）。点作为原点，线段长（或者长度值）作为单位长。

③ 先后选中两条线段（或者两个长度值）。前后两条线段（或者两个长度值）分别作为 x、y 轴的单位长（定义矩形坐标系）。

④ 先后选中一个点和两条线段（或者两个长度值）。其中，点作为原点，前后两条线段（或者两个长度值）分别作为 x、y 轴的单位长（矩形坐标系）。

⑤ 选中一个圆（周）。圆心作为原点，半径长作为单位长。

另外，在度量点的坐标、度量两点间的坐标距离、根据数据画点、画函数的图像等需要建立坐标系时，系统都会自动显示坐标系（方形网格）。

作为练习，请读者建立直角坐标系 xOy 与 $x'O'y'$，画一个圆，分别在两个坐标系中度量它的方程，给出平移公式。

范例 32　自定义直角坐标系，并在自定义坐标系中画函数的图像。

【学习目的】

利用"度量"菜单的"点的值"定义一个数轴上点的坐标，从而自定义坐标系，在自定义坐标系中画函数的图像。介绍"变换"菜单的"缩放"等功能的实现方法。

【操作步骤】

（1）新建文件。把画板工具箱中的"画线段"工具改成"画直线"工具。按住 Shift 键，用"画直线"工具自左向右画直线 AB。

（2）用"画点"工具在直线 AB 上任意画一点 C。

（3）用"选择"工具选中点 C，选择"度量"→"点的值"命令，如图 2-17-7 所示，得到"C 在 $\overline{AB}$ 上"的值，即以 A 为原点，以 B 为单位点的数轴上点 C 的坐标。

为叙述方便，用"文本"工具把"C 在 $\overline{AB}$ 上"改为 x_C。

（4）过点 A 作 AB 的垂线，按 Ctrl+K 组合键显示标签 j。

（5）在直线 j 上画一点 D 作为 y 轴上的单位点。

这样就定义了一个直角坐标系。如果画出的直线 j 不是垂直于直线 AB，则定义了斜坐标系。

下面介绍如何在自定义坐标系中画函数的图像。

（6）选择"数据"→"计算"命令，打开计算器，计算 $(x_C)^2$。

（7）选中 $(x_C)^2$，选择"变换"→"标记比值"命令。

（8）用"选择"工具双击点 A，把 A 标记为缩放中心。

（9）选中 y 轴上的单位点 D，选择"变换"→"缩放"命令，如图 2-17-8 所示，显示"缩放"对话框。单击"缩放"按钮得到点 D'，点 D' 的坐标是 $(0, (x_C)^2)$。

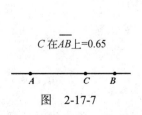

图　2-17-7

图　2-17-8

（10）选中点 D' 与直线 AB，选择"构造"→"平行线"命令，过 D' 画出直线 AB 的平行线，按 Ctrl+K 组合键显示标签 k。

（11）过点 C 画直线 j 的平行线，按 Ctrl+K 组合键显示标签 l。

（12）用"选择"工具单击直线 k、l 的交点处，作出它们的交点 E。

（13）同时选中点 C、E，选择"构造"→"轨迹"命令，画出点 C 在 x 轴上移动时点 E 的轨迹，这就是函数 $y=x^2$ 的图像（如图 2-17-9 所示）。

（14）用"文本"工具把点 A 的标签改为 O，点 B、D 的标签都改为数字 1，进行必要的修饰，完成作图。

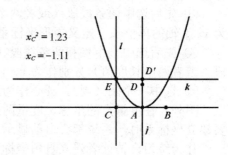

图 2-17-9

【经验点拨】

（1）点 E 也可以这样画出：标记向量 $\overrightarrow{AD'}$，选中点 C，选择"变换"→"平移"命令，显示"平移"对话框后，单击"平移"按钮画出点 C'。用 C' 替代点 E。这样做可以减少画面上的线条。

（2）作出对象之间的交点，也可以同时选中它们，然后选择"构造"→"交点"命令（快捷键 Shift+Ctrl+I）。如果有三个（或三个以上）对象交于同一点，作出其中两个对象之间的交点，这样操作是必要的。

范例 33 在三维坐标系的一个坐标平面上画函数 $y=\sin(x+\phi)$ 的图像。

【学习目的】

建立三维坐标系，在某一个坐标平面内画函数的图像。

【操作步骤】

（1）新建文件。选择"绘图"→"网格"→"矩形网格"命令，建立矩形坐标系，给原点加注标签 O，给原 x 轴加注标签 y，给原 y 轴加注标签 z。

（2）用"选择"工具双击原点 O，把点 O 标记为旋转中心。

（3）选中 y 轴，选择"变换"→"旋转"命令，显示"旋转"对话框后，把旋转角度改为 45，单击"旋转"按钮，把 y 轴旋转 45° 得到 y'，把标签 y' 改为 x。

（4）用"画点"工具在 x 轴上画一点 B，把 B 作为 x 轴上的单位点，完成三维坐标系的建立。隐藏网格（如图 2-17-10 所示）。

下面在 xOz 平面上画函数 $f(x)=\sin(x+\phi)$ 的图像。

（5）接前。用"画点"工具在 y 轴（原 x 轴）上画一点 C，度量点 C 的横坐标 y_C，把 y_C 改为 ϕ。

（6）用"画线段"工具在 x 轴上画线段 DE，在线段 DE 上画一点 F。

（7）用"选择"工具先后选中点 O、B、F，选择"度量"→"比"命令，得到比值 $\dfrac{OF}{OB}$。$\dfrac{OF}{OB}$ 是点 F 在 x 轴

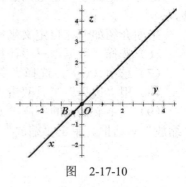

图 2-17-10

上的坐标，把它改为 x。

（8）选择"数据"→"计算"命令，打开计算器，计算 $\sin(x+\phi)$。

（9）选中 $\sin(x+\phi)$，选择"变换"→"标记比值"命令。

（10）选择"编辑"→"参数选项"命令，把角度的单位设置成弧度。

（11）给 z 轴上的单位点加注标签 G。

（12）选中点 G，选择"变换"→"缩放"命令，显示"缩放"对话框，单击"缩放"按钮，缩放点 G 得到点 G′。

（13）先后选中点 O、G′，选择"变换"→"标记向量"命令，标记向量 $\overrightarrow{OG'}$。

（14）选中点 F，选择"变换"→"平移"命令，显示"平移"对话框，再单击"平移"按钮，平移点 F 得到 F′。

（15）同时选中点 F、F′，选择"构造"→"轨迹"命令，画出点 F′的轨迹。这就是函数 $f(x) = \sin(x+\varphi)$ 在 xOz 平面上的一段图像。

拖动点 C 改变初相，图像游动起来（如图 2-17-11 所示）。

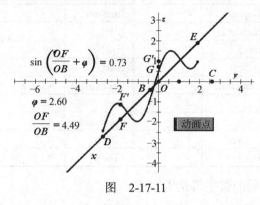

图　2-17-11

【经验点拨】

（1）比较范例 32 与范例 33，"度量"菜单的"点的值"与"比"的功能似乎基本相同，但只要与范例 20 后的"经验点拨"所介绍的相比，就知道区别很大。度量直线 AB 上的点 C 的"比"的好处是可以自由选择原点与单位点，而度量"比"一定是以 A 为原点，以 B 为单位点（根据给出确定直线的两点的先后），得到点 C 在这个数轴上的坐标。当同一条直线上的点比较多时，度量"比"的好处更为明显。度量"比"还可以先后选中两条线段，度量它们长度的比值。

（2）在几何画板中，若要编辑对象标签的上标，可以开启对象属性的对话框，在标签栏输入排版命令{^1}（或者{^2}、{^3}）。如修改点的标签，输入"A{^2}"，确定后标签成为 A^2。注意：不支持{^4}，即不支持其中的数字大于或等于 4。如果需要在文本中编辑上标，则可以通过"文本工具栏"（按 Shift+Ctrl+T 组合键打开）来建立含上标的文本。

（3）从几何画板 5.05 版开始，对象的标签可以包含计算机操作系统支持的 Unicode 字符或者符号，在对象的标签的编辑框中输入表 2-17-1、表 2-17-2 所列的代码，几何画板会自动把它转换为相应的符号或字母。所谓 Unicode 字符（统一码、万国码、单一码）是一种在计算机上使用的字符编码。它为每种语言中的每个字符设定了统一并且唯一的二进制编码，以满足跨语言、跨平台进行文本转换、处理的要求。

表 2-17-1　输入代码与显示符号对照表

代　　码	符　　号	代　　码	符　　号
{->}	→	{gte}	≥
{=>}	⇒	{1/2}	1/2
{<}或{angle}	∠	{^1}	^{1}(上标)

续表

代 码	符 号	代 码	符 号
{rightangle}	⌐	{^2}	²(上标)
{degree}	°	{^3}	³(上标)
{lte}	≤	{^4}	不支持（大于 3 的数字）

在标签编辑框中输入表 2-17-2 所列的代码，几何画板会自动将其转换为相应的希腊或拉丁字母。

表 2-17-2　输入代码与显示字母对照表

代 码	符 号	代 码	符 号	代 码	符 号	代 码	符 号
{alpha}	α	{kappa}	κ	{upsilon}	υ	{Lambda}	Λ
{beta}	β	{lambda}	λ	{phi}	φ	{Xi}	Ξ
{gamma}	γ	{mu}	μ	{chi}	χ	{Pi}	Π
{delta}	δ	{xi}	ξ	{psi}	ψ	{Sigma}	Σ
{epsilon}	ε	{omicron}	ο	{omega}	ω	{Upsilon}	ϒ
{zeta}	ζ	{pi}	π	{nu}	ν	{Phi}	Φ
{eta}	η	{rho}	ρ	{Gamma}	Γ	{Psi}	Ψ
{theta}	θ	{sigma}	σ	{Delta}	Δ	{Omega}	Ω
{iota}	ι	{tau}	τ	{Theta}	Θ		

注意：最后 11 个代码的首字母是大写。

【请你试试】

（1）在三维坐标系的 xOy 平面上画函数 $f(x)=\sin(x+\phi)$ 的图像。

（2）在三维坐标系的 yOz 平面上画函数 $f(x)=x^2$ 的图像，并使得这个平面绕 z 轴旋转起来。

2.18　绘图函数及其图像

几何画板 5.0 以上版本在"数据"菜单中增加了一个"创建绘图函数"选项。本节介绍"创建绘图函数"功能的运用，并介绍与绘图函数有关的问题。

范例 34　产生一个绘图函数的图像。

【学习目的】

介绍"标记"工具、"数据"菜单的"创建绘图函数"以及"绘图"菜单的"绘制函数"的联合应用；介绍与绘图函数有关的问题。

【操作步骤】

（1）新建文件。如图 2-18-1 所示，用"标记"工具画一段曲线，单击"选择"工具，构成一个由所画曲线确定的矩形图片，并处于选中状态。

（2）及时选择"数据"→"创建绘图函数"命令，窗口产生"$f(x)$：绘图[1]"，并建立直角坐标系。

（3）选择"绘图"→"隐藏网格"命令，隐藏网格。

（4）给原点加注标签 O。

（5）选中"$f(x)$：绘图[1]"，选择"绘图"→"绘制函数"命令（快捷键 Ctrl+G），产生绘图函数 $f(x)$ 的图像（如图 2-18-2 所示）。

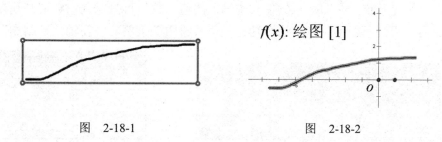

图 2-18-1　　　　　　　　图 2-18-2

（6）用"画点"工具在图像上画一点 B。

（7）及时选择"度量"→"点的值"命令，如图 2-18-3 所示，立即显示"B 在 $y=f(x)$ 上"点的值，同时给图像加注标签 $y=f(x)$。

（8）拖动点 B，观察"B 在 $y=f(x)$ 上"的大小变化，它的取值范围就是这个绘图函数的定义域（如图 2-18-3 所示）。

（9）选中"$f(x)$:绘图[1]"，选择"数据"→"计算"命令，显示"新建计算"对话框，单击窗口中的"B 在 $y=f(x)$ 上"，计算与它对应的函数值"$f(B$ 在 $y=f(x)$ 上$)$"。

（10）用"文本"工具把"B 在 $y=f(x)$ 上"改为 x，把"$f(B$ 在 $y=f(x)$ 上$)$"改为 y。

（11）先后选中 x、y，选择"数据"→"制表"命令，产生含有一行的表格。

（12）把点 B 拖到最左边，双击表格，表格增加一行。再把点 B 向右拖动少许，双击表格，表格又增加一行。反复这样做，直到点 B 被拖到了最右边。这是绘图函数的"列表法"的表示（如图 2-18-4 所示）。

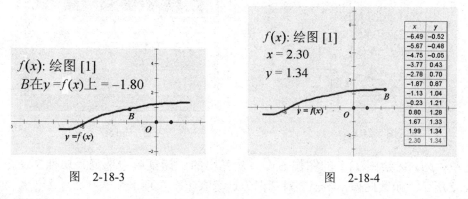

图 2-18-3　　　　　　　　图 2-18-4

【经验点拨】

（1）由"标记"工具绘制而产生的绘图函数可以有"图像法"和"列表法"两种表示，但只能给出抽象表示 $f(x)$，不能给出具体的解析表示，即没有明确的解析表达式。比如，用"选择"工具双击"$f(x)$:绘图[1]"，显示图 2-18-5 所示"数据函数"对话框，提示"您不能编辑这个函数的方程，因为它是由数据定义的，而不是一个公式。更改原始数据来改变函数值。"，而这个原始数据是由绘制的曲线确定的。

（2）选中绘图函数"$f(x)$:绘图[1]"的图像，选择"绘图"→"在函数图像上绘制点"命令，显示图 2-18-6 所示"绘制给定数值的点"对话框，输入 –3，单击"绘制"按钮，在图像上绘制一点 C。同时选中点 C 与这个函数图像，按住 Shift 键，选择"度量"→"点的值"命令,显示该点在图像上的值与刚输入的值一致。可见输入的数值必须在绘图函数的定义域内,否则不能绘制点。这个功能类似"绘图"菜单的"在轴上绘制点"。

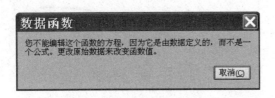

图 2-18-5

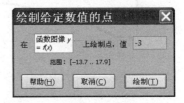

图 2-18-6

(3) 可以求出绘图函数在定义域内的任意自变量所对应的函数值。比如,选中"$f(x)$:绘图[1]",选择"数据"→"计算"命令,显示"新建计算"对话框,输入–2,单击"确定"按钮,立即显示 $f(-2)$ 的大小(如图 2-18-7 所示)。

(4) 绘图函数的图像具有类似"绘图"菜单的"绘制新函数"所产生的函数图像的性质。比如,能够直接作出两个绘图函数图像之间的交点,也能够直接作出绘图函数图像与几何对象(线、圆)、函数图像之间的交点,不能作出绘图函数图像与点的轨迹的交点。再比如,可以修改图像的线型、颜色,可以修改它的标签等。

选中"$f(x)$:绘图[1]"右击,从弹出的快捷菜单中选择"属性"命令,显示图 2-18-8 所示"数据函数 f"对话框。这里有三个选项卡,选择"函数"选项卡,可以修改平滑度(锯齿状态)。

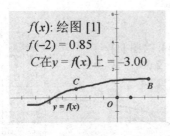

图 2-18-7

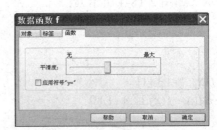

图 2-18-8

选中"$f(x)$:绘图[1]"的图像右击,从弹出的快捷菜单中选择"属性"命令,显示图 2-18-9 所示"函数图像 y=f(x)"对话框。这里有三个选项卡,选择"绘图"选项卡,这里有样本个数(即采集绘制曲线上点的细密程度进行拟合)、是否显示箭头和端点、范围等属性,接受用户的修改。

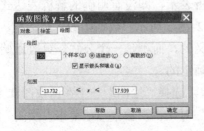

图 2-18-9

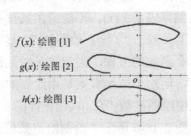

图 2-18-10

（5）如图 2-18-10 所示，用"标记"工具分别画三个不同的曲线，然后形成绘图函数，画出图像。选中"$f(x)$：绘图[1]"右击，从弹出的快捷菜单中选择"属性"命令，显示"数据函数 f"对话框，选择"对象"选项卡。如图 2-18-11 所示，"数据函数 f 是在坐标系#1 中，以绘图[1]的最大高度作为度量定义的函数"。可见，绘图函数图像只取所绘制曲线的上方而不取下方来形成函数的图像。

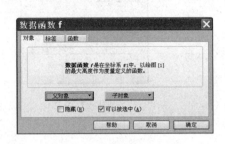

图　2-18-11

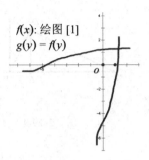

图　2-18-12

（6）选择"绘图"→"绘制新函数"命令，显示"新建函数"对话框，单击"方程"选项卡中的 $x=g(x)$，单击窗口中的"$f(x)$：绘图[1]"，单击 y，单击"确定"按钮，画出它的反函数的图像（如图 2-18-12 所示）。

（7）选中"$f(x)$：绘图[1]"，然后选择"数据"→"创建导函数"命令，可以建立其导函数。

【请你试试】

用"标记"工具画一段曲线，并形成绘图函数及其图像，研究该图像与其他曲线交点的情况。

2.19　正多边形与迭代

新版（4.0 以上）几何画板在"变换"菜单中增加了"迭代"以及"深度迭代"（按住 Shift 键，"迭代"成为"深度迭代"）选项，利用这一功能可以研究有关函数迭代以及分形几何的问题。这是内涵十分丰富的功能，要真正掌握并用好它又需要较多的数学知识。

为了使读者了解、掌握这一功能的用法，并不断提高应用水平，这里由浅到深多介绍几个例子。

范例 35　房梁下的三角支撑架。

【学习目的】

学习"变换"菜单中"迭代"功能的实现方法，感受迭代的意义。

【操作步骤】

（1）新建文件。如图 2-19-1 所示，画线段 AB，过 B 作 AB 的垂线 j。

（2）在直线 j 上画一点 C，画线段 AC。

（3）过 B 作 AC 的垂线 k，垂足为 D；过 D 作 AB 的垂线 l，垂足为 E。

(4) 隐藏直线 j、k、l，画线段 BC、BD、DE。

(5) 选中点 B（原像），选择"变换"→"迭代"命令，显示图 2-19-2 所示"迭代"对话框，单击点 E（初像）后屏幕上已经显示迭代结果供预览（如图 2-19-3 所示），单击"迭代"按钮，屏幕上出现图 2-19-4 所示的图形。

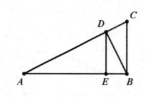

图 2-19-1

图 2-19-2

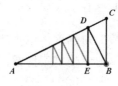

图 2-19-3

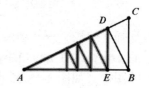

图 2-19-4

(6) 及时（此刻迭代生成的对象处于选中状态）按键盘上的"+"（按住 Shift 键）或者"−"键，观察变化。

提示：在图 2-19-3 中，提示迭代次数是 3（系统默认），其结果是 3 次重复了第（3）、（4）步的工作。选中迭代生成的对象，按键盘上的"+"或"−"键可以增加或者减少迭代次数。

(7) 在图 2-19-2 中，单击"显示"按钮。如图 2-19-5 所示，在"迭代"栏中有"增加迭代"（增加迭代次数）与"减少迭代"（减少迭代次数）两个选项，快捷键分别是键盘上的"+"与"−"键。在"显示为"栏有"完整迭代"（显示所有迭代结果）与"最终迭代"（仅显示迭代生成的最后对象）。系统默认选择"完整迭代"。若选择"最终迭代"，结果如图 2-19-6 所示。

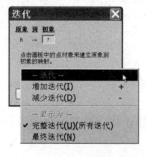

图 2-19-5

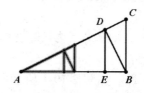

图 2-19-6

（8）在图 2-19-3 中单击"结构"按钮，如图 2-19-7 所示，有 4 栏，分别是映射、创建、生成迭代数据表、移动对象上的点。这些功能在以后的例子（参见 2.20 节，第 3 章的 3.9 节、3.10 节）中还将介绍。这里选中"仅保留非点类对象"选项，"迭代"后的结果如图 2-19-8 所示。

【经验点拨】

（1）在本范例制作中，所谓"迭代"（1 次）是指对点 E 的操作是对点 B 操作的重复（循环）。

（2）试一试：如图 2-19-9 所示，依 $C \to D$ 迭代，并增加迭代次数。

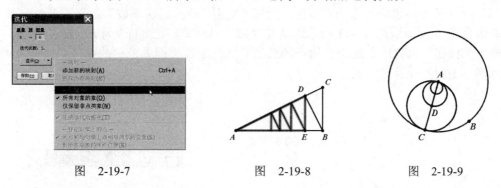

图 2-19-7　　　　　　　图 2-19-8　　　　　　　图 2-19-9

范例 36　画正 n 边形。

【学习目的】

学习"深度迭代"（利用数据控制迭代次数）功能的实现方法，进一步了解迭代的意义和用法。

【操作步骤】

（1）新建文件。如图 2-19-10 所示，画点 A，并把点 A 依 0°方向移动 1cm，得到 A'。

（2）画射线 AA'，在射线 AA' 上画一点 B。

（3）先后选中点 A、A'、B，选择"度量"→"比"命令，度量比值 $\dfrac{AB}{AA'}$。

（4）打开"数据"菜单的计算器，计算 $\mathrm{trunc}\left(\dfrac{AB}{AA'}\right)+3$。它表示多边形边数，把它改为 n。

（5）再计算 $\dfrac{360°}{n}$。双击它，标记角 $\dfrac{360°}{n}$。

（6）画两点 C、D。

（7）双击点 C，把 C 标记为旋转中心。把点 D 绕 C 旋转 $\dfrac{360°}{n}$ 得到 D'。

（8）画线段 DD'。

（9）计算 $n-1$，用它来控制迭代次数。

（10）隐藏 $\dfrac{AB}{AA'}$ 与 $\dfrac{360°}{n}$。

（11）先后选中点 D（原像）与 $n-1$，按住 Shift 键，选择"变换"→"深度迭代"命令，显示"迭代"对话框后，单击点 D'（初像），单击"迭代"按钮，得到图 2-19-10 所示的情形。

（12）隐藏 $n-1$。拖动点 B 可以改变多边形的边数。

提示：最后选中的数值 $n-1$ 是用来控制迭代深度（或称为迭代次数）的。控制迭代次数的数值必须最后选择。如果这个数值是小数则取整，如果是负数则归零，如果有单位，则一律舍去单位。

【经验点拨】

（1）迭代 $n-1$ 次，就是把作等腰三角形 CDD' 的工作向前重复了 $n-1$ 次。显然，这样就构成了正 n 边形。

（2）控制多边形边数的方法有多种。选择"数据"→"新建参数"命令（或者按 Shift+Ctrl+P 组合键），显示图 2-19-11 所示"新建参数"对话框。把 $t[1]$ 改为 n，数值改为 6，单击"确定"按钮。以此用来控制多边形的边数。其他制作类似本范例的第（5）～（9）步。结果如图 2-19-12 所示。

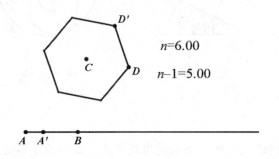

图 2-19-10

图 2-19-11

（3）可以直接编辑图 2-19-12 中 n 的值，得到需要的多边形边数。也可以修改参数 n 的属性，通过按键盘上的键的办法改变 n 的值。选中参数 n 右击"属性"命令，显示图 2-19-13 所示"参数 n"对话框。这里有 4 个选项卡，选择"参数"选项卡，把"键盘调节（+/–）"改为 1 单位，单击"确定"按钮，回到图 2-19-12 所示画面。选中 n，每按一次键盘上的加号（或减号）键，n 的值将增加（或者减少）1 个单位。

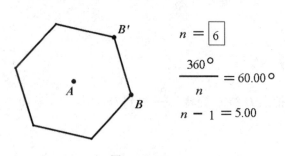

图 2-19-12

图 2-19-13

范例 37 谢尔宾斯基（Sierpinski）三角形。

【学习目的】

学习"迭代"对话框中"结构"→"添加新的映射"功能的使用方法。这是由于在各个迭代阶段有不同的像替换原像，需要定义多个映射。学习比较复杂的迭代的实现方法。

【操作步骤】

（1）新建文件。画线段 AB。

（2）把 A 标记为旋转中心。选中线段 AB 及点 B，选择"变换"→"旋转"命令，把线段 AB 及点 B 绕点 A 旋转 60° 得到点 B'，画线段 BB'，把点 B' 的标签改为 C。完成等边三角形 ABC 的制作。

（3）选中线段 AB、BC、CA，按 Ctrl+M 组合键，作出线段 AB、BC、CA 的中点 D、E、F。

（4）及时按 Ctrl+L 组合键，画线段 DE、EF、FD。

（5）选择"数据"→"新建参数"命令，显示"新建参数"对话框，把数值改为 3，单击"确定"按钮，得到参数 t_1=3.00。用参数 t_1 的大小控制迭代深度。

（6）修改"参数 t1"属性，把"参数"选项卡中的"键盘调节（+/−）"改为 1 单位。这样，选中 t_1，每按一次键盘上的加号键，t_1 的值增加 1 个单位。

（7）先后选中点 A、B（原像）以及参数 t_1，按住 Shift 键，选择"变换"→"深度迭代"命令，显示图 2-19-14 所示对话框。

（8）依次单击点 F、E（映象#1）；按 Ctrl+A 组合键，依次单击点 A、D（映象#2）；按 Ctrl+A 组合键，依次单击点 D、B（映象#3），最后单击"迭代"按钮（如图 2-19-15 所示）。

图 2-19-14

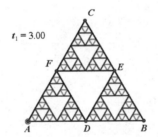

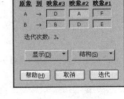

图 2-19-15

提示：这里迭代的意思是在 FE、AD、DB 处的操作如同在 AB 处所做的操作一样，是对 AB 操作的循环。FE、AD、DB 是"并联"关系，它们（合起来）与 AB 是"串联"关系。弄清这一逻辑关系对于理解迭代过程是十分重要的。

（9）仅选中参数 t_1，按键盘上的"+"键（增加迭代次数），观察效果。

【经验点拨】

（1）第（8）步中添加新映射的方法也可以这样做：如图 2-19-16 所示，单击"结构"按钮，再选择"添加新的映射"命令。显然，按 Ctrl+A 组合键要方便得多。

（2）已经完成的迭代仍然可以修改它的属性。选中迭代后产生的对象右击，可以发现，可以隐藏迭代对象、追踪迭代对象、生成迭代对象的动画；可以修改迭代对象的线型、颜色等。右击，从弹出的快捷菜单中选择"属性"命令，如图 2-19-17 所示，可以修改是"完整迭代"还是"最终迭代"，还可以选择"对象"选项卡，了解它的父对象等。

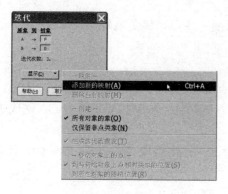

图 2-19-16

图 2-19-17

【请你试试】

如图 2-19-18 所示，点 A、B 是初始点（原像），C、D 三等分 AB，$CE=CD$，$DF=DB$，$\angle ECD=\angle FDB=30°$，建立参数 n。分别以 5 条线段（AC、CE、CD、DB、DF）为映象（#1-#5），以 n 为迭代深度，迭代生成图 2-19-19 所示的图形。

图 2-19-18　　　　　　　　图 2-19-19

2.20 数列的图像、前 n 项和

范例 38　画由 $a_{n+1}=\dfrac{1}{1+a_n}$（$a_1=1.00$）确定的数列的图像，计算前 n 项和。

【学习目的】

学习根据递推公式，利用"变换"菜单中"迭代"以及"深度迭代"的功能画数列的图像，求前 n 项的和。介绍"变换"菜单中的"终点"在求数列前 n 项和中的一个用法。

【操作步骤】

方法 1　画数列的图像，并求前 n 项和。

（1）新建文件。选择"数据"→"新建参数"命令，连续新建 4 个参数：$n=1.00$（表示数列首项的序号）；$a_1=1.00$（表示数列的首项）；$s_0=0$（必须是 0，作为递推求和的初始值）；$k=3.00$（控制迭代深度，产生 k 个新对象），即用于动态控制数列项数的增减，而数列的项数是 k+1。

（2）修改"参数 k"的属性，把"参数"选项卡中的"键盘调节（+/–）"改为 1 单位。这样，选中 k，每按一次键盘上的加号键，k 的值增加 1 个单位。

提示：如果需要在选中参数（如控制数列项的多少的 k）后，每按一次键盘上的加号（或减号）键，参数的值增加（或减少）1 个单位，都需要这样修改参数属性，后面不再赘叙。

（3）选择"数据"→"计算"命令，打开计算器，分别计算 $n+1$、$\frac{1}{1+a_1}$、s_0+a_1 以及 $(n+1)-1$。其中 $(n+1)-1$ 是为了使表格中的一列数字比表格的自然编号多 1，成为数列的项数。

（4）选中 $\frac{1}{1+a_1}$ 右击，从弹出的快捷菜单中选择"属性"命令，打开"属性"对话框，把精确度设置为十万分之一。同样，把 s_0+a_1 的精确度也设置为十万分之一。

（5）先后选中 $n=1.00$，$a_1=1.00$，选择"绘图"→"绘制（x，y）"命令，画出数列的第一项对应的点 $A(1，1)$，同时打开直角坐标系。

（6）用"文本"工具给原点加注标签 O，给单位点加注标签数字 1。把 $n+1$ 改为"序号"，把 $(n+1)-1$ 改为"项数"（以显示是多少项的和），把 s_0+a_1 改为"和"。

（7）用"选择"工具先后选中 $n=1.00$，$a_1=1.00$，$s_0=0$，$k=3.00$（迭代深度）共 4 个数值，按住 Shift 键，选择"变换"→"深度迭代"命令，显示"迭代"对话框，如图 2-20-1 所示。再依次单击"序号"、$\frac{1}{1+a_1}$、"和"，屏幕上出现相应的点以及表格供预览。单击"迭代"按钮，画出数列的前 4 项对应的点并生成一个表格（如图 2-20-2 所示）。

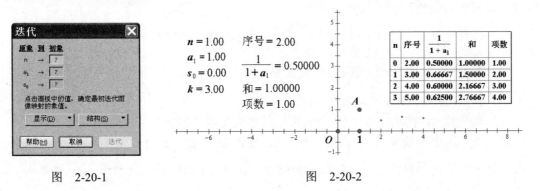

图 2-20-1   图 2-20-2

提示：简单地说，这个作法就是生成 4 个参数（n，a_1，s_0，k），计算 4 个值（$n+1$、$\frac{1}{1+a_1}$、s_0+a_1、$(n+1)-1$），画一个点（n，a_1），选中 4 个数后迭代。

在图 2-20-2 的表格中，"项数"这列中的数字表示项数，"和"这列中的数字表示这些项的和。这里数列的项数为 4，$S_4=1+\frac{1}{2}+\frac{2}{3}+\frac{3}{5}=\frac{83}{30}\approx 2.76667$。

（8）选中参数 k，按键盘上的"+"键，增加表格数据，同时增加图像上的"点"（不是实点）；按"–"键，减少表格数据，同时减少图像上的"点"。

（9）选中表格右击，从弹出的快捷菜单中选择"绘制表中数据"命令，如图 2-20-3 所示，显示"绘制表中数据"对话框，单击"x"下拉菜单中的"序号"作为横坐标；再单击

"y"下拉菜单中的"1/(1+a₁)"作为纵坐标,单击"绘制"按钮,画出表格数据确定的点(如图 2-20-4 所示)。

图 2-20-3

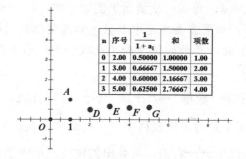

图 2-20-4

这时再改变 k 的大小,由表格数据画出的点的个数不会改变,除非重复第(9)步重新绘制。

递推公式 $a_{n+1}=\dfrac{1}{1+a_n}$($a_1=1.00$)给出的数列即 $1, \dfrac{1}{2}, \dfrac{2}{3}, \dfrac{3}{5}, \dfrac{5}{8}, \cdots$,极限是 $\dfrac{\sqrt{5}-1}{2}\approx 0.618$。

方法 2　不画图像,仅求数列前 n 项的和。

为避免对操作步骤的误解,把首项改为 $a_1=\dfrac{1}{2}$,递推公式 $a_{n+1}=\dfrac{1}{1+a_n}$ 不变。

(1)新建文件。新建三个参数:$n=1.00$,$a_1=0.50$,$k=3.00$。其中 k 用来控制迭代深度,也就是控制数列项数的增加或减少。

(2)打开计算器,计算 $n+1$,$\dfrac{1}{1+a_1}$,$a_1\times 1\mathrm{cm}$(注意,必须是 1cm)。

(3)把 $\dfrac{1}{1+a_1}$,$a_1\times 1\mathrm{cm}$ 的精确度都设置为十万分之一。

(4)标记距离 $a_1\times 1\mathrm{cm}$(即为 0.5cm)。

(5)画一点 A,把点 A 按 0°方向依标记的距离平移得到 A'。

(6)先后选中参数 n、a_1、点 A、参数 k,按住 Shift 键,选择"变换"→"深度迭代"命令,显示"迭代"对话框后,如图 2-20-5 所示,依次单击 $n+1$,$\dfrac{1}{1+a_1}$,A',并单击"显示"下拉菜单中的"最终迭代"选项,取消对"结构"下拉菜单中"生成迭代数据表"选项的选择。单击"迭代"按钮,得到一个"点"(不同于用画点工具画出的点)。

(7)及时选择"变换"→"终点"命令(原选项"迭代"成为此选项),该点成为实点 B。

(8)把点 A 依 0°方向(与 A' 同方向)平移单位长 1cm(必须是 1cm)得到 A'。及时把标签改为 A''。

(9)先后选中点 A、A''、B,选择"度量"→"比"命令,得到 $\dfrac{AB}{AA''}$。

(10)打开计算器,计算 $k+1$。把"$k+1$"改为"项数 n",把 $\dfrac{AB}{AA''}$ 改为 S_n(如图 2-20-6

所示）。

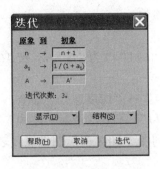

$n = 1.00$　　$n + 1 = 2.00$　　项数 $n = 4$
$a_1 = 0.50$　　$\dfrac{1}{1+a_1} = 0.67$　　$S_n = 2.39167$
$k = 3.00$　　$a_1 \cdot 1\,\text{cm} = 0.50\,\text{cm}$　　$S_4 = 2.39167$

· · ·　·
$A\;A'A''\;\;B$

图 2-20-5　　　　　　　　　　　　　图 2-20-6

（11）开启"度量值项数 n"对话框，把"数值"选项卡中的精确度改为"单位"。

（12）用"文本"工具划一个框，编辑文字 $S_4 = 2.39167$。其中的 4、2.39167 分别由单击窗口中的"项数 n"、"S_n"而得到，不是输入确定的数字（如图 2-20-6 所示）。

选中 k，按"+"键，增加 k 值，观察"$S_4 = 2.39167$"的变化。

【经验点拨】

（1）若 $a_1 = 1$，则在第（8）步平移点 A 得到 A'' 之前把 A' 隐藏掉，否则 A'' 与 A' 重合，操作不方便。

（2）实际上，这个例子给出了由形如 $a_{n+1} = f(a_n)$ 的递推公式确定的数列求和的工具。双击 $\dfrac{1}{1+a_1}$，打开计算器，把 $\dfrac{1}{1+a_1}$ 改为 $a_1 + \dfrac{1}{a_1}$，即求由递推公式 $a_{n+1} = a_n + \dfrac{1}{a_n}$ 确定的数列的前 n 项和，其中 a_1 也是可以修改的。

（3）等差数列、等比数列都是由递推公式给出的数列，用本范例中的方法可以画出递推公式给出的数列的图像、求出前 n 项的和。

范例 39　画数列 $\left\{10\left(\dfrac{1}{n} - \dfrac{1}{n+1}\right)\right\}$ 的图像，计算前 n 项和。

【学习目的】

学习根据给出的通项公式，利用"变换"菜单中"迭代"以及"深度迭代"的功能画数列的图像，求前 n 项的和。

【操作步骤】

方法 1　画数列的图像，并求前 n 项和。

（1）新建文件。新建三个参数：$n = 1$，表示数列首项的序号；$s_0 = 0$（必须是 0），作为递推求和的初始值；$k = 3.00$，控制迭代深度，即用于动态控制数列项数的增减，而数列的项数是 $k+1$。

（2）选择"数据"→"新建函数"命令，新建函数式 $f(x) = 10\left(\dfrac{1}{x} - \dfrac{1}{x+1}\right)$。

（3）打开计算器，计算 $n+1$。

（4）打开计算器，单击 $f(x)$，单击 $n = 1$，计算首项 $f(1)$（即 a_1）。

（5）计算 $s_0+f(1)$（即 s_0+a_1）。

（6）计算 $(n+1)-1$。这是为了表格中有一列数成为数列项数。

（7）把 $s_0+f(1)$ 的属性中的精确度设置为十万分之一。

（8）绘制点 $A(n, f(1))$，即 $(1, a_1)$。给原点加标签 O。把"$n+1$"改为"序号"，把"$(n+1)-1$"改为"项数"，把"$s_0+f(1)$"改为"和"。

（9）先后选中参数 n、s_0、k，按住 Shift 键，选择"变换"→"深度迭代"命令，显示"迭代"对话框后，如图 2-20-7 所示，依次单击"序号"、"和"。不要取消对"结构"下拉菜单中"生成迭代数据表"的选择，单击"迭代"按钮，得到图 2-20-8 所示图像以及表格。

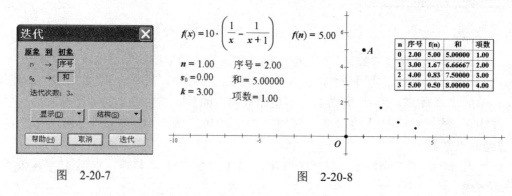

图 2-20-7　　　　　　　　　　　图 2-20-8

（10）在图 2-20-8 中，数列的项数为 4，$S_4=10\left[\left(1-\dfrac{1}{2}\right)+\left(\dfrac{1}{2}-\dfrac{1}{3}\right)+\left(\dfrac{1}{3}-\dfrac{1}{4}\right)+\left(\dfrac{1}{4}-\dfrac{1}{5}\right)\right]=8$。同一行中显示 $a_4=0.5$。

（11）选中图 2-20-8 中的表格右击，从弹出的快捷菜单中选择"绘制表中数据"命令，选择"项数"列的数据作为横坐标，"$f(n)$"列的数据作为纵坐标画出图像上的点。

选中 k，按键盘上的"+"键，增加数列的项数，观察表格中"$f(n)$"以及"和"这两列数据的变化。

方法 2　不画图像，仅求数列前 n 项的和。

（1）新建两个参数：$n=1$（表示首项的序号），$k=3.00$。新建函数 $f(x)=10\left(\dfrac{1}{x}-\dfrac{1}{x+1}\right)$。

（2）打开计算器，单击 $f(x)$，单击 $n=1$，计算首项 $f(1)$（即 a_1）。

（3）计算 $f(1)\times 1\text{cm}$。选中它右击，从弹出的快捷菜单中选择"属性"命令，打开"属性"对话框，把精确度设置为十万分之一。

（4）打开计算器，计算 $n+1$ 与 $(n+1)-1$。

（5）标记距离 $f(1)\times 1\text{cm}$。

（6）画一点 A，把点 A 按 $0°$ 方向依标记的距离平移得到 A'。

（7）先后选中参数 n、点 A、参数 k，按住 Shift 键，选择"变换"→"深度迭代"命令，显示"迭代"对话框后，依次单击 $n+1$、A'，并选择"显示"→"最终迭代"命令，取消对"结构"下拉菜单中"生成迭代数据表"选项的选择。单击"迭代"按钮，得到一个"点"。

(8) 及时选择"变换"→"终点"命令，该点成为实点 B。

(9) 把点 A 依 0°方向（与 A' 同方向）平移 1cm（必须是 1cm）得到 A''。

(10) 先后选中点 A、A''、B，选择"度量"→"比"命令，得到 $\dfrac{AB}{AA''}$（如图 2-20-9 所示）。

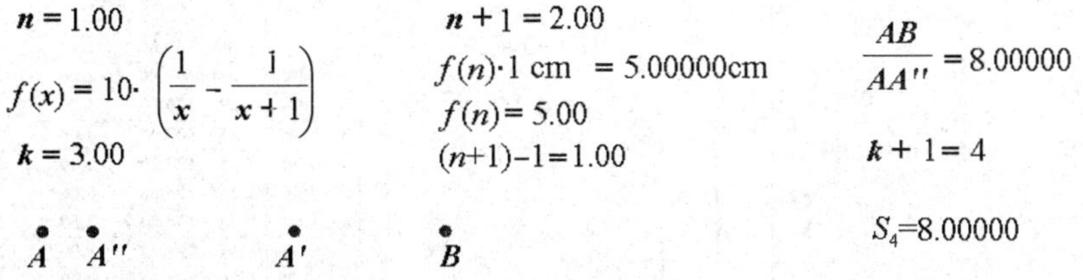

$n = 1.00$

$f(x) = 10 \cdot \left(\dfrac{1}{x} - \dfrac{1}{x+1} \right)$

$k = 3.00$

$n + 1 = 2.00$

$f(n) \cdot 1\ \text{cm} = 5.00000\text{cm}$

$f(n) = 5.00$

$(n+1)-1=1.00$

$\dfrac{AB}{AA''} = 8.00000$

$k + 1 = 4$

$S_4 = 8.00000$

•A •A'' •A' •B

图 2-20-9

(11) 打开计算器，计算 $k+1$。

(12) 开启"度量值项数 $k+1$"对话框，把"数值"选项卡中的精确度改为"单位"。再把 $\dfrac{AB}{AA''}$ 的精确度改为"十万分之一"。

(13) 用"文本"工具画一个框，编辑文字 $S_4=8.00000$。其中的 4、8.00000 分别通过单击窗口中的" $k+1$ "、" $\dfrac{AB}{AA''}$ "而得到，不是输入确定的数字（如图 2-20-9 所示）。

选中 k，按"+"键，增加 k 值，观察 $S_4=8.00000$ 的变化。

提示：修改 $f(x)$ 的表达式就可以求由新的通项公式确定的数列前 n 项的和。

范例 40 小球下落的探究。

一个球从 100m 高处自由落下，每次着地后又跳回到原高度的一半再落下。求它第 10 次着地时：

(1) 向下运动共经过多少米？

(2) 第 10 次着地后反弹多高？

(3) 全程共经过多少米？

【学习目的】

介绍教科书中一个与实际结合的例子，表现一个小球从高处自由落下反弹的过程。

【操作步骤】

(1) 新建文件。新建 5 个参数：$n=1.00$，$a_1=100$，$s_0=0.00$（必须是 0），$k=9.00$（控制迭代深度）。

(2) 建立矩形坐标系。给原点加注标签 O，隐藏 x 轴上的单位点。隐藏网格。

(3) 绘制点 $B(n、a_1)$。

(4) 选择"绘图"→"在轴上绘制点"命令，显示"绘制给定数值的点"对话框，单击窗口中的 n，单击"绘制"按钮，绘制 x 轴上的点 $C(n,\ 0)$。

(5) 画线段 BC。

(6) 打开计算器，计算 $n+1$，$\dfrac{1}{2}a_1$，s_0+a_1。

(7) 再打开计算器，计算 $(n+1)-1$，$2(s_0+a_1)$。

(8) 依次选中 $n=1.00$，$a_1=100$，$s_0=0.00$，$k=9.00$ 共 4 个参数，按住 Shift 键，选择"变换"→"深度迭代"命令，显示"迭代"对话框，依次单击 $n+1$，$\frac{1}{2}a_1$，s_0+a_1，单击"迭代"按钮，画出图像，并产生一个表格（如图 2-20-10 所示）。

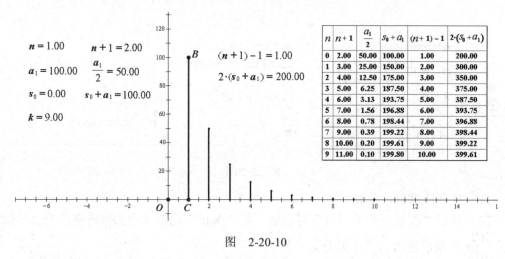

图　2-20-10

由图 2-20-10 中的表格可见，它第 10 次着地时：

① 向下运动共经过 199.80m；

② 第 10 次着地后反弹 0.10m；

③ 全程共经过 399.61m。

范例 41　斐波拉契数列。

【学习目的】

学习根据二阶递推公式，利用"变换"菜单的"迭代"以及"深度迭代"的功能画数列的图像，求前 n 项的和。

斐波拉契（Fibonacci）数列由 $a_{n+2}=a_{n+1}+a_n$（$a_1=1$，$a_2=1$）确定。

【操作步骤】

(1) 新建文件。新建 5 个参数：$n=1.00$、$a_1=1.00$、$a_2=1.00$、$s_0=0.00$（必须是 0），$k=3.00$（控制迭代深度）。

(2) 打开计算器，计算 $n+1$，a_1+a_2，$n+2$，s_0+a_1，$(n+1)-1$。

提示：计算 $n+2$ 是为了表示序号，这样可以利用图 2-20-12 中的表格数据图像上的画点。

(3) 绘制点 $A(n, a_1)$，即（1，1）。给原点加注标签 O。隐藏网格。

(4) 选中 $n=1.00$，$a_1=1.00$，$a_2=1.00$，$s_0=0.00$，$k=3.00$ 共 5 个参数，按住 Shift 键，选择"变换"→"深度迭代"命令，显示"迭代"对话框。如图 2-20-11 所示，依次单击 $n+1$，a_2，a_1+a_2，s_0+a_1，单击"迭代"按钮，画出图像，并产生一个表格（如图 2-20-12 所示）。

(5) 在图 2-20-12 中，$(n+1)-1$ 列中数列的项数为 4 时，$S_4=1+1+2+3=7$。

(6) 选中图 2-20-12 中的表格右击，从弹出的快捷菜单中选择"绘制表中数据"命令，

选择 $n+2$ 列的数据作为横坐标，a_1+a_2 列的数据作为纵坐标，可以画出它的图像（实点）。

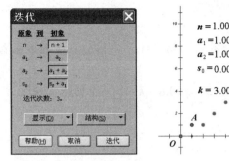

图 2-20-11

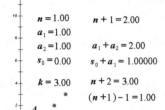

n	$n+1$	a_1+a_2	$n+2$	s_0+a_1	$(n+1)-1$
0	2.00	2.00	3.00	1.00000	1.00
1	3.00	3.00	4.00	2.00000	2.00
2	4.00	5.00	5.00	4.00000	3.00
3	5.00	8.00	6.00	7.00000	4.00

图 2-20-12

（7）把 $n+2$ 改为"序号"，把 $(n+1)-1$ 改为"项数"，把 a_1+a_2 改为"项"，把 s_0+a_1 改为"和"。

选中 k，按"+"键，增加数列的项数，观察表格中"项"以及"和"两列数据的变化。

范例 42　等比数列的图像。

【学习目的】

画含参数的数列的图像。

【操作步骤】

（1）新建文件。建立直角坐标系，给原点加注标签 O。隐藏网格。

（2）在 x 轴的负半轴任意画两点 B、C，过 B、C 分别作 x 轴的垂线 j、k，分别在直线 j、k 上画点 D、E，度量 D、E 的纵坐标 y_D、y_E。

（3）隐藏直线 j、k，画线段 BD、CE，隐藏点 B、C。

（4）把 y_D、y_E 分别改为 a_1、q，把点 D、E 的标签分别改为 A_1、Q。a_1、q 分别作为等比数列的首项与公比。

（5）建立两个参数 n=1.00 与 k=5.00。

（6）打开计算器，计算 $n+1$，$a_1 q^n$。

（7）绘制点 $F(n+1$，$a_1 q^n)$。

（8）先后选中参数 n=1.00，k=5.00，按住 Shift 键，选择"变换"→"深度迭代"命令，显示"迭代"对话框，单击 $n+1$，单击"迭代"按钮，又画出图像上的 5 个点（第 3～7 点）。

（9）绘制点 $G(n$，$a_1)$（如图 2-20-13 所示）。

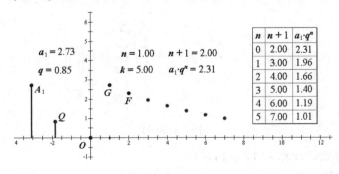

图 2-20-13

（10）改变 k 的大小，增加表格的行数，增加图像上的点。

（11）拖动点 Q，改变公比 q 的值研究数列的极限。

【经验点拨】

本范例中，如果不用点的纵坐标来表示等比数列的首项与公比，直接建立参数表示首项与公比，作法会更为简单。

（1）如图 2-20-14 所示，新建 4 个参数：$n=1$，$a_1=3$，$q=0.8$，$k=10$（控制迭代深度）。

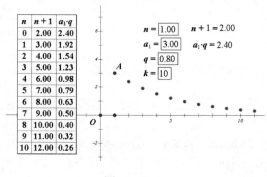

图　2-20-14

（2）计算 $n+1$，a_1q。

（3）画点 $A(n，a_1)$，同时显示坐标系。

（4）以 k 为迭代深度，依 $n\to n+1$，$a_1\to a_1q$ 进行迭代。

（5）修改 k 的属性，使得每按一次键盘上的加号（或减号）键，k 的值增加（或者减少）1 个单位。

（6）给原点加注标签 O。

提示： 要改变 a_1，q，k 的值，只要选中它，按键盘上的加号（或减号）键。

范例 43　$n!$ 的计算。

【学习目的】

计算 $n!$ 类似于计算数列前 n 项的积，通过 $n!$ 的算法进一步了解迭代的用法。

【操作步骤】

1．方法 1

（1）如图 2-20-15 所示，新建参数 $n=0$，$a_1=1$，$k=10$（控制迭代深度）。

n	$n+1$	$a_1\cdot(n+1)$
0	1.00	1.00
1	2.00	2.00
2	3.00	6.00
3	4.00	24.00
4	5.00	120.00

$n = 0.00$
$a_1 = 1.00$
$k = 4.00$

$n + 1 = 1.00$
$a_1\cdot(n+1) = 1.00$

图　2-20-15

（2）打开计算器，计算 $n+1$，$a_1(n+1)$。

（3）以 k 为深度，依 $n\to n+1$，$a_1\to a_1(n+1)$ 进行迭代。

2. 方法2

（1）如图2-20-16所示，新建参数 $n=1$，$a_1=1$，$k=8$（控制迭代深度）。

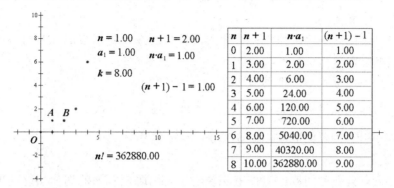

图 2-20-16

（2）计算 $n+1$，$n×a_1$，$(n+1)-1$。
（3）绘制点 $A(n, a_1)$、$B(n+1, na_1)$。隐藏网格。
（4）以 k 为深度，依 $n→n+1$，$a_1→n×a_1$ 进行迭代。生成表格，画出图像。
（5）选中迭代产生的点，选择"变换"→"终点"命令，得到点 D。及时选择"度量" → "纵坐标（y）"命令，度量出点 D 的纵坐标 y_D，y_D 就是 n 的阶乘。
（6）可以把 $(n+1)-1$ 改成 n，把 $n×a_1$ 改为 $n!$，把 y_D 改为 $n!$。

范例44 计算组合数 C_n^k ($x\in \mathbb{N}^*$)，并画出它的图像。

【学习目的】
进一步提高迭代技巧，也可配合二项式定理等内容的教学。

【操作步骤】
（1）新建文件。
（2）如图2-20-17所示，新建三个参数（$k=1$，$t=1$，$n=12$），其中 n 用来控制迭代深度，即 C_n^k 中的 n。

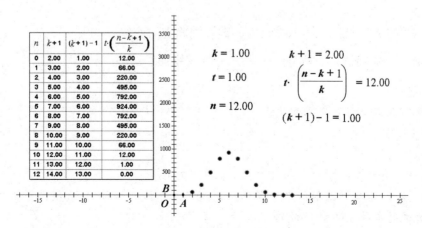

图 2-20-17

（3）打开计算器，计算 $k+1$、$(k+1)-1$（作为 C_n^k 中的 k）、$t\times\dfrac{n-k+1}{k}$。

（4）先后选中 $(k+1)-1$、$t\times\dfrac{n-k+1}{k}$，选择"绘图"→"绘制（x，y）"命令绘制点 A，同时显示坐标系。隐藏网格。

（5）选择"绘图"→"网格"→"矩形网格"命令，把网格形式改为矩形网格，这时在 y 轴上出现单位点 B。

（6）给原点加注标签 O，拖动点 B 改变 y 轴单位长。

（7）以 n 为迭代深度，依 $k\rightarrow k+1$、$t\rightarrow t\times\dfrac{n-k+1}{k}$ 迭代。

从图 2-20-17 的表格中可以看出 $C_{12}^2=66$，$C_{12}^3=220$ 等。

【经验点拨】

（1）这一组有关数列问题的制作方法说明了几何画板新增的迭代功能的用法，同时可见要真正掌握它的用法需要更多的数学知识，不断地实践，总结经验。

（2）$(2n+1)!$ 可以这样计算：新建三个参数（$n=1$，$t_1=1$，$k=10$）；计算 $n+2$、$t_1(n+1)\times(n+2)$；以 k 控制迭代次数，依 $n\rightarrow n+2$、$t_1\rightarrow t_1(n+1)(n+2)$ 迭代；改 $n=0$ 成为 $(2n)!$。

【请你试试】

（1）根据递推公式 $a_{n+1}=1+\dfrac{1}{a_n}$（$a_1=1$），画数列 $\{a_n\}$ 的图像，求前 n 项和。

（2）画数列 $\left\{\dfrac{1}{n(n+1)(n+2)}\right\}$ 的图像，求前 n 项和。

（3）求乘积：$\left(1-\dfrac{1}{2^2}\right)\left(1-\dfrac{1}{3^2}\right)\cdots\left(1-\dfrac{1}{(n+1)^2}\right)$。

（4）给出初始条件（如 $a_1=3$，$a_2=5$），画出根据递推关系 $a_{n+2}=a_{n+1}-a_n$ 所确定的数列 $\{a_n\}$ 的图像，并求前 n 项的和，然后增加数列的项数观察现象。

2.21 极坐标系与参数方程

本节介绍有关极坐标系和怎样画由参数方程确定的曲线。

范例 45 根据极坐标方程 $\rho=\dfrac{ep}{1-e\cos\theta}$ 画圆锥曲线。

【学习目的】

学习如何在极坐标系中画曲线。

【操作步骤】

（1）新建文件。

（2）按住 Shift 键，用"画射线"工具画射线 AB。

提示：按住 Shift 键画射线是为了保证射线是水平线。按住 Shift 键画线，画出的线与水平方向所成的角是 15° 的整数倍。

（3）在射线上画点 C。

（4）先后选中点 A、B、C，选择"度量"→"比"命令，得到 $\dfrac{AC}{AB}$。

（5）把 $\dfrac{AC}{AB}$ 改为 e，作为圆锥曲线的离心率。

（6）类似第（2）～（5）步，再画射线 DE，在射线 DE 上画点 F，度量比为 $\dfrac{DF}{DE}$，并把 $\dfrac{DF}{DE}$ 改为 p，作为圆锥曲线的焦参数。

（7）选择"绘图"→"绘制新函数"命令（快捷键是 Ctrl+G），显示"新建函数"对话框。如图 2-21-1 所示，单击"方程"下拉菜单中的"$r=f(\theta)$"，在编辑窗口编辑 $e*p/(1-e\cos\theta)$，单击"确定"按钮，显示图 2-21-2 所示"三角函数"对话框，单击"是"按钮（接受提示），立即显示极坐标系，并画出圆锥曲线。

图 2-21-1

图 2-21-2

（8）给极点加注标签 O，把曲线的线型改为粗线（如图 2-21-3 所示）。

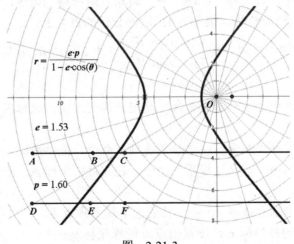

图 2-21-3

（9）拖动点 C 改变离心率大小，观察效果。

【经验点拨】

（1）在极坐标系中画曲线如同在直角坐标系中画函数的图像，十分方便。

（2）这里介绍一件很有趣的事与读者共享。在直角坐标系中，可以绘制反函数的图像，在极坐标系中也可以绘制"反函数"的图像。选择"绘图"→"绘图新函数"命令（快捷键 Ctrl+G），显示"新建函数"对话框。单击"方程"下拉菜单中的"$\theta=g(r)$"选项，单击 $r=\dfrac{ep}{1-e\cos\theta}$，再单击输入 r，单击"确定"按钮，显示图 2-21-4 所示曲线，这是 $r=\dfrac{ep}{1-e\cos\theta}$ 的"反函数"的图像。如果没有计算机，很难想象可以这样做，可见几何画板是一个数学实验的工具。

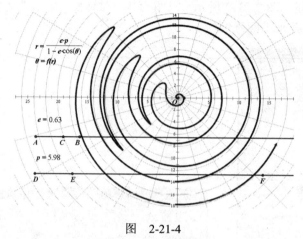

图 2-21-4

（3）新版几何画板（5.0 以上）支持在极坐标系下度量点的极径（极坐标距离）或极角（极坐标方向）。选中某（几）点，选择"度量"→"坐标"命令，可以度量出该点的极坐标。按住 Shift 键，选择"度量"→"极坐标距离&方向"命令可以一次度量出该点的极径和极角。

（4）在极坐标系中，若选择"绘图"→"自动吸附网格"命令，则所画出的点在拖动后总落在"整点"（极径为整数，极角为 15°的整数倍的点）上。

范例 46　根据椭圆的参数方程 $\begin{cases} x=a\cos\theta \\ y=b\sin\theta \end{cases}$（其中 $a>b>0$，θ 为参数）画椭圆。

【学习目的】

学习"绘图"菜单中"绘制参数曲线"功能的实现方法，能根据参数方程画曲线。

【操作步骤】

（1）新建文件。选择"编辑"→"参数选项"命令，把"角度"单位设置成"弧度"。

（2）选择"绘图"→"定义坐标系"命令，建立直角坐标系。隐藏网格，给原点加注标签 O。

（3）在 x 轴的正半轴上画点 A，在 y 轴的正半轴上画点 B。

（4）度量出点 A 的横坐标 x_A，度量出点 B 的纵坐标 y_B。

（5）把 x_A 改为 a，把 y_B 改为 b。

（6）选择"数据"→"新建函数"命令，显示函数式编辑器，新建函数 $f(x)=a\cos x$。

（7）如第（6）步，新建函数 $g(x)=b\sin x$。

（8）先后选中 $f(x)=a\cos x$、$g(x)=b\sin x$，选择"绘图"→"绘制参数曲线"命令，显示图 2-21-5 所示"绘制曲线"对话框。已经根据事先的选择以 $f(x)$ 为横坐标，以 $g(x)$ 为纵坐标，坐标系选择直角坐标系。把"定义域"改为[0，6]，单击"绘制"按钮，画出椭圆（如图 2-21-6 所示）。

图 2-21-5　　　　　　　　　　　图 2-21-6

提示：这里定义域[0，6]的设置是故意的，目的是为了让读者看清楚曲线上有一个可以改变范围的箭头。拖动这个箭头可以改变曲线的范围。

（9）把椭圆的线型设置成粗线。

【经验点拨】

在极坐标系中，同样可以画参数方程确定的曲线。

【请你试试】

（1）画出下列极坐标方程表示的曲线：

① $\rho = a+b\cos(n\theta)$（a、b、n 为常数）。

② $\rho = \dfrac{c\cos\theta+d}{a\cos\theta+b}$（$a$、$b$、$c$、$d$ 为常数）。

（提示：圆锥曲线系构成的集合是这个曲线系构成的集合的子集）

③ $\rho = \cos(\sqrt{2}\theta)+\sin\theta$。

（2）在直角坐标系中，画下列参数方程确定的曲线：

① $\begin{cases} x = a\sec\theta \\ y = b\tan\theta \end{cases}$（$\theta$ 为参数，a、b 为常数）。

② $\begin{cases} x = \sin(at) \\ y = e^{-\frac{t}{b}} \end{cases}$（$t$ 为参数，a、b 为常数）。

③ $\begin{cases} x = a\cos\theta|\cos\theta| \\ y = b\sin\theta|\sin\theta| \end{cases}$（$\theta$ 为参数，a、b 为常数）。

④ $\begin{cases} x = \cos t - \cos(nt)\sin t \\ y = 2\sin t - \sin(nt) \end{cases}$（$t$ 为参数，n 为常数）。

⑤ $\begin{cases} x = \sin(a\theta) \\ y = \cos(b\theta) \end{cases}$（$\theta$ 为参数，a、b 为常数）。

提示：此曲线称为李萨如图形。

（3）在极坐标系中，画下列参数方程确定的曲线：

① $\begin{cases} \rho = a\ln t \\ \theta = bt \end{cases}$ （t 为参数，a、b 为常数）；

② $\begin{cases} \rho = at \\ \theta = \pi\cos(bt) \end{cases}$ （t 为参数，a、b 为常数）。

2.22 圆的滚动、摆线与渐开线

《普通高中数学课程标准（实验）》要求"了解其他摆线（变幅平摆线、变幅渐开线、外摆线、内摆线、环摆线）的生成过程"。本节介绍圆的滚动以及与滚动有关的摆线、渐开线、环摆线等曲线的制作方法。

范例 47 圆在直线上的滚动。

【学习目的】

学习圆在直线上滚动的制作方法，制作摆线，并介绍与摆线的有关问题。

【操作步骤】

（1）新建文件。如图 2-22-1 所示，建立直角坐标系，以原点为端点经过单位点画射线 j。隐藏网格。

（2）在 y 轴的正半轴上任意画一点 C。

（3）过 C 作 y 轴的垂线（直线 k）。在射线 k 上任意画一点 D。

（4）画线段 AC，以 D 为圆心，以线段 AC 为半径画圆，作出圆 D 与 x 轴的交点 E。

（5）度量线段 AC、AE 的长。

（6）打开计算器，计算 $(-1) \times \dfrac{AE}{AC} \times \dfrac{180°}{\pi}$。

（7）把点 D 标记为旋转中心，标记角 "$(-1) \times \dfrac{AE}{AC} \times \dfrac{180°}{\pi}$"。

（8）选中点 E，以 D 为旋转中心把点 E 按标记的角旋转，得到点 E'。

（9）画线段 DE'，拖动点 D，圆滚动起来。

【经验点拨】

（1）若同时选中点 D、E'，并选择"构造"→"轨迹"命令，得到点 E' 的轨迹——普通摆线。

（2）如图 2-22-2 所示，画射线 DE'，在射线 DE' 上画一点 H，作出点 H 的轨迹（D 是主动点），点 H 的轨迹是长幅摆线。

【请你试试】

接图 2-22-2，如图 2-22-3 所示，把点 E' 绕点 D 旋转 90°共三次，找出圆 D 的另外三个四等分点，画正方形。作出正方形的每一条边与线段 DE 的交点，分别作出这些交点的轨迹（D 是主动点）。

想一想，图 2-22-3 中的阴影部分是怎样做出来的。以此表现如果车轮是正方形的，道路应该怎样（正 n 边形的滚动请参考第 3 章的 3.14 节范例 87）。

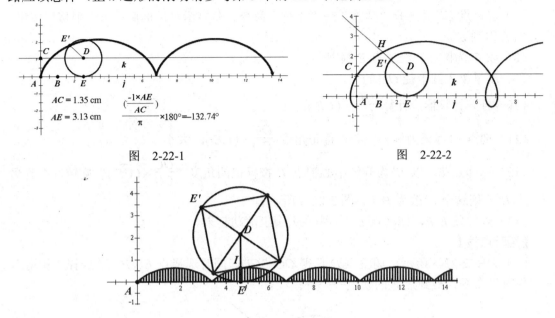

图 2-22-1

图 2-22-2

图 2-22-3

范例 48 圆在圆上的滚动。

【学习目的】

学习一个圆在另一个圆上滚动的制作方法，并介绍与摆线有关的问题。

【操作步骤】

（1）新建文件。如图 2-22-4 所示，建立直角坐标系，给原点加注标签 O。

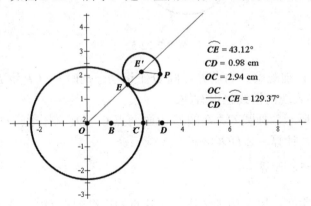

图 2-22-4

（2）在 x 轴上任意画两点 C、D。

（3）以 O 为圆心，经过点 C 画圆。

（4）在圆 O 上任意画一点 E，作出射线 OE。

（5）先后选中点 C、E，圆 O，并选择"构造"→"圆上的弧"命令，及时选择"度量"→"弧度角"命令，度量出弧度角 COE 的大小 $\overset{\frown}{CE}$。标记弧度角 $\overset{\frown}{CE}$。

（6）度量 CD 的长，标记这个距离。

（7）选择点 E，并选择"变换"→"平移"命令。在显示对话框后单击"平移"按钮，平移点 E 得到 E'。

（8）以 E' 为圆心，经过点 E 画圆。

（9）度量出大圆半径 OC 的长。

（10）打开计算器，计算 $\dfrac{OC}{CD} \times (\stackrel{\frown}{CE})$。

（11）把点 E' 标记为旋转中心，标记角度 $\dfrac{OC}{CD} \times (\stackrel{\frown}{CE})$ 的大小。

（12）选择点 E，以 E' 为旋转中心把点 E 按标记的角度 "$\dfrac{OC}{CD} \times (\stackrel{\frown}{CE})$" 旋转，得到另一个点 E'，把这个 E' 改为 P（如图 2-22-4 所示）。

（13）画线段 E'P，拖动点 E，小圆在大圆上滚动起来。

【经验点拨】

（1）如图 2-22-5 所示，调整点 D 使得 OC=3CD。同时选择点 E、P，并选择"构造"→"轨迹"命令，得到点 P 的轨迹——外摆线。

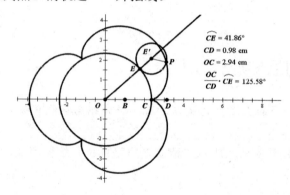

图　2-22-5

（2）拖动点 E，仔细观察：当点 E 在圆 O 上运动一周时，点 P 绕 E' 旋转了几周？

（3）用圆的包络表现内摆线也很有趣：

① 如图 2-22-6 所示，画圆 O。在圆 O 上画两点 C、D。制作点 D 的"动画点"按钮。

② 度量∠DOC，计算 $-\angle DOC \times n$。

③ 新建参数 n=5，计算 $\dfrac{1}{n}$。

④ 以 C 为缩放中心，以 $\dfrac{1}{n}$ 为缩放比，缩放点 O，得到点 O'。

⑤ 以 O' 为旋转中心，把点 C 旋转 $-\angle DOC \times n$ 得到点 C'。

⑥ 以 C 为圆心，经过点 C' 画圆。

⑦ 同时选中点 C，圆 C，选择"构造"→"轨迹"命令得到许多圆。

⑧ 选中这些圆，按"+"键，增加轨迹上样点数目，形成图 2-22-7 所示的效果。

⑨ 改变参数 n 的大小，观察效果。

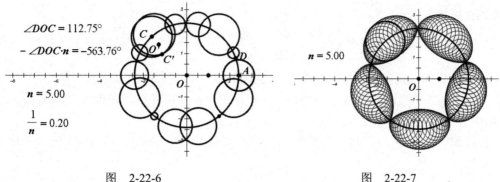

图　2-22-6　　　　　　　　　　　　　　图　2-22-7

范例49　圆的渐开线。

【学习目的】

学习圆的渐开线的制作方法，配合新教材使用。

【操作步骤】

（1）新建文件。如图 2-22-8 所示，建立直角坐标系，给原点加注标签 O。

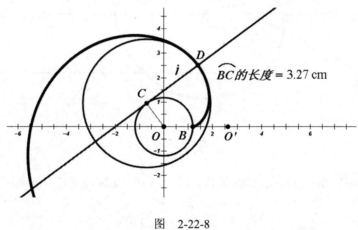

图　2-22-8

（2）在 x 轴的正半轴上画一点 B。

（3）以 O 为圆心经过点 B 画圆。以圆 O 作为基圆。

（4）在圆 O 上画一点 C，画半径 OC。

（5）过 C 作 OC 的垂线 j。

（6）先后选中点 B、C 以及圆 O，选择"构造"→"圆上的弧"命令，作出圆弧 $\overparen{BC}$。及时选择"度量"→"弧长"命令，度量出弧 $\overparen{BC}$ 的长度。

（7）选中弧长 BC，选择"变换"→"标记距离"命令，标记弧 $\overparen{BC}$ 的长度。

（8）按 0°方向，以标记的距离平移点 O 得到 O'。

（9）画线段 OO'，以 C 为圆心，以线段 OO' 为半径画圆 C。

（10）作出圆 C 与直线 j 的交点 D。

（11）同时选择点 C、D，并选择"构造"→"轨迹"命令，得到点 D 的轨迹——渐开线。

【经验点拨】

（1）圆的渐开线的方程是 $\begin{cases} x = r(\cos\theta + \theta\sin\theta) \\ y = r(\sin\theta - \theta\cos\theta) \end{cases}$（$\theta$ 是参数，r 是基圆半径长）。也可以类似范例 46 那样，直接用此参数方程画圆的渐开线，并且其中的 $\theta \in \mathbf{R}$。

（2）图 2-22-8 表现的是 $[0, 2\pi]$ 范围内渐开线。要作出任意正角度 θ 的渐开线方法如下（图中 $r=1$，$\theta \geq 0$）：

① 如图 2-22-9 所示，建立直角坐标系。在 y 轴的负半轴画点 A，把 A 向右平移 1cm 得到点 A'。

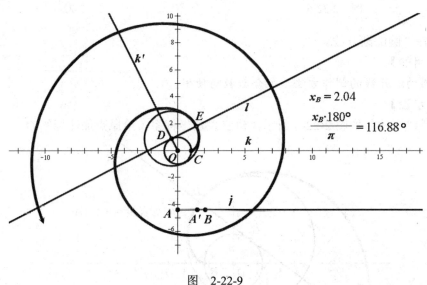

图 2-22-9

② 画射线 AA'（射线 j），在射线 AA' 上画一点 B，度量点 B 的横坐标 x_B。用 x_B 表示角的弧度数。

③ 打开计算器，计算 $x_B \times \dfrac{180°}{\pi}$。标记角 $x_B \times \dfrac{180°}{\pi}$。

④ 给原点加注标签 O，给单位点加注标签 C。画射线 OC（射线 k）。

⑤ 把原点标记为旋转中心，把射线 k 绕原点旋转标记的角得到射线 k'。

⑥ 画单位圆，作出射线 k' 与单位圆的交点 D。

⑦ 过 D 画射线 k' 的垂线 l。

⑧ 画线段 AB。以 D 为圆心，线段 AB 为半径画圆 D。

提示：显然，弧 $\overparen{CD}$ 的长等于线段 AB 的长。

⑨ 作出直线 l 与圆 D 的一个交点 E（如图 2-22-9 所示）。

⑩ 同时选中点 B、E，选择"构造"→"轨迹"命令，作出点 E 的轨迹——渐开线。

范例 50 制作环摆线：如图 2-22-10 所示，圆 O_2 绕圆 O_1 转动，使得小圆 O_1 上的弧 AB 的长度等于大圆 O_2 上弧 $\overparen{PB}$ 的长度，点 P 的轨迹是环摆线。

【学习目的】

介绍环摆线的制作，并介绍环摆线的参数方程。配合新教材使用。

【操作步骤】

（1）新建文件。如图 2-22-10 所示，画射线 OC，在射线 OC 上画一点 M。

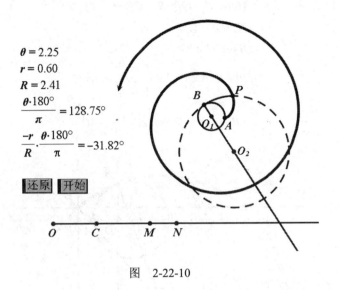

图 2-22-10

（2）先后选中 O、C、M，选择"度量"→"比"命令，得到 $\dfrac{OM}{OC}$。用"文本"工具把 $\dfrac{OM}{OC}$ 改为 θ。

（3）在射线 OC 上再画一点 N。制作点 M 到 O 的移动按钮，制作点 M 到 N 的移动按钮，并把它们的标签分别改为"还原"与"开始"。

（4）画小圆 O_1，半径为 O_1A，度量它的半径长 r（坐标距离）。

（5）计算 $\theta \times \dfrac{180°}{\pi}$。标记角度 $\theta \times \dfrac{180°}{\pi}$。

（6）以 O_1 为旋转中心，把点 A 绕 O_1 旋转标记的角 $\theta \times \dfrac{180°}{\pi}$，得到点 B。

（7）画射线 BO_1，在射线 BO_1 上画一点 O_2。

（8）以 O_2 为圆心，经过点 B 画大圆 O_2。度量大圆的半径长 R（坐标距离）。

（9）计算 $\left(-\dfrac{r}{R}\right) \times \theta \times \dfrac{180°}{\pi}$、标记角度 $\left(-\dfrac{r}{R}\right) \times \theta \times \dfrac{180°}{\pi}$。

（10）以 O_2 为旋转中心，按标记的角度 $\left(-\dfrac{r}{R}\right) \times \theta \times \dfrac{180°}{\pi}$ 旋转点 B，得到点 P。

显然，小圆上弧 AB 的长度等于大圆上弧 PB 的长度。

（11）同时选中点 M、P，选择"构造"→"轨迹"命令，得到点 P 的轨迹。这就是环摆线。

（12）选中环摆线，制作隐藏它的"隐藏/显示"按钮。

（13）以 O_1 为缩放中心，分别以 –1、–2、–3 为缩放比缩放点 B，得到点 B_1、B_2、B_3。制作点 O_2 到 B_1、B_2、B_3 的移动按钮，并把它们的标签分别改为 $R=2r$、$R=3r$、$R=4r$。

单击这些按钮可以使得大圆半径成为小圆半径的整数倍。

【经验点拨】

(1) 环摆线的参数方程的建立过程如下：

如图 2-22-11 所示，设 $\angle AOB=\theta$，$OB=R$，$CB=r$。则

$$x=OE=OD+GH$$
$$=OD+CH-CG$$
$$=R\cos\theta+r\cos\left[\left(1-\frac{R}{r}\right)\theta\right]-r\cos\theta$$
$$=(R-r)\cos\theta+r\cos\left[\left(1-\frac{R}{r}\right)\theta\right]$$

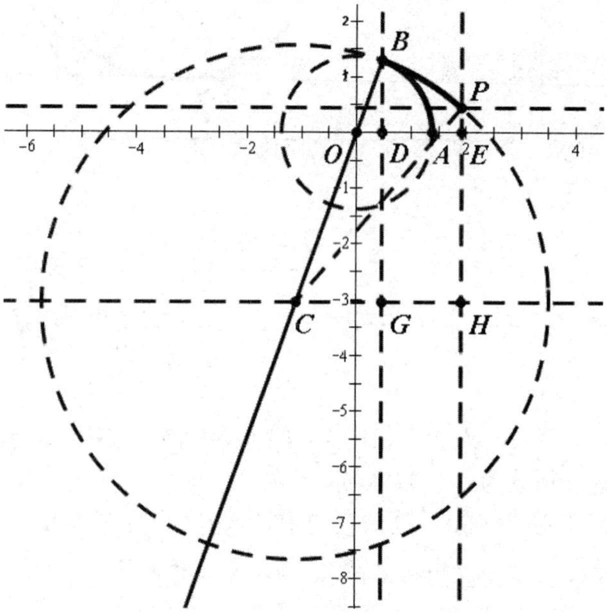

图 2-22-11

同理，$y=(R-r)\sin\theta+r\sin\left[\left(1-\frac{R}{r}\right)\theta\right]$。

因此，环摆线的参数方程为 $\begin{cases} x=(R-r)\cos\theta+r\cos\left[\left(1-\frac{R}{r}\right)\theta\right] \\ y=(R-r)\sin\theta+r\sin\left[\left(1-\frac{R}{r}\right)\theta\right] \end{cases}$ （其中 R，r 是正常数，θ 是参数）。

(2) 根据环摆线的参数方程画出曲线，然后改变其中 R 与 r 的比值，观察曲线的变化是一件十分有趣的事。在图 2-22-12 所示的环摆线中，$R=2.5r$。在图 2-22-13 所示的环摆线中，$R\approx 0.84r$。

读者不妨自己也试一试。

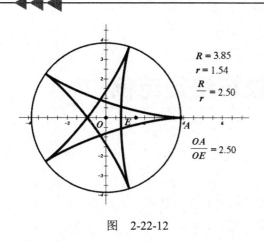 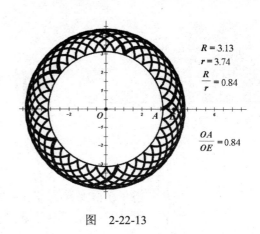

图 2-22-12　　　　　　　　　　图 2-22-13

【请你试试】

（1）制作小圆在大圆内的滚动，并作出内摆线。

（2）参考图 2-22-9，作出当 $\theta < 0$ 时的渐开线。

第 3 章 制作技巧提高范例

本章范例主要介绍几何画板功能的各种灵活运用方法，提高制作技巧。由于实际教学需要，有的范例的制作虽然有一定难度，但仍然是必要的，有的则供几何画板爱好者研究、探讨。

3.1 一组有趣的制作技巧

学习点闪烁、线段闪烁、展现标题、字幕滚动、表现选择题、弹簧等制作方法，提高制作技巧。

范例 51 使"点"闪烁起来。

【学习目的】

快速改变圆的半径表现"点"的闪烁，了解使对象时隐时现的方法。

【操作步骤】

方法 1 快速改变圆的半径的大小。

（1）新建文件。用"画圆"工具画圆 A。B 是控制圆的大小的点。

（2）用"画线段"工具画半径 AB。在线段 AB 上画一点 C。

（3）选中点 C，选择"编辑"→"操作类按钮"→"动画"命令，制作点 C 在线段 AB 上"快速"双向运动的"动画点"按钮。

（4）用"文本"工具把"动画点"按钮上的文本改为"闪烁（&R）"。

（5）画以 A 为圆心，经过点 C 的圆，并填充它（如图 3-1-1 所示）。

（6）拖动点 B，使大圆的半径很小。隐藏不必要的对象，剩下小圆及内部。

（7）按键盘上的 R 键（或单击"闪烁（R）"按钮），点 A（小圆）开始"闪烁"。

方法 2 快速改变控制圆的半径的参数值。

（1）新建页面。选择"数据"→"新建参数"命令，如图 3-1-2 所示，把名称改为"r"，把"距离"作为参数单位，单击"确定"按钮。

图 3-1-1   图 3-1-2

（2）画点 A。同时选中点 A、参数 r，选择"构造"→"以圆心和半径绘圆"命令，画

出圆 A，按 Ctrl+P 组合键，填充圆 A。

（3）选中参数 r，选择"编辑"→"操作类按钮"→"动画"命令，显示图 3-1-3 所示"操作类按钮 动画距离参数"对话框。把运动方向设置为"双向"，把范围设置成（0，0.2），改变数值速度设置为 100 单位/秒，单击"确定"按钮，产生"动画距离参数"按钮。

（4）如图 3-1-4 所示，单击"动画距离参数"按钮，点 A 闪烁起来。

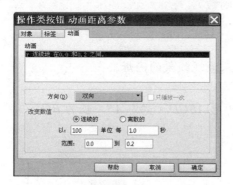

图　3-1-3　　　　　　　　　　　　　　图　3-1-4

方法 3　控制确定圆的点的有无。

（1）新建页面。如图 3-1-5 所示，画线段 AB，在线段 AB 上画两点 C、D。这里把 C 作为分界点，D 作为动点。

（2）制作点 D 在线段 AB 上快速运动的"动画点"按钮。

（3）过 D 作线段 AB 的垂线 l。画线段 AC，作出直线 l 与线段 AC 的交点 E（E 与 D 重合）。当点 D 在线段 AB 上运动时，点 E 会时有时无。

（4）在直线 l 上画一点 F，画线段 EF。显然，线段 EF 的隐现依赖于点 E。

（5）画点 G，以 G 为圆心，以线段 EF 为半径画圆 c_1。填充圆 c_1。

（6）把 F 拖得靠近点 E，使圆 c_1 的半径很小。

单击"动画点"按钮，点 G 闪烁。

方法 4　利用算术平方根函数的定义域控制点的有无。

（1）新建页面。画线段 AB，作出线段 AB 的中点 C。在线段 AB 上画 D。

（2）制作点 D 在线段 AB 上运动的"动画点"按钮。

（3）先后选中点 C、B、D，选择"度量"→"比"命令，得到比值 $\dfrac{CD}{CB}$。

（4）打开计算器，计算 $\sqrt{\operatorname{sgn}\left(\dfrac{CD}{CB}\right)}$。

（5）以 C 为缩放中心，以 $\sqrt{\operatorname{sgn}\left(\dfrac{CD}{CB}\right)}$ 为缩放比缩放点 D，得到 M（M 与 D 重合）。可以隐藏点 D。显然，当点 D 位于 C、B 之间时，$\sqrt{\operatorname{sgn}\left(\dfrac{CD}{CB}\right)}=1$；当点 D 位于 A、C 之间时，$\sqrt{\operatorname{sgn}\left(\dfrac{CD}{CB}\right)}$ 不存在，点 M 时隐时现。

（6）过点 M 作 AB 的垂线。其他制作类似方法 3 中的第（3）～第（6）步。

（7）单击"动画点"按钮，点 M 以 C 为界，时隐时现。

【经验点拨】

从这几种方法可以看出，控制一个对象的隐、现有多种方法。利用主、被动对象之间的相互关联，以及主动对象的隐、现可以控制被动对象的隐、现。细心体会其间的技巧，可以迁移到其他课件的制作中（比如分段函数）。

范例 52 使"线段"闪烁起来。

【学习目的】

通过快速改变被填充的矩形一边的长来表现线段的闪烁。

【操作步骤】

（1）新建文件。如图 3-1-6 所示，画矩形 $ABCD$（宽为 AB，长为 BC）。

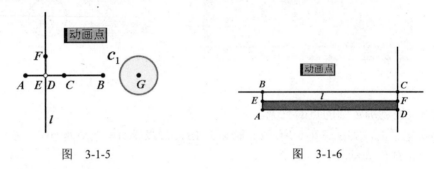

图 3-1-5　　　　　　　　　图 3-1-6

（2）在线段 AB 上画一点 E，制作一个点 E 在线段 AB 上快速运动的"动画点"按钮。

（3）过点 E 作 BC 的平行线（直线 l），作出直线 l 与线段 CD 的交点 F。

（4）拖动点 A，使矩形 $ABCD$ 的宽 AB 很小。隐藏不必要的对象，剩下线段 EF。

（5）用"选择"工具单击"动画点"按钮，EF"闪烁"。

【请你试试】

用类似范例 51 中介绍的几种方法制作"线段的闪烁"。

范例 53 标题的展示。

【学习目的】

介绍如何把外部图片插入到几何画板中，并控制它的运动。

【操作步骤】

（1）新建文件。如图 3-1-7 所示，画线段 AB，在线段 AB 上画一点 C。

（2）制作点 C 在线段 AB 上（单向）运动的"动画点"按钮。

（3）过点 A 作线段 AB 的垂线（直线 y）。在直线 y 上画一点 D。

（4）标记向量 $\overrightarrow{CA}$。选中点 D，依向量 $\overrightarrow{CA}$ 平移点 D，得到 D'。

图　3-1-7

(5)在 Word 中插入艺术字"几何画板是观察数学现象的望远镜",并进行编辑(选择颜色、字体等),然后复制到剪贴板上。

(6)回到几何画板窗口。同时选中点 D'、C,并选择"编辑"→"粘贴图片"命令(快捷键 Ctrl+V)。

单击"动画点"按钮,艺术字"几何画板是观察数学现象的望远镜"左右伸展起来。

【经验点拨】

先把图片复制到剪贴板上,在几何画板中,如选中一个点,再选择"编辑"→"粘贴图片"命令,该点是由图片构成的矩形框对角线的交点;若选中两个点,则该图片被粘贴在以这两点为对角线顶点的矩形框中。

范例 54 滚动字幕。

【学习目的】

"滚动字幕"是指把一段较长文字(如叙述一段故事情节)自下而上(或自左而右)一行一行(或一列一列)地进行移动,供读者阅读。通过制作字幕的滚动,提高应用技巧。

【操作步骤】

(1)新建文件。在屏幕的左边自下而上画一条线段 AB。

(2)在线段 AB 上画一点 C。

(3)选中点 C,并选择"编辑"→"操作类按钮"→"动画"命令,如图 3-1-8 所示,在显示的对话框中把方向设置成向前,只播放一次,把速度设置成慢速,单击"确定"按钮后,屏幕上出现一个"动画点"按钮。用"文本"工具把"动画点"改为"移动字幕"。

(4)在屏幕的左边画一条线段 DE(约 1cm)。

(5)以 C 为圆心,以 DE 线段为半径画圆。如图 3-1-9 所示,在圆上任意画两点 F、G(分布在圆与线段 AB 位于上方的交点周围即可),先后选中点 F、G,圆 C,选择"构造"→"圆上的弧"命令,作出圆弧 $\overset{\frown}{FG}$,隐藏圆 C,作出圆弧 $\overset{\frown}{FG}$ 与线段 AB 的交点 H,隐藏圆弧 $\overset{\frown}{FG}$。隐藏点 F、G。以 H 为圆心,DE 为半径画圆 H。类似于前面步骤,在圆 H 上作一段圆弧 $\overset{\frown}{IJ}$,再作出圆弧 $\overset{\frown}{IJ}$ 与线段 AB 的交点 K,…,依次制作下去,得到图 3-1-10 所示图形。

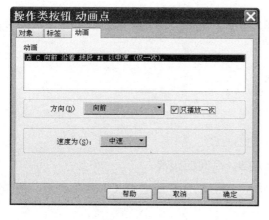

图 3-1-8

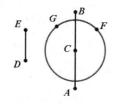

图 3-1-9

（6）如图 3-1-11 所示，用"文本"工具编辑点 L_1, I_1, …, H 的标签。

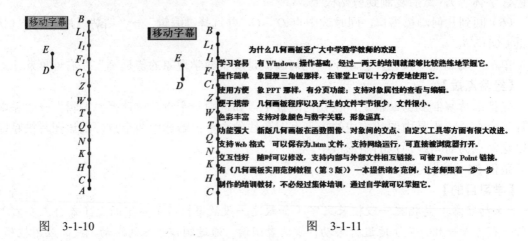

图 3-1-10   图 3-1-11

（7）制作点 C 移动到点 A 的"移动点"（选择"快速"）按钮。

（8）先后选中"移动字幕"与"移动点"按钮，选择"编辑"→"操作类按钮"→"系列"命令，产生一个"顺序 2 个动作"（动作选择依序执行）系列按钮。

（9）用"文本"工具把"顺序 2 个动作"按钮上的标签改为"开始(&R)"。

（10）隐藏所有点、线段、"移动字幕"与"移动点"按钮等不必要的对象。

（11）按键盘上的 R 键，图 3-1-11 的内容将自上而下依次展现。

【经验点拨】

展现的内容（第（6）步中编程的标签）也可以通过图片方式粘贴到几何画板中。

范例 55 表现"点到直线的距离是该点到直线上任意一点距离的最小值"。

【学习目的】

利用"移动"按钮的特点表现"点到直线的距离是该点到直线上任意一点距离的最小值"。

【操作步骤】

（1）新建文件。利用"绘图"菜单的"绘制新函数"功能画函数的图像 $y=3x$，同时显示直角坐标系（如图 3-1-12 所示）。

（2）给单位点加注标签 O。隐藏网格。

（3）在直线 $y=3x$ 上任意画一点 B。

（4）在直线外任意画一点 C。

（5）建立 B 移动到 C 的移动按钮"移动 B→C"。

（6）画线段 BC（设置成粗线），度量点 B、C 间的距离。

（7）使"移动 B→C"按钮处于执行状态，拖动点 B 或者点 C，然后松开，观察效果（到 BC 垂直于直线 $y=3x$ 时会停止）。

（8）使"移动 B→C"处于选中状态，拖动到屏幕外（看不见）的地方，保存文件。

【请你试试】

通过建立含有两个"移动点"按钮的"系列"（同时执行）按钮表现两个椭圆上的点之间的最短距离。

范例 56 选择题的制作。

【学习目的】

利用"移动"按钮表现当选择错误时选项内容会自动返回原来的位置。

【操作步骤】

（1）新建文件。如图 3-1-13 所示，用"文本"工具制作两个文本"2 月份是 29 天的年份是（　　）"和"A．2013 年"。

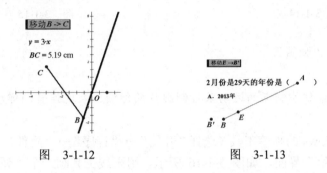

图 3-1-12　　　　　　　　图 3-1-13

（2）画线段 AB，使点 A 位于括号内（如图 3-1-14 所示），B 位于将要放置"A．2013 年"的位置。

（3）把点 B 依 180°方向移动 1cm 得到点 B'。

提示：不是非 1cm 不可，只要向左移动一段距离即可。

（4）在线段 AB 上画一点 E，制作 E 移动到 B' 的"移动 E→B'"按钮。

（5）同时选中点 E、文本"A．2013 年"，按住 Shift 键，选择"编辑"→"文本合并到点"命令，把文本合并到点 E 上。

（6）把原先的文本"A．2013 年"隐藏起来。

（7）使按钮"移动 E→B'"处于执行状态，拖动文本"A．2013 年"，它一定会回到原来的位置——点 B。

（8）删除"移动 E→B'"按钮，把文本"A．2013 年"从点 E 上暂时分离出来。

（9）类似于第（2）~第（6）步（除第（4）步外），制作同时把点 E 移动到 B'、F 移动到 C'、G 移动到 D'（共三对）的"移动点"按钮。

（10）把文本"A．2013 年"、"B．2014 年"、"C．2015 年"分别合并到点 E、F、G 上。

（11）制作文本"D．2016 年"，并放在适当的位置。

（12）隐藏不必要的对象，形成图 3-1-15 所示的情形。使"移动点"处于执行状态，拖动三个文本"A．2013 年"、"B．2014 年"、"C．2015 年"中的任意一个都会回到原来的位置，只有拖动"D．2016 年"不会回到原来的位置，它就是这道选择题的正确答案。

(13) 使"移动点"按钮处于选中状态，保存文件，打开这个窗口时按钮自动进入执行状态。

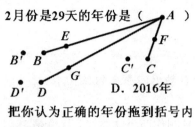

2月份是29天的年份是（　　　）
A．2013年　B．2014年
C．2015年　D．2016年

把你认为正确的年份拖到括号内

移动点

图　3-1-14　　　　　　　　　　　　图　3-1-15

范例57　制作"弹簧"。
【学习目的】
用"动画点"按钮控制点的运动来控制图片的伸缩，表现弹簧的弹动。
【操作步骤】
（1）打开Windows的画笔工具（选择"开始"→"程序"→"附件"→"画图"命令）。
（2）进入"画笔"界面，如图3-1-16所示，用画线工具画一个"弹簧"。用画笔的选择工具框住"弹簧"并选择"编辑"→"复制"命令，把"弹簧"复制到Windows的剪贴板上。
（3）打开几何画板，自动新建一个画板。
（4）如图3-1-17所示，用"画线段"工具画一条线段AB（自上而下）。用"画点"工具在线段AB上画一点C，制作点C在线段AB上（慢速）运动的"动画点"按钮。在点B的右边画一点D。

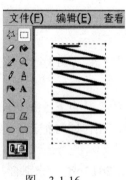
图　3-1-16

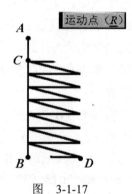
图　3-1-17

（5）同时（无先后）选中点C、D，并选择"编辑"→"粘贴图片"命令，"弹簧"就被嵌在点C、D之间。

用"选择"工具单击"动画点"按钮，"弹簧"就弹动起来。

范例58　填充两个集合的交集。

【学习目的】

分析点存在的条件，制作两个集合的交集，体验数学知识在作图步骤设计中的作用。

【操作步骤】

方法 1

（1）画线段 AB，在线段 AB 上画一点 C，画线段 AC。

（2）任意画两点 D、E。

（3）以点 D 为圆心，线段 AB 为半径画圆 c_1。以 E 为圆心，以线段 AC 为半径画圆 c_2。

（4）作出圆 c_1 与 c_2 的交点 F、G。

（5）作出圆 c_2 位于圆 c_1 内的弧 $\overset{\frown}{FG}$，填充弓形（单击"构造"菜单中的"弧内部"、"弓形内部"命令，没有快捷键）。

（6）作出圆 c_1 位于圆 c_2 内的弧 $\overset{\frown}{GF}$，填充弓形（如图 3-1-18 所示）。

（7）画直线 $DE(j)$，作出直线 j 与圆 c_1 的交点 H（H 与 E 位于 D 的两侧）。

（8）标记向量 $\overrightarrow{AB}$，以标记的向量 $\overrightarrow{AB}$ 平移点 B 得到点 B'。

（9）标记向量 $\overrightarrow{AC}$，以标记的向量 $\overrightarrow{AC}$ 平移点 C 得到点 C'。

（10）画线段 $C'B'$。$C'B'$ 是两圆直径的差。

（11）以 H 为圆心，以线段 $C'B'$ 为半径画圆 c_3。

（12）画射线 HD，作出圆 c_3 与射线 HD 的交点 I，画线段 HI。

（13）拖动点 E，使圆 c_2 与线段 HI 有交点，作出交点 J。

（14）以 E 为圆心经过点 J 画圆 c_4（与圆 c_2 重合），按 Ctrl+P 组合键填充它（如图 3-1-19 所示）。

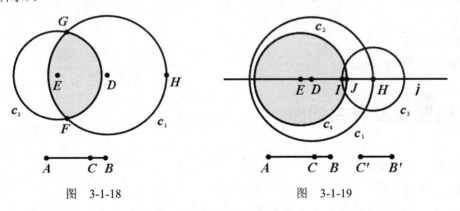

图 3-1-18   图 3-1-19

（15）隐藏不必要的对象，完成制作。

方法 2

（1）如图 3-1-20 所示，画线段 AB，在线段 AB 上画一点 C，画线段 AC。

（2）任意画两点 D、E。

（3）以点 D 为圆心，以线段 AB 为半径画圆 c_1；以 E 为圆心，以线段 AC 为半径画圆 c_2。

（4）作出圆 c_1 与 c_2 的交点 F、G。

（5）作出圆 c_2 位于圆 c_1 内的弧 GF，填充弓形。

（6）作出圆 c_1 位于圆 c_2 内的弧 FG，填充弓形。

（7）度量线段 BC 的长（r_2-r_1），度量线段 DE 的长（连心线长）。

（8）计算 $-\text{sqrt}(\text{sgn}(BC-DE))$。

（9）标记比值 $-\text{sqrt}(\text{sgn}(BC-DE))$。

（10）如图 3-1-21 所示，把小圆拖到大圆内，使两圆内含。在小圆 E 上画一点 H。

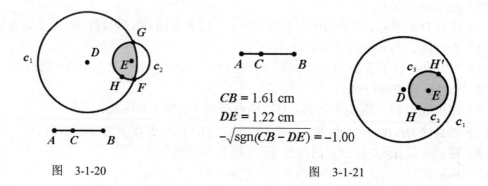

图 3-1-20　　　　　　　　　　图 3-1-21

（11）以小圆圆心 E 为缩放中心，以 $-\text{sqrt}(\text{sgn}(BC-DE))$ 为缩放比，缩放点 H 得到点 H'。

（12）以 E 为圆心，经过点 H' 画圆 c_3，按 Ctrl+P 组合键填充它。

【经验点拨】

在方法 1 中，制作的关键是点 J 显示的条件。而圆 c_3 的直径是表示两集合的两个圆的直径的差。

【请你试试】

表现两集合的差集。

3.2　椭圆规及有关问题

范例 59　制作椭圆规。

【学习目的】

学习"定长线段的两个端点在互相垂直的两条相交直线上运动"的制作方法。

【操作步骤】

（1）新建文件。建立直角坐标系，给原点加注标签 O，隐藏网格。

（2）如图 3-2-1 所示，在 y 轴负半轴上画两点 A、B，以 0° 方向，距离为 1cm 平移点 A、B，得到点 A'、B'。

（3）画两条射线 $AA'(j)$、$BB'(k)$。

（4）在射线 AA' 上画点 C，在射线 BB' 上画点 D。隐藏点 A'、B'。

（5）度量 AC、BD 的长，把线段 AC 的长作为椭圆的长半轴长 a，线段 BD 的长作为短半轴长 b。

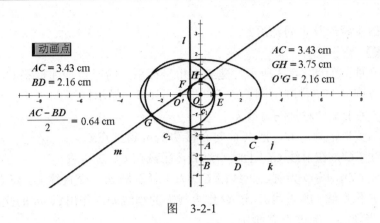

图 3-2-1

（6）打开计算器，计算 $\dfrac{AC-BD}{2}$。

（7）选中度量值 $\dfrac{AC-BD}{2}$，并选择"绘图"→"在轴上绘制点"命令，显示"绘制给定数值的点"对话框，单击 $\dfrac{AC-BD}{2}$，在 x 轴上画出一点 $E\left(\dfrac{AC-BD}{2},0\right)$。

（8）先后选中点 O、E，并选择"构造"→"以圆心和圆上的点绘圆"命令，画出圆 O（圆 c_1）。

（9）在圆 O 上任意画一点 F。

（10）过点 F 作 x 轴的垂线（直线 l）。

（11）以直线 l 为反射镜面，反射原点 O 得到 O'。

（12）画直线 $O'F$（直线 m）。

（13）画线段 BD，以 O' 为圆心，以线段 BD 为半径画圆（圆 c_2）。

（14）作出圆 c_2 与直线 m 的一个交点 G，按 Ctrl+T 组合键，追踪点 G。

（15）制作点 F 在圆 O（c_1）上运动的动画"动画点"按钮。单击"动画点"按钮，点 G 画出一个椭圆。

（16）用"选择"工具同时选中点 G、F，选择"构造"→"轨迹"命令，作出点 G 的轨迹。

（17）作出直线 m 与 y 轴的交点 H。

【经验点拨】

（1）这种做法的优点在于主动点 F 在圆 c_1 上连续不间断运动一周时，点 G 也转一周画出整个椭圆。

（2）在图 3-2-1 中，$OF=\dfrac{AC-BD}{2}$，即 $OF=\dfrac{a-b}{2}$，$O'F=OF$，F 是直角 $\triangle O'HO$ 斜边的中点，$O'H=a-b$。又因为 $O'G=b$，因此 $GH=a$。

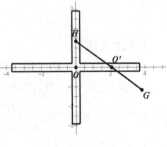

图 3-2-2

（3）把图 3-2-1 修饰成为图 3-2-2 的情形。

范例 60 定长线段的端点在两条相交直线上的运动。

【学习目的】

学习"定长线段的两个端点在成任意角度的两条相交直线上运动"的制作方法，体验数学知识在作图步骤设计中的作用。

【操作步骤】

（1）新建文件。如图 3-2-3 所示，建立直角坐标系，给原点加注标签 O，隐藏网格。

（2）画单位圆，在单位圆上画一点 B，画直线 OB，显示标签 j。

（3）作与 j 关于 x 轴对称的直线 k。

（4）在 y 轴负半轴画点 C，把点 C 向右移动 1cm 得到点 C'。

（5）画射线 CC'，在射线 CC' 上画一点 D，隐藏点 C'。

（6）画线段 CD，以 O 为圆心，线段 CD 为半径画圆 c_1，交直线 j 于点 E。

（7）过点 E 作直线 j 的垂线 l，过 O 作直线 k 的垂线 m，作出 l、m 的交点 F。

（8）以 O 为圆心，经过点 F 画圆 c_2。

（9）在圆 c_2 上任意画一点 G，制作点 G 在圆 c_2 上运动的动画按钮。

（10）过 G 分别作直线 j、k 的垂线，垂足分别为 H、I。

（11）画线段 HI。可以证明线段 HI 与线段 CD 长度相等，当点 G 在圆 c_2 上运动时，HI 长度不变。

（12）拖动点 D，可以改变定长线段的长度。

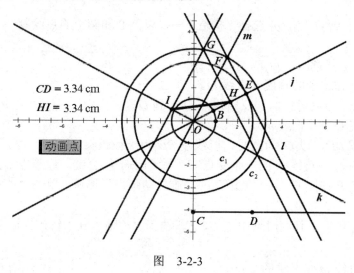

图 3-2-3

【经验点拨】

这一制作方法是根据以下原理来实现的：

在图 3-2-3 中，如果 HI 是定长，$\angle HOI$ 是定角，$HG \perp OH$，$IG \perp OI$，那么 O、H、G、I 这 4 点共圆，半径为 $\dfrac{HI}{\sin(\angle HOI)}$。点 G 的轨迹是圆 c_2，所以先作出圆 c_2。

由此可见，用几何画板的制作课件有时需要运用较多的数学知识。

【请你试试】

（1）已知抛物线经过点 $F_1(-1, 0)$、$F_2(1, 0)$，准线是圆 $O(x^2+y^2=4)$ 的切线，求抛物线的焦点 M 的轨迹。

（2）请读者收集椭圆的各种制作方法。

3.3 用平面截圆锥侧面

范例 61 用平面截圆锥侧面。
【学习目的】
介绍如何利用数学结论——代沙格定理，作出平面截圆锥侧面得到的圆锥曲线。
【操作步骤】
（1）新建文件。建立直角坐标系，隐藏网格，为原点加注标签 O。
（2）用自定义工具"画椭圆"（参考第 2 章的第 2.10 节范例 22）画椭圆，使中心在原点，右端点 B 在 x 轴的正半轴。
（3）关于 y 轴反射点 B，得到椭圆长轴的另一个端点 B'。把 B' 改为 C，隐藏椭圆的焦点。
（4）在椭圆上画三点 E、F、G，在 y 轴的正半轴画点 H。
（5）把点 H 标记为旋转中心。把点 B、C、E、F、G、O 绕点 H 旋转 $180°$，得到 B'、C'、E'、F'、G'、O'。
（6）画线段 BB'、CC'、EE'、FF'、GG'（如图 3-3-1 所示）。
（7）同时选中点 E、E'，选择"构造"→"轨迹"命令，作出点 E' 的轨迹。点 E' 的轨迹是一个椭圆，作为另一个圆锥的底面。两个圆锥有公共的顶点 H。
（8）在三棱锥 H-EFG 的三条棱 HE、HF、HG 上各画一点 I、J、K，截圆锥侧面的平面由这三点确定（如图 3-3-2 所示）。

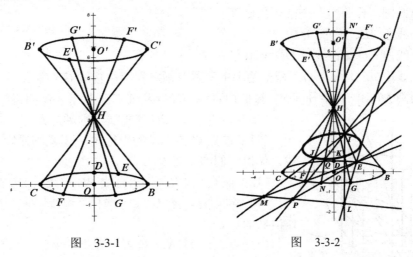

图 3-3-1　　　　　　　　图 3-3-2

（9）画出这个截面与圆锥底面的交线：画直线 EG、IK，作出它们的交点 L；画直线 EF、IJ，作出它们的交点 M，画直线 LM。LM 就是截面 IJK 与底面的交线。
（10）在中心为 O 的椭圆上再画一点 N，把 N 绕 H 旋转 $180°$ 得到 N'，画线段 NN'。现在要作出 NN' 与截面 IJK 的交点。
（11）画直线 EN，作出直线 EN 与直线 LM 的交点 P。

(12) 画直线 IP，作出直线 IP 与线段 NN' 的交点 Q。

(13) 同时选中 Q、N，选择"构造"→"轨迹"命令作出曲线，把曲线设置为粗线。

(14) 隐藏不必要的对象，完成制作。拖动 I、J、K 中的一个观察效果。

【经验点拨】

这种做法的依据是代沙格定理：△ABC 与 △A'B'C' 的三组相应顶点 A 与 A'、B 与 B'、C 与 C' 的连线交于一点的充分必要条件是三条对应边 AB 与 A'B'、BC 与 B'C'、AC 与 A'C' 的交点共线。

实际上是在作四棱锥 H-EFNG 的截面。由于棱 HN 作为圆锥侧面的一条母线在运动，截面与母线 HN 的交点 Q 画出了截面截圆锥侧面的截口曲线。

制作的关键是找出点 Q。利用截面 IJK 与底面的交线 LM 找出点 P，这样就容易找到 Q 了。点 N 在底面的椭圆上运动时点 Q 画出的轨迹就是截面 IJK 截圆锥侧面得到的截痕。

另一种做法：

（1）如图 3-3-3 所示，建立直角坐标系，给原点加注标签 O。

（2）用"画椭圆"工具画椭圆作为圆锥的底面，其中点 A'、A 是长轴的端点，点 B 是短轴的端点。

（3）在 y 轴的正半轴画点 C，在椭圆上画点 D，画线段 OD。

（4）把点 O、A、A'、D 绕点 C 旋转 180° 得到点 O'、E、F、D'。

（5）同时选中点 D、D'，选择"构造"→"轨迹"命令，画出椭圆，作为另一个圆锥的底面。

（6）画线段 AE、A'F、DD'。

（7）画线段 OO'，在线段 OO' 上画点 H。

（8）在线段 AE 上画点 G。截面的上下位置及倾斜程度由直线 GH 确定。

（9）画圆 $M(c_1)$，画半径 MN。截面由直线 GH 以及过 G 平行于 MN 的直线确定。

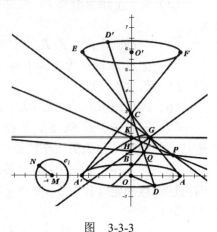

图 3-3-3

（10）过点 G 作 OO' 的垂线，垂足为 K。

（11）过点 G 画 MN 的平行线，过 K 画线段 OD 的平行线，作出它们的交点 P。

（12）画直线 PH，作出直线 PH 与线段 DD' 的交点 Q。

（13）同时选中点 D、Q，选择"构造"→"轨迹"命令，作出截面。

改变点 G、H、N 的位置，观察效果。

【请你试试】

（1）分析图 3-3-4，制作：用平面去截圆柱的侧面，表现截口的形状。

（2）分析图 3-3-5，制作截口展开后的曲线（图 3-3-5 中所示粗线）。

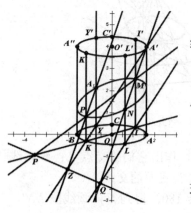

图 3-3-4

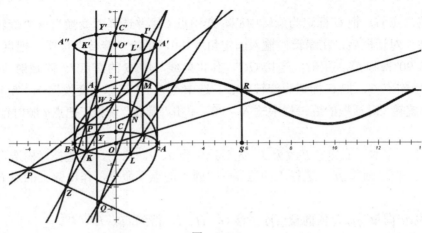

图 3-3-5

3.4 长方体表面的展开

范例 62 展开长方体的表面。

【学习目的】

通过展开长方体的表面，了解按钮"隐藏/显示"的运用，并详细介绍"隐藏/显示"功能的用法，掌握几何画板功能综合使用方法，提高制作技巧。

【操作步骤】

（1）新建文件。建立直角坐标系，给原点加注标签 A，给单位加注标签 B，隐藏网格。

（2）用"选择"工具双击原点 A，把 A 标记为旋转中心。选中 x 轴，并选择"变换"→"旋转"命令，显示"旋转"对话框，把旋转角度改为 45，单击"旋转"按钮，把 x 轴旋转 $45°$，得到直线 x'。

（3）在 x 轴上画一点 C，在直线 x' 上画一点 D，在 y 轴上画一点 E。先后选中点 A、E，并选择"变换"→"标记向量"命令，标记向量 $\overrightarrow{AE}$。选中点 C，并选择"变换"→"平移"命令，显示"平移"对话框后，单击"平移"按钮，平移点 C 得到 C'。用"文本"工具把 C' 改为 K。

（4）标记向量 $\overrightarrow{AD}$。依标记的向量平移点 E、C、K，得到 E'、C'、K'，用"文本"工具分别把 C'、K' 改为 M、L。

（5）用线段连接长方体的各条棱完成长方体的制作。

（6）先后选中点 C、K，并选择"构造"→"以圆心和圆上的点绘圆"命令，画圆 c_1。再单击圆 c_1 与 x 轴的交点处，作出它们的交点 F。

（7）先后选中点 F、K，圆 c_1，并选择"构造"→"圆上的弧"命令，作出圆弧 $\overset{\frown}{FK}$；选择"构造"→"弧上的点"命令，作出弧上的点 G，画线段 CG。

（8）同时选中点 G，线段 EK，并选择"构造"→"以圆心和圆上的点绘圆"命令，作出以 G 为圆心，以线段 EK 为半径的圆。

(9) 双击点 G，把 G 标记为旋转中心。选中点 C，并选择"变换"→"旋转"命令，显示"旋转"对话框后，在编辑栏输入固定角度−90，单击"旋转"按钮，把点 C 绕点 G 顺时针旋转 90°得到 C'。用射线连接 GC'，作出射线与圆 G 的交点 I。隐藏射线 GI。

(10) 双击点 G，把 G 标记为旋转中心。选中点 I，并选择"变换"→"旋转"命令，在显示的"旋转"对话框的编辑栏中输入 -90，单击"旋转"按钮，把点 I 顺时针旋转 90°，得到 I'。

(11) 用"文本"工具把 I' 改为 J。先后选中点 J、I，圆 c_2，并选择"构造"→"圆上的弧"命令，作出圆弧 $\overparen{JI}$。选择"构造"→"弧上的点"命令，作出弧上的点 H。画线段 GH。

(12) 标记向量 $\overrightarrow{AD}$，依向量 $\overrightarrow{AD}$ 平移 G、H、I，得到 G'、H'、I'。

(13) 用线段连接成四边形 $CGG'M$、$GG'H'H$、$GG'I'I$，填充它们的内部（如图 3-4-1 所示）。

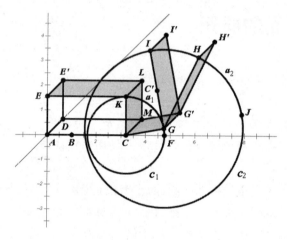

图 3-4-1

(14) 先后选中 G、F，并选择"编辑"→"操作类按钮"→"移动"命令，得到"移动 G→F"按钮；先后选中 H、J，并选择"编辑"→"操作类按钮"→"移动"命令，制作"移动 H→J"按钮。

(15) 先后选中 H、I，并选择"编辑"→"操作类按钮"→"移动"命令，得到"移动 H→I"按钮；先后选中 G、K，并选择"编辑"→"操作类按钮"→"移动"命令（选择"中速"），制作"移动 G→K"按钮。

(16) 选中四边形 $GG'I'I$ 的除顶点 G、G'，边 GG' 外的其他部分（包括它的内部），按住 Shift 键，选择"编辑"→"操作类按钮"→"隐藏&显示"命令，同时得到"隐藏对象"与"显示对象"两个按钮。用"文本"工具把"隐藏对象"改为"显示1"，把"隐藏对象"改为"隐藏1"。

(17) 选中四边形 $GG'H'H$ 的除顶点 G、G'，边 GG' 外的其他部分（包括它的内部），类似上一步再制作一对"显示2"、"隐藏2"按钮。

(18)用"选择"工具先后选中"移动 G→F"、"显示 2"、"隐藏 1"、"移动 H→J"共 4 个按钮,并选择"编辑"→"操作类按钮"→"系列"命令,选择"依序执行"复选框,得到一个"顺序 4 动作"按钮,用"文本"工具把"顺序 4 动作"改为"展开右边"。先后选中"移动 H→I"、"移动 G→K"共两个按钮,并选择"编辑"→"操作类按钮"→"系列"命令,得到一个系列按钮。用"文本"工具把"顺序 2 动作"改为"合拢右边"。

(19)以 A 为圆心,经过点 E 画圆 c_3,作出圆 c_3 与直线 x' 的交点 N。

(20)双击点 A,把点 A 标记为缩放中心。选中点 N,选择"变换"→"缩放"命令,以比值 1∶2 缩放点 N 得到线段 AN 的中点 N'。

(21)过点 N' 作 y 轴的垂线,单击这条垂线与 y 轴的交点处,作出它们的交点 O,作出它与圆 c_3 的交点 P。

(22)先后选中 N'、O,并选择"度量"→"距离"命令,度量出线段 $N'O$ 的长度。同样度量出线段 PO 的长度。

(23)双击 $N'O$ 的度量值,显示计算器,先后单击 $N'O$ 的度量值、/、PO 的度量值,单击"确定"按钮后计算出 $\dfrac{N'O}{PO}$。

(24)选中计算值 $\dfrac{N'O}{PO}$,并选择"变换"→"标记比值"命令,标记这个比值。

(25)用"选择"工具先后选中点 E、P,圆 c_3,并选择"构造"→"圆上的弧"命令,作出圆弧 EP。及时选择"构造"→"弧上的点"命令,作出弧上的点 Q。

(26)过点 Q 作出 y 轴的垂线,选中这条垂线、y 轴,按 Ctrl+I 组合键,作出垂足 R。

(27)双击点 R,把点 R 标记为缩放中心,选中点 Q,并选择"变换"→"缩放"命令,显示"缩放"对话框后,单击"确定"按钮得到点 Q 的像 Q'。

(28)同时选中点 Q、Q',并选择"构造"→"轨迹"命令,作出点 Q' 的轨迹(一段椭圆弧)。及时选择"构造"→"轨迹上的点"命令,在椭圆弧上作出点 S。画线段 AS。

(29)标记向量 $\overrightarrow{AS}$,用"选择"工具选中点 C,并选择"变换"→"平移"命令,显示"平移"对话框后单击"平移"按钮,得到 C'。用"文本"工具把 C' 改为 T。画线段 AS、ST、TC。填充平行四边形 $ASTC$。

(30)制作点 S 到 N' 的移动按钮"移动 S→N'",制作点 S 到 E 的移动按钮"移动 S→E"。用"文本"工具把"移动 S→N'"按钮上的文本改为"展开前面",把"移动 S→E"按钮上的文本改为"合拢前面"(如图 3-4-2 所示)。

展开左面和展开后面的制作都比较容易,请读者自己完成。最后隐藏不必要的对象,完成范例。

【经验点拨】

(1)本范例的制作稍显复杂。要求读者了解"变换"菜单中"标记比值"、"缩放"等其他功能的实现方法;了解椭圆的做法;熟悉"编辑"菜单中各按钮功能的灵活运用,逐步提高制作技巧。

(2)在第(22)步中,度量出点 N' 与点 O 间的"距离"作为线段 $N'O$ 的长。还可以选中点 N',y 轴,再选择"度量"→"距离"命令,度量出点 N' 与 y 轴之间的距离。

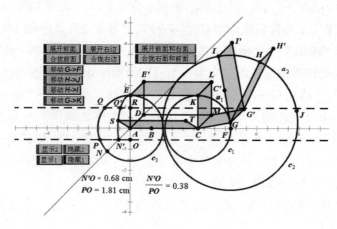

图 3-4-2

(3) 选中"显示 1"按钮,按 Alt+?组合键,如图 3-4-3 所示,显示"操作类按钮显示 1"对话框。在"隐藏/显示"选项卡中可以设置隐藏/显示的方式。

"动作"选项区域有三个单选项:

- 总是显示对象:单一功能,总是显示对象。单击它可以显示对象。
- 总是隐藏对象:单一功能,总是隐藏对象。单击它可以隐藏对象。

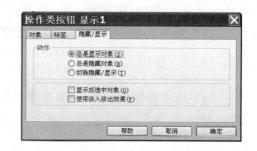

图 3-4-3

- 切换隐藏/显示:双重功能,既能隐藏也能显示对象。对象隐藏后单击它显示对象,对象显示后单击它隐藏对象。

显示方式部分有两个复选项:

- 显示后选中对象:显示后对象处于选中状态。
- 使用淡入淡出效果:在隐藏或显示对象时表现为渐渐褪去或渐渐显示方式。

由上可见,如果选中"切换隐藏/显示"单选按钮,则只需要一个按钮就可以实现双重功能。

3.5　画正方体的截面

本节介绍经过空间坐标系的三个坐标轴上各一点,构成平面截正方体表现截面的制作方法;介绍正方体一个截面的三视图的制作。

范例 63　平面截正方体,表现截面的位置与形状。

【学习目的】

通过制作立方体截面,提高制作技巧。

【操作步骤】

(1) 画线段 AB。双击点 A,把点 A 标记为旋转中心,把点 B 绕点 A 旋转 30°(为了避免重叠，把表现正方体底面的平行四边形的一个内角画成 30°，而不是 45°）得到点 B'。以 A 为缩放中心，以 1∶2 为缩放比缩放点 B' 得到点 B''。把 B'' 的标签改为 D。画线段 AD。隐藏点 B'。

（2）标记向量 $\overrightarrow{AB}$。依向量 $\overrightarrow{AB}$ 平移点 D 得到点 D'，把 D' 标签改为 C，完成平行四边形 $ABCD$。以 D 为中心，把点 C 旋转 90° 得到 D'。依向量 $\overrightarrow{DD'}$ 平移四边形 $ABCD$，得到四边形 $A'B'C'D'$，完成正方体的制作。并把线段 DC、DA、DD' 设置为虚线。

（3）以 D 为原点，直线 DA 为 x 轴，直线 DC 为 y 轴，直线 DD' 为 z 轴，画空间坐标系。

（4）分别在 x 轴、y 轴、z 轴上画一点 X、Y、Z。截面由 X、Y、Z 三点确定。画直线 XY（直线 j）、YZ（直线 k）、ZX（直线 l）。注意，直线 j、k、l 分别在三个平面上，不要混淆。

（5）作出直线 j 与线段 AB、BC 的交点 F、G；作出直线 k 与线段 CC'、$C'D'$ 的交点 H、I；作出直线 l 与线段 $D'A'$、$A'A$ 的交点 J、K。

（6）画线段 FG、GH、HI、IJ、JK、KF，并把线段 FG、HI 设置为虚线。

（7）填充六边形 $FGHIJK$（如图 3-5-1 所示）。

（8）如图 3-5-2 所示，向左下方拖动 X，使 X 远离 A，六边形 $FGHIJK$ 消失。

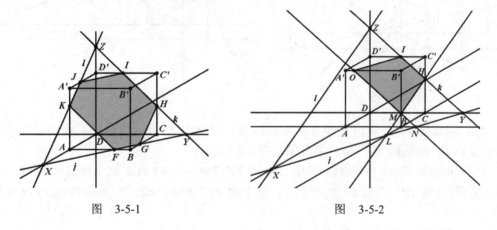

图 3-5-1 　　　　　　　　图 3-5-2

（9）画直线 BC，作出直线 BC 与直线 j 的交点 L。画直线 LH，作出直线 LH 与线段 BB' 的交点 M。

（10）画直线 AB，作出直线 AB 与 j 的交点 N。画直线 NM，画出直线 NM 与线段 $A'B'$ 的交点 O。

（11）画线段 MH、MO、OI，完成四边形 $MHIO$，并填充四边形 $MHIO$。

（12）稍拖回点 X，如图 3-5-3 所示，出现了 $MHLJK$。画线段 MK，填充五边形 $MHLJK$。

（13）如图 3-5-4 所示，拖动点 X，使 X 位于 A、D 之间（不要拖动点 Y、Z）。再作出直线 j 与线段 AD 的交点 P（P 与 X 重合）。画线段 PG（G 与 L 重合）、PJ（注意屏幕左下方的提示，选择点 P 时不要选中点 X），并把线段 PG、PJ 设置为虚线。填充五边形 $PGHIJ$（X、Y、Z 三点不要作为任何一个截面多边形的顶点）。

（14）如图 3-5-5 所示，再拖动点 X，使 X 在 AD 的延长线上。作出直线 LH 与线段 $B'C'$ 的交点 Q。画线段 QI、GH。填充 $\triangle HIQ$。

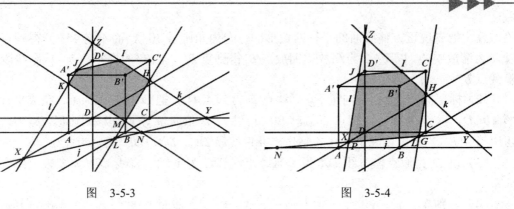

图 3-5-3　　　　　　　　　　　　　图 3-5-4

（15）拖动点 X 在 x 轴上运动，观察是否正常反映截面的形状。

（16）改变 Y 的位置，使 Y 仍在 DC 的延长线上，使正方形 DCC′D′ 在直角△DYZ 内部，截面消失，如图 3-5-6 所示。

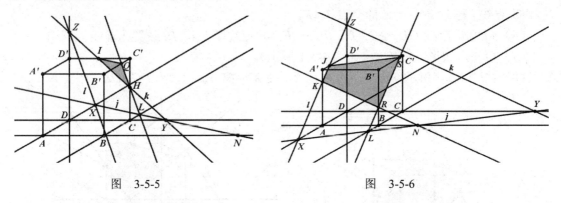

图 3-5-5　　　　　　　　　　　　　图 3-5-6

（17）画直线 KN，作出直线 KN 与线段 BB′ 的交点 R。画直线 LR，作出直线 LR 与 B′C′ 的交点 S。画线段 SR、SJ。填充四边形 KRSJ。

（18）再拖动点 X，出现截面消失。如图 3-5-7 所示，在 YOZ 面上画直线 D′C′，作出直线 D′C′ 与直线 YZ（直线 k）的交点 T。在平面 A′C′ 上画直线 TJ，作出直线 TJ 与线段 B′C′ 的交点 U。

（19）画线段 UG、UJ，填充五边形 FGUJK。

（20）如图 3-5-8 所示，拖动点 X，使 X 位于 A、D 之间，出现点 P。填充四边形 PGUJ。

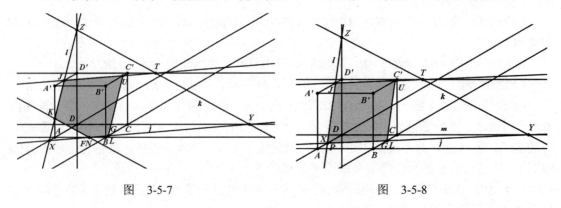

图 3-5-7　　　　　　　　　　　　　图 3-5-8

相信读者已经看出以上操作的分类方法。下面请把点 Y 拖动到 C、D 之间以及拖动到 CD 的延长线上（又有两种情况），然后再拖动 X，分别画出各种情形的截面。接下来就是改变点 Z 的位置，重复前面的操作，完成制作。

以下请读者完成。

【经验点拨】

（1）当 X、Y、Z 都在坐标轴负半轴时的情况不必考虑，此刻，平面 XYZ 与正方体各面不会相交。

（2）如图 3-5-9 所示，点 X、Y、Z 都远离坐标原点 D，使正方体的左面、下面、后面都在坐标轴与 j、k、l 围成的直角三角形内，此刻仍有截面（三角形），这是容易忽视的。

（3）当几点重合时，若某点不需要被选中，可以修改它的属性，使之不可被鼠标选中。

作为练习，把正方体改成三棱柱，如图 3-5-10 所示，作它的截面。

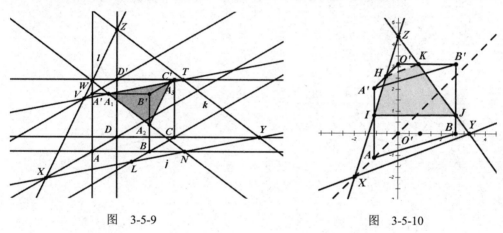

图 3-5-9　　　　　　　　　　　图 3-5-10

范例 64　正方体截面的三视图。

【学习目的】

表现正方体内一个被填充的四边形截面的三视图，介绍"移动点"按钮控制的点对之间移动的应用。在"经验点拨"中还将介绍透视的几种方法。

【操作步骤】

（1）新建文件。建立直角坐标系，给原点加注标签 A，单位点加注标签 B，隐藏网格。

（2）如图 3-5-11 所示，画单位圆。作出单位圆与 y 轴正半轴的交点 C，负半轴交点 D。

（3）标记向量 $\overrightarrow{AB}$，依向量 $\overrightarrow{AB}$ 平移点 B 得到 B'；依向量 $\overrightarrow{AC}$ 平移点 C 得到 C'；依向量 $\overrightarrow{AD}$ 平移点 D 得到 D'。

（4）把原点 A 标记为旋转中心，把点 D 绕点 A 旋转 $-45°$，得到 D'。用"文本"工具把 D' 的标签改为 D''。

（5）任意画三点 E、F、G，画线段 AE、AF、AG。

（6）先后选中点 E、A，选择"编辑"→"操作类按钮"→"移动"命令，选择"慢速"，单击"确定"按钮后得到"移动 E→A"按钮。用"文本"工具把"从 E→A 移动"改为"主视"。

（7）先后选中点 E、B'、F、A，选择"编辑"→"操作类按钮"→"移动"命令，选择"慢速",单击"确定"按钮后得到"移动点"按钮。用"文本"工具把文本"移动点"改为"左视"。

(8) 先后选中点 E、D'、G、A,选择"编辑"→"操作类按钮"→"移动"命令,选择"慢速",单击"确定"按钮后得到"移动点"按钮。用"文本"工具把文本改为"俯视"。

(9) 先后选中点 E、D''、F、B、G、C,选择"编辑"→"操作类按钮"→"移动"命令,选择"中速",单击"确定"按钮后得到"移动点"按钮。用"文本"工具把文本改为"还原"。

(10) 任意画一点 H。

(11) 依向量 $\overrightarrow{AE}$ 平移点 H,得到点 H',立即把 H' 的标签改为 I;依向量 $\overrightarrow{AF}$ 两次平移点 H,得到点 H'',把 H'' 的标签改为 J;依向量 $\overrightarrow{AG}$ 两次平移点 H,得到点 H'',把 H'' 的标签改为 K(如图 3-5-12 所示)。隐藏两个 H' 点。

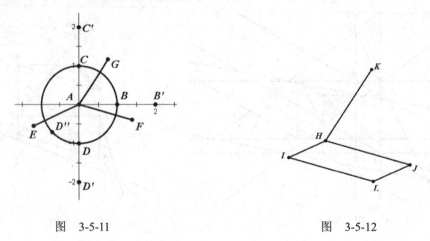

图 3-5-11   图 3-5-12

(12) 以 HI、HJ、HK 为从一点出发的三条棱,完成平行六面体。如图 3-5-13 所示,改写一些点的标签。

(13) 如图 3-5-13 所示,画线段 IK、LJ',作出它们的中点,把标签分别改为 M、N。

(14) 先后选中 K、M、L、N,按 Ctrl+P 组合键填充四边形(如图 3-5-13 所示)。

(15) 如图 3-5-14 所示,先后选中"还原"与"主视"两个按钮,并选择"编辑"→"操作类按钮"→"系列"命令,弹出"操作类按钮 系列 2 个动作"对话框,参数设置如图 3-5-15 所示,单击"确定"按钮后得到一个"顺序 2 动作"按钮。用"文本"工具把文本改为"主视图"。

(16) 同上,先后选中"还原"与"左视"两个按钮,又产生一个"顺序 2 动作"按钮,把文本改为"左视图"。

(17) 同上,先后选中"还原"与"俯视"两个按钮,又产生一个"顺序 2 动作"按钮,把文本改为"俯视图"。

也可以隐藏"主视"、"左视"、"俯视"这三个按钮,留下"主视图"、"左视图"、"俯视图"、"还原"这 4 个按钮。还可以填充 $\triangle I'H''L$,观察这个截面的三视图等。

隐藏不必要的对象以及点的标签,设置相应的虚线等工作,完成范例(如图 3-5-16

所示)。

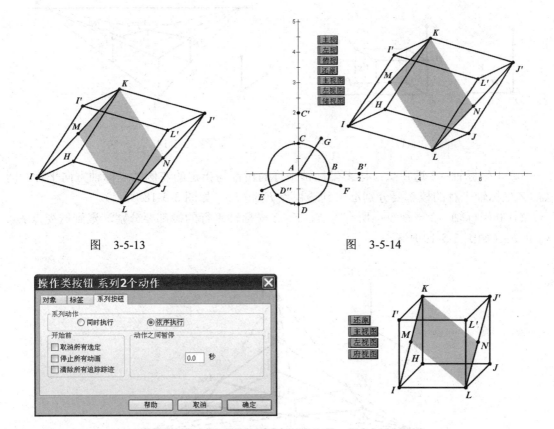

图 3-5-13　　　　　　　　　　　　图 3-5-14

图 3-5-15　　　　　　　　　　　　图 3-5-16

【经验点拨】

(1) 本范例并未涉及新的菜单功能,而是将选择"编辑"→"操作类按钮"→"移动"命令来控制"点对"之间移动的功能灵活运用于范例制作中。作为练习,请读者作出右视图、仰视图。

(2) 几何画板作出的图形是平面的,表现立体几何图形就不方便。用户必须把立体的问题映射到平面上来解决,这需要制作者有一定的空间想象力。对于透视问题,一般应该弄清三个坐标轴和透视焦点的问题。

关于透视,约有 4 种表现方法。下面以绘制立方体为例来加以说明。立方体的各条棱都与其中一个坐标轴平行。

① 3 坐标轴—0 透视点:所有的棱都与左侧指定的坐标轴方向相应平行(如图 3-5-17 所示)。

② 2 坐标轴—1 透视点:与 X、Y 坐标轴平行的棱都与指定的左侧的坐标轴方向平行,而与 Z 坐标轴平行的棱都要汇聚到透视点 F_Z。

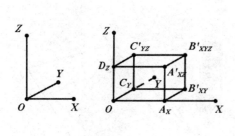

图 3-5-17

图 3-5-18

③ 1 坐标轴—2 透视点：与 X 坐标轴平行的棱都与指定的左侧的坐标轴方向平行，而与 YZ 坐标轴平行的棱都要分别汇聚到透视点 F_Y 和 F_Z（如图 3-5-18 所示）。

④ 0 坐标轴—3 透视点：所有与 X、Y、Z 坐标轴平行的棱都要分别汇聚到透视点 F_X、F_Y 和 F_Z（如图 3-5-19 所示）。

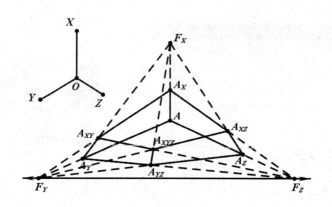

图 3-5-19

【请你试试】

用系列按钮控制，把正方体的两个侧面同时展开。

3.6 正多面体与 C_{60} 分子模型

范例 65 正八面体、正二十面体、正十二面体、C_{60} 分子模型。

【学习目的】

制作正八面体、正十二面体、正二十面体以及表现 C_{60} 分子模型。

【操作步骤】

（1）打开新绘图。如图 3-6-1 所示，画圆 O，隐藏控制圆大小

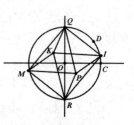

图 3-6-1

的点 B。

（2）在圆上画一点 C，画直线 OC。

（3）在圆上画一点 D，制作点 D 在圆上运动的动画按钮"动画点"。把标签改成"绕垂线转动"。

（4）把点 O 标记为旋转中心。把点 D 绕点 O 旋转 $90°$，得到 D'；继续把点 D' 绕点 O 旋转 $90°$，得到 D''；继续把点 D'' 绕点 O 旋转 $90°$，得到 D'''。

（5）把点 D'、D''、D''' 的标签分别改为 E、F、G。

（6）过点 D 作 x 轴的垂线，作出垂足 H。

（7）把点 D 绕点 H 顺时针旋转 $45°$ 得到点 D'，再以 H 为中心，以 $1：2$ 的缩放比缩放点 D' 得到 D''。

（8）隐藏点 D' 与垂足 H，隐藏直线 DH。把点 D'' 的标签改为 I。I 是点 D 依照斜二测水平放置规则得到的对应点。

（9）同第（8）步，依照斜二测水平放置规则放置点 E、F、G，得到点 K、M、P。隐藏 E、F、G 以及不必要的对象，只留下放置后的点 K、M、P。

（10）画四边形 $IKMP$。这是正方形 $DEFG$ 的水平放置图形，位于同一个椭圆上。拖动点 D 或者单击"绕垂线转动"按钮，四边形 $IKMP$ 会转动起来。

（11）过点 O 作 OC 的垂线，作出垂线与圆 O 的上、下两个交点 Q、R。

（12）画线段 QI、QK、QM、QP；画线段 RI、RK、RM、RP。这样就完成了正八面体的制作。

提示：画出可以转动的正方体，作出各个面的中心，连接起来也能得到正八面体。

（13）以 Q 为缩放中心，以 $0.382：1$ 为缩放比缩放点 K、P 得到点 K'、P'。K'、P' 分别是线段 KQ、PQ 的黄金分割点（$1-0.618=0.382$）。

（14）以 Q 为缩放中心，以 $0.618：1$ 为缩放比缩放点 I、M，得到 I'、M'。

（15）以 R 为缩放中心，以 $0.382：1$ 为缩放比缩放点 K、P，得到点 K'、P'。把 K'、P' 改为 K''、P''。

（16）以 R 为缩放中心，以 $0.618：1$ 为缩放比缩放点 I、M，得到 I'、M'。把 I'、M' 改为 I''、M''。

（17）以 P 为缩放中心，以 $0.382：1$ 为缩放比缩放点 I、M，得到点 I'、M'。把 I'、M' 改为 S、T。

（18）以 K 为缩放中心，以 $0.382：1$ 为缩放比缩放点 I、M，得到点 I'、M'。把 I'、M' 改为 U、V。

（19）隐藏原正八面体的 6 个顶点与 12 条棱。隐藏直线 QR。

（20）把第（13）～第（18）步产生的新点适当连接起来（如图 3-6-2 所示），得到正二十面体。

以下是正十二面体的制作方法：作出正二十面体各面三角形的中心，把这些中心点连接起来就得到正十二面体。

（21）在图 3-6-2 中，选中线段 UI'、$I'P'$、$P'M'$、$M'V$、VU，按 Ctrl+M 组合键，作出它们的中点，以 K' 为缩放中心，以 $2：3$ 为缩放比缩放这些中点得到 5 个三角形的中心。隐藏线段的中点。

(22) 类似地,作出其他三角形的中心。

(23) 如图 3-6-3 所示,把得到的这些中心点连接起来就得到正十二面体(为清楚起见,隐藏了顶点的标签)。

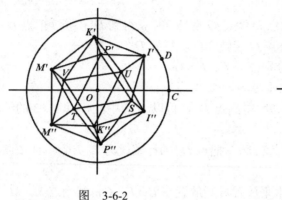

图 3-6-2

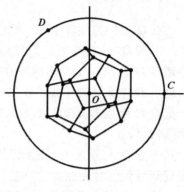

图 3-6-3

以下是 C_{60} 分子结构模型的制作方法。

(24) 参照图 3-6-2,作出正二十面体各棱(30 条)的两个三等分点(共 60 个),把这 60 个点适当连接起来,即原正二十面体的每一个面上都画出一个正六边形(20 个),每一个顶点处都画出一个正五边形(12 个),这样就得到图 3-6-4 所示的 C_{60} 分子结构模型。

(25) 隐藏原正二十面体的顶点与棱,得到 C_{60} 分子结构模型(如图 3-6-5 所示)。

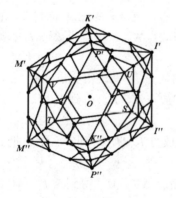

图 3-6-4

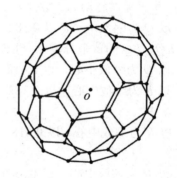

图 3-6-5

【经验点拨】

简单地说,连接正方体各面中心即得到正八面体;把正八面体棱的 0.618∶1 或者 0.382∶1 的等分点适当连接就得到正二十面体;连接正二十面体的各面中心就得到正十二面体,连接正二十面体各棱的三等分点就得到 C_{60} 分子结构模型。

3.7 定积分的几何意义

范例 66 表现函数 $f(x)=x^2$ 在区间[0,1]上的定积分的近似值。

【学习目的】

用迭代的方法计算矩形面积之和，表现定积分的近似值；学习把线段 n 等分的方法。配合新教材的使用。

【操作步骤】

（1）新建文件。如图 3-7-1 所示，建立坐标系，给原点加注标签 O，给单位点加注标签 B。隐藏网格。

（2）如图 3-7-1 所示，在 x 轴上画线段 CD。

（3）新建参数 n（如 $n=5$）。

（4）开启"数据"菜单的计算器，计算 $\frac{1}{n}$。

（5）双击点 C，标记为缩放中心。标记比值 $\frac{1}{n}$。

（6）以 C 为缩放中心，$\frac{1}{n}$ 为缩放比缩放点 D 得到 D'。

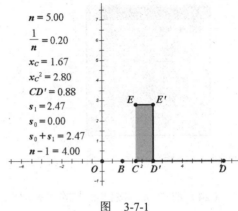

图 3-7-1

（7）度量点 C 的横坐标 x_C。打开计算器，计算 x_C^2。

（8）绘制点 $E(x_C, x_C^2)$。

（9）标记向量 $\overrightarrow{CD'}$。依向量 $\overrightarrow{CD'}$ 平移点 E，得到 E'。

（10）画线段 EE'、$E'D'$。填充矩形 $CD'E'E$。

（11）度量 C、D' 的坐标距离 CD'。

（12）计算 $CD' \times x_C^2$，并把它改为 s_1，作为矩形 $CD'E'E$ 的面积。把 s_1 的精确度设置为十万分之一。

（13）新建参数 $s_0=0$（必须是 0）。

（14）打开计算器，计算 s_0+s_1，$n-1$（如图 3-7-1 所示）。

（15）隐藏 x_C、x_C^2、CD'、s_1，点 E、E'。

（16）先后选中点 C、s_0、n、$n-1$，按住 Shift 键，选择"变换"→"深度迭代"命令，显示"迭代"对话框后，依次单击 D'、s_0+s_1、$n-1$（如图 3-7-2 所示），最后单击"迭代"按钮，得到图 3-7-3 所示结果。

（17）建立点 C 到原点 O，点 D 到单位点 B 的"移动点"按钮。单击这个按钮把积分区间设置成 $[0，1]$。

（18）把 s_0+s_1 改成 S。隐藏 S、$n-1$、s_0，隐藏点 D'。

（19）在线段 CD 上画一点 F。

（20）度量点 F 的横坐标 x_F，计算 x_F^2。

（21）画点 $G(x_F, x_F^2)$，以 F 为主动点，G 为被动点作出点 G 的轨迹，即函数 $f(x)'=x^2$ 在区间 $[x_C, x_D]$ 上的图像。

（22）隐藏点 F、G，隐藏 x_F、x_F^2。拖动点 B，使单位长稍长一些。

（23）隐藏点 C、D 的标签，单击"移动点"按钮。

图 3-7-2

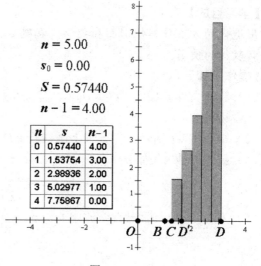

图 3-7-3

(24) 选中 n，按键盘上的"+"键。当 n 较大时，表格中 S 的值接近 $\frac{1}{3}$，表现函数 $f(x)$ 在区间 $[0, 1]$ 上的定积分近似值（如图 3-7-4 所示）。

【经验点拨】

(1) 若把 C、D 移动到其他位置，则可以表现函数 $f(x)=x^2$ 在其他区间上积分近似值。若把第 (7)、第 (20) 步中的计算 x_C^2、x_F^2 改为计算 $\cos x_C$、$\cos x_F$，则可以表现函数 $y=\cos x$ 在区间 $[x_C, x_D]$ 上的积分近似值，等等。

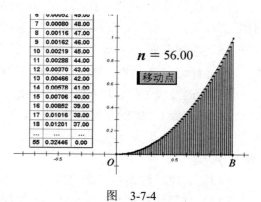

图 3-7-4

(2) 这个制作过程中涉及线段的等分：

① 如图 3-7-5 所示，画线段 AB。

② 新建参数 n（如 $n=7$）。

③ 打开计算器，计算 $n-1$。

④ 打开计算器，计算 $\frac{1}{n}$。

⑤ 双击点 A，把 A 标记为缩放中心。标记缩放比 $\frac{1}{n}$。

⑥ 选中点 B，以 A 为缩放中心，以 $\frac{1}{n}$ 为缩放比缩放点 B，得到点 B'。

⑦ 先后选中点 A，参数 n 与 $n-1$，按住 Shift 键，选择"变换"→"深度迭代"命令，显示"迭代"对话框后依次单击 B'、$n-1$，单击"迭代"按钮。

【请你试试】

如图 3-7-6 所示，用矩形和来表示曲边梯形面积的过剩近似值。

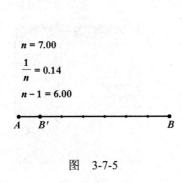

图 3-7-5

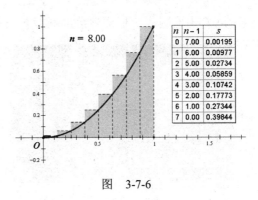

图 3-7-6

3.8 对象颜色与数字的关联

新版几何画板（4.0 以上版本）在"显示"菜单的"颜色"命令中增加了"参数"选项，可以把对象的颜色与数字关联起来，这样，对象的色彩就更加丰富，从而可以增强空间几何体的直观性，并可使曲面更为逼真。

对象颜色的设置有两类：一类是与一个数值关联；另一类是用三个数值分别控制对象的红、绿、蓝三原色，或者控制对象的色调、饱和度、亮度。

对象颜色与一个数值关联的例子可见第 3.9 节范例 71。这里举两个例子分别介绍如何用三个数控制对象的红、绿、蓝，或者控制对象的色调、饱和度、亮度。

范例 67 用三个数值分别控制对象的红色、绿色、蓝色。

【学习目的】

介绍怎样用三个数值分别控制对象的红、绿、蓝三色，了解"颜色参数"功能的用法。

【操作步骤】

（1）新建文件。如图 3-8-1 所示，画线段 AB，在线段 AB 上画一点 C。

（2）画线段 DE，在线段 DE 上画一点 F。

（3）画线段 GH，在线段 GH 上画一点 I。

（4）画圆 J，K 是圆上控制圆大小的点。

（5）在圆 J 上画一点 L，画线段 JL，并显示它的标签 j。

（6）先后选中 L、C，选择"度量"→"距离"命令，度量线段 LC 的长。

（7）度量线段 LF、LI 的长（如图 3-8-1 所示）。

（8）先后选中线段 JL、LC 的长度、LF 的长度、LI 的长度，如图 3-8-2 所示，选择"显示"→"颜色"→"参数"命令，显示图 3-8-3 所示"颜色参数"对话框，单击"确定"按钮。

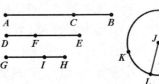

图 3-8-1

（9）线段 JL 原先的标签 j 成为 j'。

（10）同时选中点 L，线段 JL，选择"构造"→"轨迹"命令，圆被线段 JL 的轨迹填充。由于点 L 走遍圆周,形成轨迹的线段再与不同大小的数值关联,构成丰富的色彩。

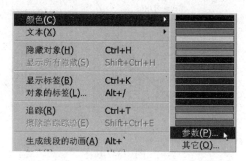

图 3-8-2

图 3-8-3

（11）选中线段 JL 的轨迹,按键盘上的"+"键,增加轨迹样点数目。

（12）先后选中点 C、F、I,选择"编辑"→"操作类按钮"→"动画"命令,显示"操作类按钮动画点"对话框后单击"确定"按钮,产生一个"动画点"按钮。

单击"动画点"按钮,观察圆 J 内部的颜色变化,会感到十分有趣。

【经验点拨】

（1）把点 C、F、I 画在线段上是为了使线段 LC、LF、LI 的长度有范围限制。

（2）改变点 C、F、I 中某点的位置,从而改变 LC、LF、LI 中某一条线段的长度,观察现象。

范例 68　用三个数值分别控制对象色调、饱和度、亮度。

【学习目的】

介绍怎样用三个数值分别控制对象的色调、饱和度、亮度,了解"颜色参数"各功能的用法。

【操作步骤】

（1）新建文件。如图 3-8-4 所示,画圆 A。其中 B 是控制圆大小的点。

（2）画直线 AB 交圆 A 于另一个点 C。

（3）画线段 CB,在线段 CB 上画点 D,在直线 CB 上画点 E、F。

（4）制作点 D 在线段 CB 上运动的"动画点"按钮,并把标签改为"动画点（&R）"。

（5）度量线段 CD、CE、CF、CB 的长。

（6）以点 C 为圆心,经过点 D 画圆,作出圆 C 与圆 A 的交点 G、H。

（7）作出圆 C 的圆弧 GH,并设置成粗线。

（8）选中圆弧 GH 及线段 CE、CD、CF 的长度值,选择"显示"→"颜色"→"参数"命令,显示"颜色参数"对话框,选择"色调、饱和度、亮度"单选按钮,范围设置成 0 到 4.19,其中 4.19 是线段 CB 的长（如图 3-8-5 所示）,单击"确定"按钮。

用变动的 CD 长控制饱和度。

（9）按键盘上的 R 键,圆弧以 C 为中心呈水波形展开,颜色越来越深。

（10）选中图 3-8-4 中所示除数字、按钮以外的全部图形,按 Ctrl+C 组合键（复制）。

（11）选择"编辑"→"粘贴"命令,粘贴复制的对象,立即（因为粘贴得到的对象处于选中状态）按键盘上的方向键改变它的位置（如移到左下方）,按 Esc 键释放对它们的选择。再选择"编辑"→"粘贴"命令,粘贴复制的对象,立即按键盘上的方向键改变它的位置(如移到右上方),按 Esc 键释放对它们的选择。再重复一次,把粘贴得到的对象移到右方。这样得到 4 个一样的图形,把 4 个点 D 都选中,制作它们同时运动的"动画点(&D)"按钮。

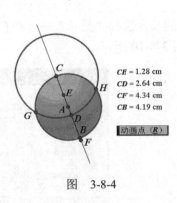

图 3-8-4

图 3-8-5

(12)按键盘上的 D 键,得到放置在桌面上形象逼真的 4 个球(如图 3-8-6 所示)。

图 3-8-6

【经验点拨】

(1)利用新版几何画板能够将对象的颜色与数字关联的功能可以制作出许多色彩鲜艳、层次分明的几何体(如图 3-8-7 和图 3-8-8 所示)。

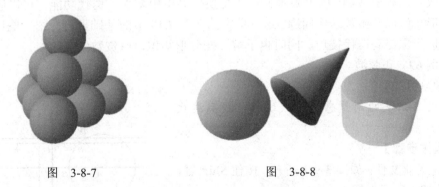

图 3-8-7　　　　　　　　　图 3-8-8

(2)从图 3-8-5 可以看出,由显示对象颜色使用的两种控制方式(红、绿、蓝或色调、饱和度、亮度)与颜色样式的三种方式:不要循环、单向循环、双向循环,能够形成 6 种搭配,再加上参数范围的设置,搭配种类非常多。可以通过下面的方法感受这些设置如何影响颜色的变化。

① 如图 3-8-9 所示，画一条长为 4cm 的（水平）线段 AB，在线段 AB 上画一点 C。

② 把点 C 沿 90°方向移动 1cm 得到 C'。画线段 CC'。

③ 画线段 DE、FG，分别在上面各画一点 H、I。

④ 度量线段 AC、DH、FI 的长。

⑤ 先后选中线段 CC'，线段 AC、DH、FI 的长，选择"显示"→"颜色"→"参数"命令，显示"颜色参数"对话框。参数设置如图 3-8-10 所示。

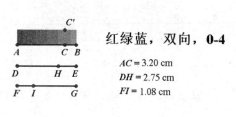

图 3-8-9

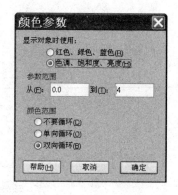

图 3-8-10

⑥ 同时选中点 C，线段 CC'，选择"构造"→"轨迹"命令，作出线段 CC' 的轨迹，并增加轨迹上的样点数目。

拖动点 C、H、I，观察轨迹颜色变化。改变参数范围设置（如 0~2，0~8），观察轨迹颜色变化。

3.9 分形几何

新版几何画板（4.0 以上版本）在"变换"菜单中增加了迭代功能，可以研究各种各样的分形几何以及函数迭代问题。这一节在第 2 章 2.19 节的基础上再介绍一些比较复杂的分形，进一步提高迭代技巧，同时也了解一些分形知识，欣赏数学美。

范例 69 正弦波。

【学习目的】

通过正弦波的制作感受迭代过程，提高迭代技巧。

【操作步骤】

（1）新建文件。如图 3-9-1 所示，按住 Shift 键，画直线 AB，显示标签 j。

（2）画圆 A，使控制大小的点 C 落在直线 j 上。

（3）在圆 A 上画一点 D。制作点 D 在圆上运动的动画按钮"动画点"。用文本工具把"动画点"改

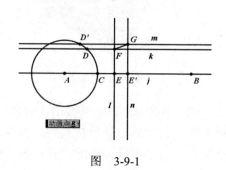

图 3-9-1

成"动画点(&R)"。这样按键盘上的 R 键就可以执行该按钮控制的动作。

(4) 在直线 j 上画一点 E,使 E 在点 C 的右边。

(5) 过点 D 作直线 j 的平行线,过点 E 作出直线 j 的垂线,作出它们的交点 F。

(6) 用"选择"工具双击点 A,把点 A 标记为旋转中心。

(7) 把点 D 绕点 A 旋转 15°,得到点 D'。

(8) 把点 E 沿 0° 方向平移 0.5cm(任意给出的值,并非 0.5cm 不可),得到点 E'。

(9) 过点 D' 作直线 j 的平行线 m,过点 E' 作直线 j 的垂线 n。作出它们的交点 G。

(10) 画线段 FG。

(11) 用"选择"工具选中直线 k、l、m、n 这 4 条直线,按 Ctrl+H 组合键,隐藏它们。

(12) 新建参数 n=24。

(13) 先后选中点 D、E 以及参数 n,按住 Shift 键,选择"变换"→"深度迭代"命令,显示"迭代"对话框,依次单击点 D'、E',并选中"结构"下拉菜单中的"仅保留非点类象",单击"迭代"按钮,得到正弦波(如图 3-9-2 所示)。

(14) 隐藏一些不必要的对象。

(15) 按键盘上的 R 键(或者单击"动画点(&R)"按钮),正弦波弹动起来。

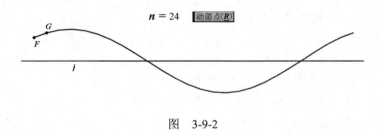

图 3-9-2

【经验点拨】

数一数正弦波上的点,共 26 个。其中 24 个是迭代得到的。

范例 70 蜂房。

【学习目的】

感受"初象"的构造,提高迭代技巧。

【操作步骤】

(1) 新建文件。如图 3-9-3 所示,画线段 AB。

(2) 把线段 AB,点 B 绕点 A 旋转 60°,得到线段 AB'、点 B'。

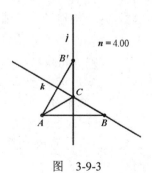

图 3-9-3

(3) 过 B' 作 AB 的垂线 j,过 B 作线段 AB' 的垂线 k。

(4) 作出直线 j、k 的交点 C。

(5) 隐藏直线 j、k 以及线段 AB、AB'。画线段 CA、CB、CB'。

(6) 新建参数 n=4。

(7) 先后选中点 A、B,参数 n,按住 Shift 键,选择"变换"→"深度迭代"命令,显示"迭代"对话框,依次单击点 A、C;按 Ctrl+A 组合键,依次单击点 B、C;按 Ctrl+A 组合键,依次单击点 B'、C;单击"显示"按钮,选中"最终迭代"选项(如图 3-9-4 所示），单击"迭代"按钮。

（8）选中线段 CA、CB、CB'以及点 A、B、C、B'，按 Ctrl+H 组合键，隐藏它们，得到图 3-9-5 所示蜂房。

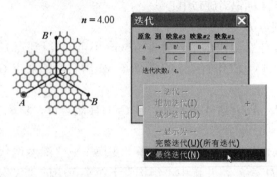

图 3-9-4　　　　　　　　　　　　　　图 3-9-5

（9）选中参数 $n=4$，按键盘上的"+"键或"–"键，观察效果。

范例 71　勾股树。

【学习目的】

提高迭代技巧；了解随机迭代的意义。

【操作步骤】

（1）新建文件。画两点 A、B。

（2）把点 B 绕点 A 旋转 $90°$，得到点 B'。

（3）把点 A 绕点 B' 旋转 $90°$，得到点 A'。

（4）画线段 BA'、$B'A'$。

（5）选中线段 $A'B'$，按 Ctrl+M 组合键，作出线段 $A'B'$ 的中点 C。

（6）以 C 为圆心，经过点 A' 画圆。

（7）先后选中点 A'、B'，圆 C，选择"构造"→"圆上的弧"命令，作出上半个圆弧。及时选择"构造"→"弧上的点"命令，在半圆上画点 D。

（8）同时选中圆 C、点 C、半圆弧、线段 $A'B'$，按 Ctrl+H 组合键，隐藏它们。把线段 BA' 设置成粗线。

（9）先后选中 $B'D$，选择"度量"→"距离"命令，度量出线段 $B'D$ 的长度。

（10）选中 A、B、A'、B' 这 4 点，按 Ctrl+P 组合键，填充正方形 $ABA'B'$。

（11）同时选中正方形 $ABA'B'$ 的内部以及线段 $B'D$ 的长，选择"显示"→"颜色"→"参数"命令，显示"颜色参数"对话框后单击"确定"按钮。把正方形 $ABA'B'$ 内部颜色与数字关联。

提示：正方形 $ABA'B'$ 的颜色也不一定与线段 $B'D$ 的长度关联，还可以与弧 $B'D$ 的长度关联或者其他变动的数字关联。

（12）建立点 D 在圆弧上运动的"动画点"按钮，方向选择逆时针。把按钮上的标签改为"动画点（&R）"。

（13）新建参数 $n=3$，用来控制迭代深度（如图 3-9-6 所示）。

（14）先后选中点 A，点 B，参数 n，按住 Shift 键，选择"变换"→"深度迭代"命令，显示"迭代"对话框。先后单击点 B'、D，按 Ctrl+A 组合键，再依次单击点 D、A'，取消"结构"下拉菜单中对"生成迭代数据表"的选择（如图 3-9-7 所示），单击"迭代"按钮，结果如图 3-9-8 所示。

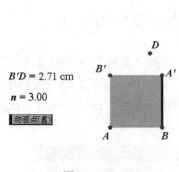

图 3-9-6

图 3-9-7

（15）选中参数 n，按键盘上的"+"键或"–"键，然后按键盘上的 R 键（或者单击"动画点"按钮），观察现象。

【经验点拨】

（1）要注意点的选择顺序，这与初始点 A、B 的选择顺序有关：如果先单击点 B，再选中点 A，则在迭代时，应该先后单击点 A'、D，然后按 Ctrl+A 组合键，再选中 D、B'。

（2）在这里，B'、D 与 D、A' 之间是"并联"关系，它们与 A、B 是"串联"关系。

（3）若在图 3-9-7 中选中"结构"下拉菜单中的"到所在对象的随机位置"选项，可能成为图 3-9-9 所示的情形。

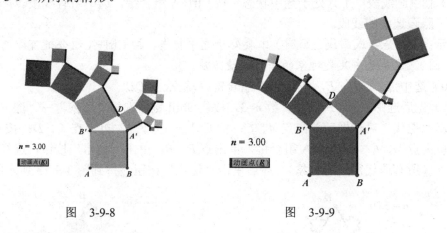

图 3-9-8　　　　　　　　　　图 3-9-9

范例 72　科赫雪花。

【学习目的】

科赫（Koch）曲线与科赫雪花是著名的分形之一。介绍同一初始条件根据不同目的实行不同迭代的方式；介绍在迭代中怎样利用自定义工具，进一步提高迭代技巧。

【操作步骤】

（1）新建文件。画两点 A、B。

（2）把点 A 标记为缩放中心，以 1∶3 的缩放比缩放点 B，得到点 B'。

（3）同样，把点 B 标记为缩放中心，以 1∶3 的缩放比缩放点 A，得到点 A'。

（4）以 B' 为中心，把点 A' 旋转 60° 得到点 A''。

（5）画线段 AB'、$B'A''$、$A''A'$、$A'B$。

（6）把点 B'、A''、A' 的标签分别改为 C、D、E（如图 3-9-10 所示）。

（7）新建参数 $n=3$。

（8）先后选中点 A、B，参数 $n=3$，按住 Shift 键，选择"变换"→"深度迭代"命令，显示"迭代"对话框后，单击点 A、C；按 Ctrl+A 组合键，单击点 C、D；按 Ctrl+A 组合键，单击点 D、E。按 Ctrl+A 组合键，单击点 E、B。单击"显示"按钮，选择"最终迭代"选项（如图 3-9-11 所示），最后单击"迭代"按钮得到图 3-9-12 所示的图形。

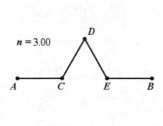

图 3-9-10　　　　　　　　　　　图 3-9-11

（9）使"画线段"工具处于选中状态，按 Ctrl+A 组合键，选中所有线段。再按 Ctrl+H 组合键，隐藏选中的线段。

提示：使画点（或画线、画圆）工具处于选中状态，按 Ctrl+A 组合键可以选中所有点（或线、圆）。这是选中某类对象的一种快捷方法。

（10）选中点 C、D、E，按 Ctrl+P 组合键，填充△CDE。

（11）先后选中点 A、B 以及参数 $n=3$，按住 Shift 键，选择"变换"→"深度迭代"命令，显示"迭代"对话框后单击点 A、C；按 Ctrl+A 组合键，单击点 C、D；按 Ctrl+A 组合键，单击点 D、E；按 Ctrl+A 组合键，单击点 E、B。单击"显示"按钮，选择"完整迭代"选项（所有迭代得到的对象），最后单击"迭代"按钮，得到图 3-9-13 所示的图形。

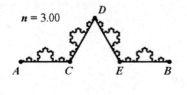
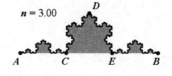

图 3-9-12　　　　　　　　　　　图 3-9-13

提示：这一次迭代是为了填充所有的小三角形。

（12）选中点 C、D、E，按 Ctrl+H 组合键，隐藏它们。

（13）选中图形的所有部分，最后选中参数 n=3，单击"自定义"工具，单击"创建新工具"，显示"新工具"对话框，输入工具名 Koch，单击"确定"按钮，制作工具。

（14）单击"自定义"工具按钮（此刻"Koch"工具处于选中状态），单击"显示脚本视图"，如图 3-9-14 所示，从"Koch 的脚本"对话框中可见，使用这个工具的前提条件是两个点以及一个数值。

（15）以 B 为中心，把点 A 旋转 60° 得到点 A'。

（16）选中点 A、B、A'，按 Ctrl+P 组合键填充 $\triangle ABA'$。

（17）选中"自定义"工具 Koch，单击点 B、A'，最后单击 n=3。

（18）同第（17）步，在点 A'、A 上使用 Koch 这个"自定义"工具，得到图 3-9-15 所示的图形。

图 3-9-14

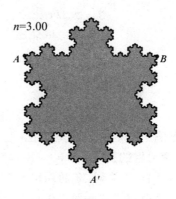

图 3-9-15

【经验点拨】

（1）自定义工具中也可以含有控制迭代次数的数值，这是迭代的一个重要技巧。

（2）雪花周长与面积的计算：

① 雪花周长的计算。根据公式 $L_0\left(\dfrac{4}{3}\right)^{n+1}$，其中 L_0 是图 3-9-15 中 $\triangle ABA'$ 的周长。

② 雪花面积的计算稍复杂。$S=S_0\left[\dfrac{8}{5}-\dfrac{3}{5}\left(\dfrac{4}{9}\right)^{n+1}\right]$，其中 S_0 是图 3-9-15 中 $\triangle ABA'$ 的面积。

事实上，这是以下数列的求和问题：

$a_1=S_0$，$a_2=\dfrac{1}{3}a_1$，$a_3=\dfrac{4}{9}a_2$（此刻 n=1），$a_4=\dfrac{4}{9}a_3$，…。从 a_2 起构成以 $\dfrac{4}{9}$ 为公比的等比数列，即 $a_1=S_0$，$a_2=\dfrac{1}{3}S_0$，$a_3=\dfrac{4}{9}\cdot\dfrac{1}{3}S_0$，$a_4=\left(\dfrac{4}{9}\right)^2\cdot\dfrac{1}{3}S_0$，…。

求和，得

$S=S_0+\dfrac{1}{3}S_0+\dfrac{4}{9}\cdot\dfrac{1}{3}S_0+\cdots+\left(\dfrac{4}{9}\right)^n\cdot\dfrac{1}{3}S_0$

$$=S_0+\frac{1}{3}S_0\cdot\frac{1-\left(\frac{4}{9}\right)^{n+1}}{1-\frac{4}{9}}=S_0\left[\frac{8}{5}-\frac{3}{5}\left(\frac{4}{9}\right)^{n+1}\right]。$$

如图 3-9-16 所示，制作表格，改变 n，观察面积变化。

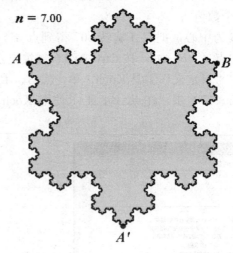

n	L	s
1.00	35.11 cm	27.80 cm²
2.00	46.81 cm	29.03 cm²
3.00	62.42 cm	29.58 cm²
4.00	83.22 cm	29.83 cm²
5.00	138.70 cm	46.77 cm²
6.00	184.93 cm	46.85 cm²
7.00	246.58 cm	46.88 cm²

$L_0 = 24.69$ cm

$S_0 = 29.32$ cm²

周长 $L = 246.58$ cm

面积 $S = 46.88$ cm²

图 3-9-16

范例 73 谢尔宾斯基地毯。

【学习目的】

与 2.19 节范例 37 的谢尔宾斯基（Sierpinski）三角形不同，谢尔宾斯基地毯是要把中间的正方形留空（如图 3-9-17 所示），因此迭代方法也有所不同。

【操作步骤】

（1）新建文件。如图 3-9-17 所示，画两点 A_1、D_1。

（2）把点 D_1 绕点 A_1 旋转 90° 得到 A_4。再把点 A_1 绕 A_4 旋转 90° 得到 D_4。A_1、D_1、D_4、A_4 是正方形的 4 个顶点。

（3）作出 A_1D_1 等各边的三等分点，作出点 B_2、C_2 以及 B_3、C_3。

（4）填充正方形 $A_1B_1B_2A_2$ 等 8 个小正方形（除中间的正方形 $B_2C_2C_3B_3$）。

（5）新建参数 $n=2$。

（6）先后选中点 A_1、D_1 以及参数 n，按住 Shift 键，选择"变换"→"深度迭代"命令，显示"迭代"对话框。如图 3-9-18 所示，单击 A_3、B_3；按 Ctrl+A 组合键，单击 B_3、C_3；按 Ctrl+A 组合键，单击 C_3、D_3；按 Ctrl+A 组合键，单击 A_2、B_2；按 Ctrl+A 组合键，单击 C_2、D_2；按 Ctrl+A 组合键，选择 A_1、B_1；按 Ctrl+A 组合键，选择 B_1、C_1；按 Ctrl+A 组合键，单击 C_1、D_1。单击"显示"按钮，选择"最终迭代"选项，最后单击"迭代"按钮，得到图 3-9-19 所示的图形。

（7）使"多边形工具"处于选中状态，按 Ctrl+A 组合键，选中先前填充的 8 个小正方形，再按 Ctrl+H 组合键，隐藏它们。使"画点"工具处于选中状态，按 Ctrl+A 组合键选中所有的点，按 Ctrl+H 组合键隐藏所有的点。

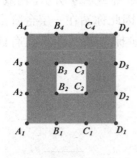

图 3-9-17

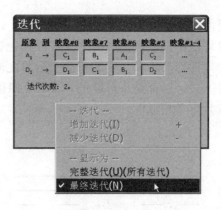

图 3-9-18

（8）选中 n，按"+"键，使 $n=3$，得到图 3-9-20 所示图形。

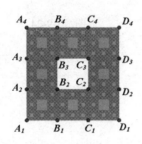

图 3-9-19

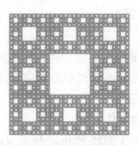

图 3-9-20

作为练习，请迭代出图 3-9-21 和图 3-9-22 所示的图形。

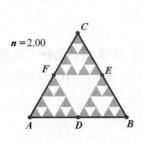

图 3-9-21

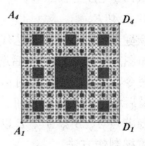

图 3-9-22

范例 74 康托集与魔鬼阶梯。

取长度为 1 的线段，设为区间[0，1]。把它三等份，去掉中间一份 $\left(\dfrac{1}{3}, \dfrac{2}{3}\right)$，然后把剩下的两线段 $\left[0, \dfrac{1}{3}\right]$、$\left[\dfrac{2}{3}, 1\right]$ 再分成三等份，也去掉中间一份 $\left(\dfrac{1}{9}, \dfrac{2}{9}\right)$，$\left(\dfrac{7}{9}, \dfrac{8}{9}\right)$。一直继续下去，直到无限多次后所剩下的集合叫做康托尔（Cantor）集合或称为康托尔粉尘（图 3-9-23 中

只表示了前 5 个阶段）。

如果每次都把取走的三分之一线段往上提一段距离，如图 3-9-24 所示，构成一个阶梯。这是一个很特殊的阶梯，它的每两个台阶之间总有台阶，因此你站在一层台阶上，想上去一层或者下去一层都是不可能的。这个阶梯也称为"魔鬼阶梯"。魔鬼阶梯具有任意的细微结构，且具有自相似性。

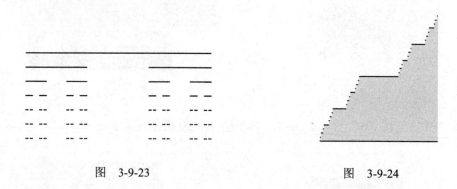

图 3-9-23　　　　　　　　　　　　图 3-9-24

【学习目的】
用向量控制迭代过程，提高迭代技巧。

【操作步骤】

康托集的制作方法

（1）如图 3-9-25 所示，画点 A、B。

（2）以 A 为缩放中心，以 1：3 为缩放比缩放点 B，得到点 B'；以 B 为缩放中心，以 1：3 为缩放比缩放点 A，得到点 A'。

（3）画线段 AB'、$A'B$、CD，并标记向量 $\overrightarrow{CD}$。

（4）依向量 $\overrightarrow{CD}$ 平移点 A、B'、A'、B 以及线段 AB'、$A'B$，得到点 E、B''、A''、F 以及线段 EB''、$A''F$。

（5）新建参数 $n=5$（控制迭代深度）。

（6）如图 3-9-25 所示，先后选中点 A、B，参数 n，按住 Shift 键，选择"变换"→"深度迭代"命令，显示"迭代"对话框后，依次单击点 E、B''；按 Ctrl+A 组合键，再单击点 A''、F，最后单击"迭代"按钮。

（7）隐藏点 A、B'、A'、B 以及线段 AB'、$A'B$。完成制作。

魔鬼阶梯制作方法

（1）如图 3-9-26 所示，画线段 AB。

（2）以 A 为缩放中心，以 1：3 为缩放比缩放点 B，得到点 B'；以 B 为缩放中心，以 1：3 为缩放比缩放点 A，得到点 A'。

（3）画线段 $B'A'$。

（4）画线段 CD。标记向量 $\overrightarrow{CD}$。

（5）依向量 $\overrightarrow{CD}$ 平移点 B'、A'、B 以及线段 $B'A'$，得到点 B''、A''、E 以及线段 $B''A''$，填充四边形 $B'BEB''$。

（6）新建参数 $n=3$。以 C 为中心，以 1：2 为缩放比缩放点 D，得到点 D'（如图 3-9-26

所示）。

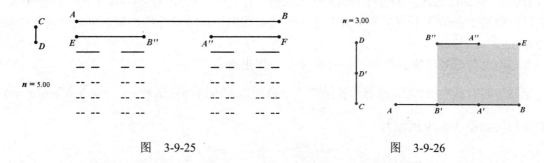

图 3-9-25　　　　　　　　　　　图 3-9-26

（7）先后选中点 A、B、D、参数 n、按住 Shift 键，选择"变换"→"深度迭代"命令，显示"迭代"对话框后，依次单击 A，B'，D'；按 Ctrl+A 组合键，再依次单击点 A''、E、D'，最后单击"迭代"按钮，得到图 3-9-27 所示的情形。

（8）选中迭代产生的位于线段 $A''E$ 上方右边线段，删除它。隐藏点 B''、A''、E、B'、A' 共 5 点，得到图 3-9-28 所示的情形。

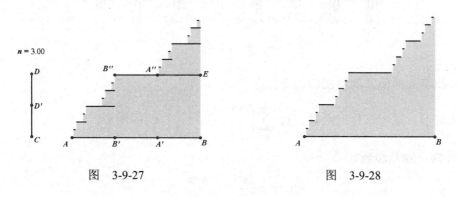

图 3-9-27　　　　　　　　　　　图 3-9-28

范例 75　魏尔斯特拉斯函数的图像。

函数 $f(x)=\sum_{k=1}^{+\infty}b^k\cos(a^k\pi x)$ $\left(0<b<1,\ a\ 是奇数,\ ab>1+\dfrac{3\pi}{2}\right)$ 称为维尔斯特拉斯（Weierstrass）函数。这是德国数学家维尔斯特拉斯在 1872 年发现的一个处处连续但处处不可微的奇异函数，被称为"病态数学怪物"。

【学习目的】

介绍 $\sum_{k=1}^{n}b^k\cos(a^k\pi x)$ 的制作，进一步了解迭代结果中"终点"的用法。

【操作步骤】

（1）新建文件。

（2）如图 3-9-29 所示，新建参数 $k=0$，$a=9$，$b=0.77$，$f_0=0$，$n=2$。一共建立 5 个参数。

（3）建立坐标系。在 x 轴上画点 A，度量点 A 的横坐标 x_A。

（4）计算 $k+1$、$f_0+b^k\cos(a^k\pi x_A)$。

（5）画点 $B(x_A,\ f_0+b^k\cos(a^k\pi x_A))$。

(6) 先后选中参数 f_0、k、n，按住 Shift 键，选择"变换"→"深度迭代"命令。显示"迭代"对话框后依次单击 $f_0+b^k\cos(a^k\pi x_A)$、$k+1$，并选中"显示"下拉菜单中的"最终迭代"选项，取消"结构"下拉菜单中对"生成迭代数据表"选项的选择，最后单击"迭代"按钮。

(7) 及时选择"变换"→"终点"命令，作出点 C。

(8) 同时选中 A、C，选择"构造"→"轨迹"命令，画出函数 $f(x)=\sum_{k=1}^{n}b^k\cos(a^k\pi x)$ 的图像（如图 3-9-29 所示）。

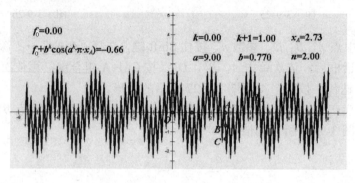

图 3-9-29

(9) 改变 n 的值，观察图像的变化。

作为练习，试一试作出函数 $f(x)=\sum_{k=1}^{10}\left(\frac{3}{2}\right)^{-\frac{k}{2}}\sin\left(\left(\frac{3}{2}\right)^k x\right)$ 的图像。

范例 76 泰勒级数。

$$\sin(x)=x-\frac{x^3}{3!}+\frac{x^5}{5!}-\frac{x^7}{7!}+\cdots$$

$$\sin(x)=\sum_{n=0}^{\infty}\frac{(-1)^n x^{2n+1}}{(2n+1)!}$$

表达式右边的级数称为泰勒级数。

【学习目的】

介绍 $\sum_{k=0}^{n}\frac{(-1)^k x^{2k+1}}{(2k+1)!}$ 的制作，进一步了解迭代结果中"终点"的用法。

【操作步骤】

方法 1

(1) 新建文件。如图 3-9-30 所示，新建 5 个参数 $k=0$，$n=1$，$t=1$，$s_0=0$，$m=6$（控制迭代深度）。

(2) 在 x 轴上画一点 C，并度量它的横坐标 x_C。

(3) 计算 $k+1$，$n+2$，$t(n+1)(n+2)$，$s_0+\dfrac{(-1)^k x_C^{2k+1}}{t}$。

(4) 绘制点 $K(x_C, s_0)$（与点 C 重合）。

（5）以 m 为深度进行如下迭代：$k \to k+1$，$n \to n+2$，$t \to t(n+1)(n+2)$，$s_0 \to s_0 + \dfrac{(-1)^k x_C^{2k+1}}{t}$。

及时（迭代生成的对象处于选中状态）选择"变换"→"终点"命令，作出点 K 迭代后生成的终点 P。以点 C 为主动点，建立点 P 的轨迹（如图 3-9-30 所示）。

方法 2

（1）如图 3-9-31 所示，新建 4 个参数 $n=0$，$2k+1=1$，$s_0=0$，$m=6$（用于控制迭代深度）。

（2）在 x 轴上画一点 C，并度量它的横坐标 x_C。

（3）计算 $n+1$，$(2k+1)(2n+2)(2n+3)$，$s_0 + \dfrac{(-1)^n x_C^{2n+1}}{2k+1}$。

（4）绘制点 $K(x_C, s_0)$（与点 C 重合）。

（5）以 m 为迭代深度进行如下迭代：$n \to n+1$，$2k+1 \to (2k+1)(2n+2)(2n+3)$，$s_0 \to s_0 + \dfrac{(-1)^n x_C^{2n+1}}{2k+1}$。

及时（迭代生成的对象处于选中状态）选择"变换"→"终点"命令，作出点 K 迭代后生成的终点 P。以点 C 为主动点，建立点 P 的轨迹（如图 3-9-31 所示）。

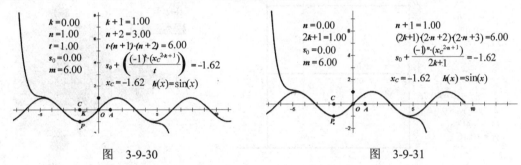

图 3-9-30　　　　　　　　　　图 3-9-31

范例 77　曼德尔勃罗特集。

曼德尔勃罗特（Mandelbrot）集是指复平面上的映射 $z \to z^2 + c$（其中 z、c 都是复变量），由 $z^2 + c$ 构成的集合。朱利亚集是它的子集。

【学习目的】

制作经复平面上的映射 $z \to z^2 + c$（其中 z、c 都是复变量）迭代后构成的集合。用对轨迹的跟踪形成的踪迹表现图形。

【操作步骤】

（1）如图 3-9-32 所示，画一个正方形 $ABFD$，使边 AB 平行于 x 轴，AD 平行于 y 轴。

（2）在边 AD 上画一点 M，过 M 作边 AB 的平行线，交 BF 于 N。

（3）隐藏直线 MN，画线段 MN。

（4）在线段 MN 上画一点 C，度量点 C 的横坐标 x_C，纵坐标 y_C。

提示：选中点 C，按住 Shift 键可一次度量出横、纵两个坐标。

（5）建立参数 $x_0=0$，$y_0=0$。计算 $x_1 = x_0^2 - y_0^2 + x_C$，$y_1 = 2x_0 y_0 + y_C$。画点 $E(x_1, y_1)$。

（6）新建参数 $t=65$（控制迭代深度，未必非 65 不可）。

(7) 依次选中 x_0、y_0、t,选择"变换"→"深度迭代"命令,显示"迭代"对话框后依次单击 x_1、y_1,并选择"显示"下拉菜单中的"最终迭代"选项,取消"结构"下拉菜单中对生成表格的选择,最后单击"迭代"按钮。

(8) 及时选择"变换"→"终点"命令,得到一点 Q,度量点 Q 的纵坐标 y_Q(或者横坐标 x_Q)。

(9) 同时选中点 C 与 y_Q(或者横坐标 x_Q),选择"显示"→"颜色"→"参数"命令,显示"颜色参数"对话框,把参数范围设置成 0~10(不是非此范围不可),单击"确定"按钮。这时点 C 成为 C'(如图 3-9-32 所示)。

(10) (只要)选中 C',选择"构造"→"轨迹"命令,得到点 C' 的轨迹 L_1。

提示:使点 C' 形成轨迹的是点 C。C' 与 C 的不同在于 C' 已经赋予新的内容(如颜色)。

(11) 及时按 Ctrl+T 组合键,跟踪轨迹 L_1。

(12) 选中点 M,选择"编辑"→"操作类按钮"→"动画"命令,显示对话框后接受默认设置,单击"确定"按钮,建立点 M 运动的"动画点"按钮。

(13) 使得原点位于正方形的中偏左侧,单击"动画点"按钮,得到图 3-9-33 所示的图形。

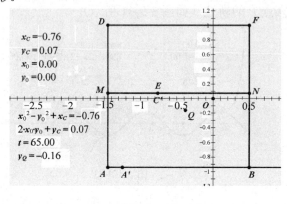

图 3-9-32

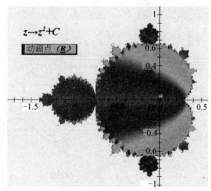

图 3-9-33

【请你试试】

只要修改图 3-9-32 中的计算式 $x_1 = x_0^2 - y_0^2 + x_C$,$y_1 = 2x_0y_0 + y_C$ 就可以依据下列映射关系做出迭代:

(1) $F(z) = z^3 + c$。

提示:$z = x + iy(x, y \in \mathbf{R})$,$z^3 = (x^3 - 3xy^2) + i(3x^2y - y^3)$。

(2) $F(z) = z^5 + z^2 + c$。

提示:$z = x + iy(x, y \in \mathbf{R})$,$z^5 + z^2 = (x^5 - 10x^3y^2 + 5xy^4 + x^2 - y^2) + i(5x^4y - 10x^2y^3 + y^5 + 2xy)$。

(3) $F(z) = e^z + c$。

提示:余弦:$\cos(x+iy) = \cos x \cosh y - i\sin x \sinh y$,正弦:$\sin(x+iy) = \sin x \cosh y + i\cos x \sinh y$,指数:$e^{(x+iy)} = e^x \cos y + ie^x \sin y$,其中双曲余弦:$\cosh x = \dfrac{e^x + e^{-x}}{2}$,双曲正弦:$\sinh x = \dfrac{e^x - e^{-x}}{2}$。

其结果分别如图 3-9-34～图 3-9-36 所示。

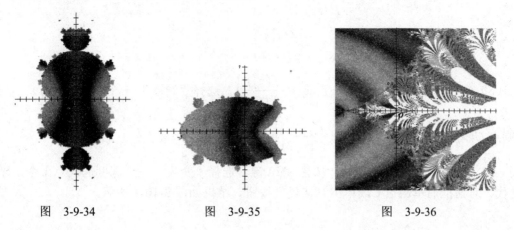

| 图 3-9-34 | 图 3-9-35 | 图 3-9-36 |

注意：复数 $z=a+bi$（a、$b\in\mathbf{R}$）的三角形式是 $z=\cos\theta+\mathrm{i}\sin\theta$。

3.10 差分方程

数列 $\{a_n\}$ 中的 a_n 和前面的 a_i（$1\leqslant i<n$）关联起来的方程称为差分方程，数列的第 1 项 a_1 叫做初始条件。有些差分方程（尤其是非线性）没有解析解，借助计算工具可以研究它的数值解或图形解，了解解的形态。

范例 78 用牛顿法找方程的近似解。

【学习目的】

用迭代方法找方程的近似数值解，其原理是通过迭代找出函数 $f(x)$ 的不动点，即为方程 $f(x)=x$ 的近似解。

牛顿（Newton）法，迭代公式是 $\left(x_{n+1}=x_n-\dfrac{f(x_n)}{f'(x_n)}\right)$。

为了配合新教材的使用，设 $f(x)=ax^4+bx^3+cx^2+dx+e$，以下介绍求函数 $f(x)$ 零点近似解的制作方法。

【操作步骤】

（1）建立直角坐标系。给原点加注标签 O，为单位点加注数字标签 1。

（2）新建 6 个参数 $a=-0.18$，$b=-0.27$，$c=1.90$，$d=1.70$，$e=-1.73$，$n=6$。

（3）选择"绘图"→"绘制新函数"命令，编辑函数 $f(x)=ax^4+bx^3+cx^2+dx+e$，画出它的图像。

（4）选中函数 $f(x)=ax^4+bx^3+cx^2+dx+e$，选择"数据"→"创建导函数"命令，得到它的导函数 $f'(x)=4ax^3+3bx^2+2cx+d$。

（5）度量点 B 的横坐标 x_B。

（6）打开计算器，计算 $x_B-\dfrac{f(x_B)}{f'(x_B)}$。

迭代公式是 $x_{n+1}=x_n-\dfrac{f(x_n)}{f'(x_n)}$。

（7）再打开计算器，计算 $f\left(x_B-\dfrac{f(x_B)}{f'(x_B)}\right)$。

（8）先后选中 $x_B-\dfrac{f(x_B)}{f'(x_B)}$，$f\left(x_B-\dfrac{f(x_B)}{f'(x_B)}\right)$，选择"绘图"→"绘制（x，y）"命令，绘制点 $C\left(x_B-\dfrac{f(x_B)}{f'(x_B)},\ f\left(x_B-\dfrac{f(x_B)}{f'(x_B)}\right)\right)$。点 C 当然在函数 $f(x)$ 的图像上。

（9）先后选中点 B，参数 n，按住 Shift 键，选择"变换"→"深度迭代"命令，显示"迭代"对话框后单击点 C，单击"迭代"按钮。结果如图 3-10-1 所示。

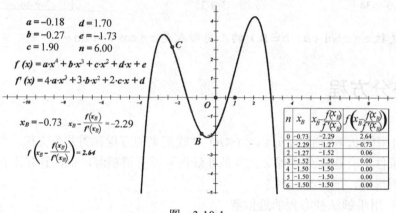

图 3-10-1

（10）观察表格，显示函数 $f(x)$ 的一个零点的近似值是 -1.50。

（11）拖动点 B，改变它的位置，观察表格的第 3 列，找出函数 $f(x)$ 的另外三个零点的值分别为 -3.52、0.63、2.89。

【请你试试】

（1）用牛顿法找方程 $x^3-3x-1=0$ 的一个近似解。

（2）制作函数 $y=x^3$ 图像上一点处的切线。

（3）根据下列关系

$$x_{k+1}=x_k-\dfrac{x_k-x_{k-1}}{f(x_k)-f(x_{k-1})}\cdot f(x_k),\ k=1,\ 2,\ 3,\ 4,\ \cdots$$

迭代求函数零点的近似值解。

这种方法称为"牛顿割线法"。试用"牛顿割线法"求方程 $x^3-x-1=0$ 的近似解。

提示：给定两个初始值 $a_0=0.5$，$a_1=1.5$，设 $f(x)=x^3-x-1$。

范例 79 函数迭代系统 Mira 过程。

科学家 Gumovski 及 Mira 为了研究粒子在加速器轨道中轨迹的混沌行为，提出了如下迭代过程：

$x_{n+1}=by_n+f(x_n)$；$y_{n+1}=-x_n+f(x_{n+1})$。其中 $f(x)=ax+\dfrac{(1-a)^2 x^2}{1+x^2}$，$-1<a<1$ 及 $b=1$ 或接

近于1。每一对 a、b 都将产生非常有趣的图形,当 $a=-0.45$,$b=0.93$ 时,图形称为"三翅鹰"。

【操作步骤】

(1) 新建文件。建立直角坐标系,隐藏网格。给原点加注标签 O。

(2) 新建三个参数 $a=0.098$,$b=1.00$,$n=10\,000$。

(3) 选中参数 a。把参数的精确度设置为十万分之一,把按一次"+"键(或"−"键)的改变值改为 0.00001。

(4) 任意画一点 B,度量点 B 的横坐标 x_B 以及它的纵坐标 y_B。

(5) 选择"数据"→"新建函数"命令,建立函数式 $f(x)=ax+\dfrac{(1-a)^2 x^2}{1+x^2}$。

(6) 打开计算器,计算 $by_B+f(x_B)$,$-x_B+f(by_B+f(x_B))$。

(7) 绘制点 $C(by_B+f(x_B)$,$-x_B+f(by_B+f(x_B)))$。

(8) 先后选中点 B,参数 $n=10\,000$,按住 Shift 键,选择"变换"→"深度迭代"命令,显示"迭代"对话框,单击点 C,取消"结构"下拉菜单中对"生成迭代数据表"的选择,单击"迭代"按钮,得到图 3-10-2 所示的图形。

(9) 改变 a,b 的值,拖动点 B 改变位置观察图形的变化。图 3-10-3 是 $a=-0.45$,$b=0.93$ 时的情形。这个图称为"三翅鹰"。再改变 a、b 的值,作出图 3-10-4 和图 3-10-5 所示的图形。

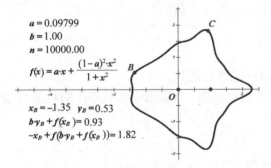

图 3-10-2

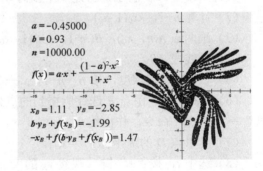

图 3-10-3

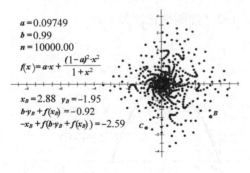

图 3-10-4

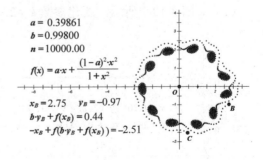

图 3-10-5

【请你试试】

依照下列关系迭代,请你试一试:

(1) 国王映射。

$x_{n+1} = \sin(b\, y_n) + c \sin(b\, x_n)$, $y_{n+1} = \sin(a\, x_n) + d \sin(a\, y_n)$

初始值 $x_0 = y_0 = 0.1$。$a = -1.56918$，$b = 2.679879$，$c = 0.865145$，$d = 0.744728$。

(2) $x_{n+1} = y_n - \text{sgn}(x_n) \times \text{sqrt}(|b\, x_n - c|)$；$y_{n+1} = a - x_n$。

初始值 $x_0 = 0$，$y_0 = 0$。

① $a = 45$，$b = 2$，$c = -300$。

② $a = 30$，$b = 5$，$c = -300$。

范例 80 逻辑斯谛差分方程。

【学习目的】

教育部颁布的《普通高中数学课程标准（实验）》在《数列与差分》这个专题中要求："通过具体实例（如种群增长等），体会方程 $x_{n+1} = k\, x_n (1 - x_n)$ 是十分有用的数学模型。借助计算工具，用迭代法分别对 k 取一些特殊值（如 $0 < k \leqslant 1$，$1 < k \leqslant 3$，$k = 3.4$，$k = 3.55$，$k = 3.7$）的情形，讨论 x_n 的变化，初步了解非线性问题的复杂性。"

方程 $x_{n+1} = k x_n (1 - x_n)$ 称为逻辑斯谛（Logistic）差分方程，又称为逻辑斯谛映射。

逻辑斯谛差分方程除特殊情况之外一般没有解析解。这里学习用几何画板迭代得到的图形（或数值）来表现解的形态。

【操作步骤】

方法 1

(1) 如图 3-10-6 所示，新建 4 个参数 $n = 0$，$x_0 = 0.2$，$k = 2.9$，$t = 97$（控制迭代次数）。

(2) 计算 $n+1$，$k x_0(1-x_0)$。

(3) 画两点 $A(n, x_0)$，$B(n+1, k x_0(1-x_0))$。

(4) 画线段 AB。

(5) 以 t 为迭代深度，依 $n \to n+1$，$x_0 \to k x_0(1-x_0)$ 进行迭代。

(6) 及时选择（由点 B 迭代所得到的点处于选中状态，否则选中迭代产生的对象）"变换" → "终点" 命令，作出终点 D。

(7) 度量点 D 的纵坐标 $y_D = x_{t+1}$。

(8) 选中 t，按"+"键，观察 y_D 的大小变化。

方法 2

(1) 如图 3-10-7 所示，新建参数 $k = 2.9$，$t = 192$（控制迭代次数）。

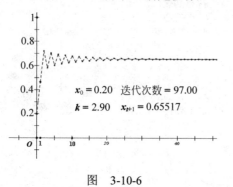

图 3-10-6

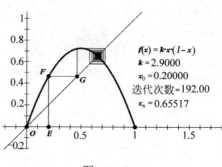

图 3-10-7

(2) 画出抛物线 $y = k x(1-x)(0 < x < 1)$ 与直线 $y = x$。

(3) 在 x 轴上画一点 $E(x_0, 0)$(使 $x_0=0.2$)，过 E 画 x 轴的垂线 $x=x_0$，作出与抛物线交点 F。F 的纵坐标是 $x_1=k x_0(1-x_0)$。

(4) 过点 F 画平行于 x 轴的直线 $y=x_1$，作出它与直线 $y=x$ 的交点 G，其坐标是 (x_1, x_1)。

(5) 以 t 作为迭代深度，依 $E \to G$ 作迭代得到图 3-10-7 所示的蛛网图。

(6) 作出迭代所得到的点的终点 P，并度量它的横坐标（近似值为 0.65517）。

【经验点拨】

(1) 改变 k 的值，如 $k=3.4$，$k=3.55$，$k=3.7$，再观察解的形态（注意增加迭代次数）。

(2) 当 $1<k<3$ 时，有稳定的不动点 $1-\frac{1}{k}$；$k=3$ 时，不动点 $1-\frac{1}{k}$ 开始一分为二，出现周期解，其他如表 3-10-1 所示。

表 3-10-1　分岔情况与 k 的取值序列

分 岔 情 况	k 的取值序列 k_n
稳定的 2-周期解	$3<k<3.449$
稳定的 4-周期解	$3.449<k<3.544$
倍周期分岔 8, 16, 32, …, 2^n	$3.544<k<3.570$
…	
混沌现象	$k>3.57$

(3) 迭代的几何意义。

如图 3-10-8 所示，函数 $f(x)=kx(1-x)$ 的图像是开口向下的抛物线。由 $f(x)=kx(1-x)=-k\left(x-\frac{1}{2}\right)^2+\frac{k}{4}$ 知道，当 $x=\frac{1}{2}$ 时，$f(x)$ 有最大值 $\frac{k}{4}$，抛物线关于直线 $x=\frac{1}{2}$ 对称。假定 k 是 0～4 之间的常数，x 在区间 $[0, 1]$ 上取值。

对给定的 k，逻辑斯谛映射是一个以不均匀的方式拉长或压缩 $[0, 1]$ 区间。例如 $k=4$，这时 $f(x)=4x(1-x)$。当 x 从 0 变到 $\frac{1}{2}$ 时，$f(x)$ 从 0 变到 1。这个映射是把 $\left[0, \frac{1}{2}\right]$ 拉长成 $[0, 1]$，

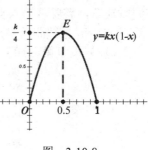

图 3-10-8

当 x 从 $\frac{1}{2}$ 变到 1 时，$f(x)$ 从 1 变到 0，又是拉长，但将原区间颠倒过来。映射总效果是拉长线段 $[0, 1]$，又使它覆盖 $[0, 1]$ 线段两次。

如果把 k 取成 3，效果还是拉长与折叠，不过是把 $\left[0, \frac{1}{2}\right]$ 拉长成 $\left[0, \frac{3}{4}\right]$ 而已。当 $0<k<2$ 时，映射的效果是压缩与折叠。如果 $k>4$，则迭代的结果将超出 $[0, 1]$ 区间。多次迭代的结果会使有的 x 值很快趋向于无穷。假定 k 在区间 $[0, 4]$ 上变化。

范例 81　逻辑斯谛映射的周期形态。

【学习目的】

对于方程 $x_{n+1}=kx_n(1-x_n)$，通过迭代，对每一个 k 找出所对应的周期点，观察周期点的规律。

【操作步骤】

（1）建立矩形坐标系，给原点加注标签 O，分别给 x、y 轴上的单位点加注标签 B、C，把 y 轴上的单位长设置得大一些。

（2）以 O 为缩放中心，以 4 为缩放比，缩放单位点 B 得到 B'，把 B' 标签改为 D。画线段 OD。

（3）在线段 OD 上画一点 E，并度量横坐标 x_E，使 $x_E=0.5$（估计即可）。

（4）改 x_E 的标签为 $f(x)$，即 $f(x)=x_E$。

（5）定义函数 $g(x)=xf(x)(1-f(x))$。注意其中 $f(x)$ 是常数 x_E，其实这里的 $g(x)$ 是一次函数。

（6）在线段 OD 上再画一点 F，度量点 F 的横坐标 x_F。打开计算器，先单击 $g(x)=xf(x)(1-f(x))$，再单击 x_F。计算 $g(x_F)$。

（7）绘制点 $G(x_F, g(x_F))$。先后选中点 F、G，选择"构造"→"轨迹"命令，作出点 G 的轨迹 L_1（一条线段）。

（8）隐藏坐标网格，隐藏点 D、F、G，隐藏线段 OD，隐藏 x_F、$g(x_F)$。

（9）按 **Ctrl+A** 组合键，选中所有对象，单击"自定义"工具按钮，制作自定义工具"工具#1"。打开脚本试图，可以发现其前提条件是给出原点 O。

（10）单击"自定义"工具按钮，单击"工具#1"，再单击原点 O，画出轨迹 L_2。同时出现了点 H，还出现函数式 $h(x)=x\times m_1\times(1-m_1)$ 以及计算值 $m_1=0.59$。这里的 m_1 是点 H 的横坐标。

（11）双击 $h(x)=x\times m_1\times(1-m_1)$，显示函数式编辑器，用 $g(x)=xf(x)(1-f(x))$ 替换 m_1。同时注意，需要再输入自变量 x 以及右括号。确定后画出 $h(x)=x\times g(x)\times(1-g(x))$ 的图像。删除点 H（m_1 自然跟着被删除）。

（12）重复第（10）～（11）步，直到满意为止，如图 3-10-9 所示。

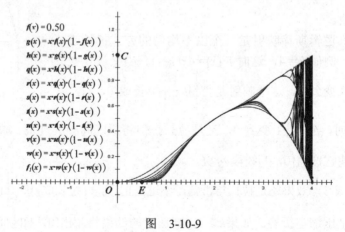

图 3-10-9

【经验点拨】

所谓混沌，指存在于自然系统形态中的内在的不可预测性。更具体地说，对初始值细微变化的敏感依赖性是混沌的本质特征。

图 3-10-9 称为逻辑斯谛映射的分岔图。对于同一个初始值，当把 k 的值增加到 3.5 左右时，周期为 2 的形态失衡，出现周期 4 的循环。当把 k 增加到 3.56 时，周期成为 8。

当 $k=3.567$（微小变化）时，周期是 16，此后周期迅速加倍。$k>3.57$ 时逻辑斯谛映射出现混沌。

仔细观察，图 3-10-9 中大约在 $k=3.835$ 的附近有一些细长的白条，这些白条构成周期窗口，在这里包含三棵小树。如果选取一棵小树放大，这棵小树也以混沌带告终。这个混沌带又有细长白条。这就是说，小窗口中有窗口，小窗口中又含有更小的树，这个过程可以越变越小地继续下去。实际上，每个窗口都是整个图形的复制品，包含着完全相同的自身缩影。这就是自相似性，典型的分形。

逻辑斯谛映射的分岔图还可以这样制作：

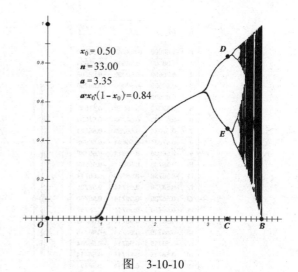

图 3-10-10

（1）如图 3-10-10 所示，建立矩形坐标系，给原点加注标签 O。隐藏网格。

（2）绘制点 $B(4, 0)$，画线段 OB。

（3）在线段 OB 上画一点 C，度量点 C 的横坐标 x_C。把 x_C 改为 a。

（4）新建参数 $x_0=0.5$，$n=50$（可以是其他值）。

（5）计算 $ax_0(1-x_0)$。绘制点 $D(a, ax_0(1-x_0))$。

（6）以 n 为迭代深度，依 $x_0 \to ax_0(1-x_0)$ 迭代。

（7）及时选择（点 D 迭代后生成的像处于选中状态，否则选中迭代产生的对象）"变换"→"终点"命令，得到点 E。隐藏点 D。

（8）同时选中点 C、E，选择"构造"→"轨迹"命令，及时按 Ctrl+T 组合键，跟踪轨迹。

（9）增加参数 n 的值，观察效果。

（10）拖动点 C 改变 a，观察分岔情况。

依下列迭代关系迭代也很有趣，请读者试试：

$x_{n+1}=kx_n^2-1$（其中 $x_1=0.54321$），分别研究 $k=1.4$，1.5，1.74，1.75 时迭代的结果。

3.11 用二分法找方程解的近似值

范例 82 用二分法找方程 $e^x+x=0$ 的近似解。

【学习目的】

介绍函数 sgn() 在迭代中的应用，提高迭代技巧，配合全新课标教材的使用。

【操作步骤】

（1）新建文件。如图 3-11-1 所示，建立直角坐标系，给原点加注标签 O。隐藏网格。

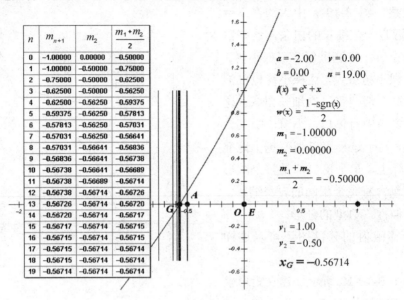

图 3-11-1

（2）新建参数 $a=-2$，$b=0$，$n=2$（控制迭代次数）。

提示：这里的 a、b 确定根所在的区间 (a, b)。

（3）新建函数 $w(x)=\dfrac{1-\text{sgn}(x)}{2}$。

（4）绘制函数图像 $f(x)=e^x+x$。

（5）计算 $m_1 = w\left(f(a) \cdot f\left(\dfrac{a+b}{2}\right)\right) \times a + w\left(f(b) \cdot f\left(\dfrac{a+b}{2}\right)\right) \times \dfrac{a+b}{2}$。

（6）计算 $m_2 = w\left(f(a) \cdot f\left(\dfrac{a+b}{2}\right)\right) \times \dfrac{a+b}{2} + w\left(f(b) \cdot f\left(\dfrac{a+b}{2}\right)\right) \times b$。

（7）计算 $m_3 = \dfrac{m_1 + m_2}{2}$。

（8）把 m_1、m_2、m_3 的精确度都设置成十万分之一。

（9）新建参数 $y=0$，$y_1=1$，$y_2=-0.5$。

（10）画点 $A(m_3, y)$、$B(b, y_1)$、$C(b, y_2)$。

提示：这里的点 B、C 是为了确定一条线段，它的位置的改变显示分点位置的改变，其长度可以自定（即 y_1、y_2 大小随意），但横坐标是 b，点 A 在 x 轴上。

（11）画线段 BC，作出线段 BC 与 x 轴的交点 E。

（12）标记向量 $\overrightarrow{EA}$，依向量 $\overrightarrow{EA}$ 平移线段 BC。隐藏点 B、C。

提示：若不隐藏点 B、C，它们将参与迭代，会产生一些不必要的点。

（13）以 n 作为迭代深度，依 $a \to m_1$，$b \to m_2$ 迭代，并保留表格。

（14）增加 n（如 19）。

把表格的最后一行数字相同时的值作为方程 $f(x)=0$ 解的近似值。由图 3-11-1 可见，

方程 $e^x+x=0$ 解的近似值是-0.567 14。

也可以选中点 A 迭代后得到的对象，选择"变换"→"终点"命令，得到点 G，度量点 G 的横坐标，以此作为方程解的近似值。

【经验点拨】

只要修改 $f(x)$ 的表达式以及 a、b 的值就可以计算其他函数在指定区间（a，b）上解的近似值。

比如，要计算方程 $\ln x+2x-6=0$ 在区间（2，3）上的解的近似值，只要修改 $f(x)$、a、b 成为 $f(x)=\ln x+2x-6$、$a=2$、$b=3$。如图 3-11-2 所示，显示方程 $\ln x+2x-6=0$ 在区间（2，3）上解的近似值是 2.534 92。

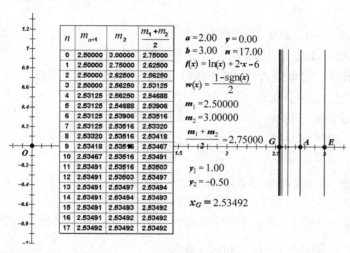

图 3-11-2

【请你试试】

用二分法求下列函数在指定区间上的零点的近似值：

（1）$f(x)=x^3+1.1x^2+0.9x-1.4$ 在区间（0，1）内；

（2）$f(x)=x+\lg x-3$ 在区间（2，3）内。

3.12 掷硬币与随机模拟

范例 83 模拟抛掷硬币。

【学习目的】

模拟抛掷硬币统计正面朝上的次数，计算它与抛掷次数的比值。利用点的随机运动的特点，统计符合某种条件的点的个数，从而计算频率。介绍"随机迭代"的用法。

【操作步骤】

方法 1

（1）新建画板。如图 3-12-1 所示，建立直角坐标系，给原点加注标签 O，隐藏网格。

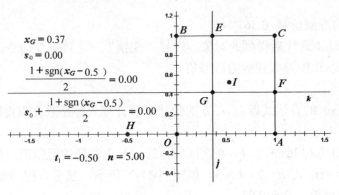

图 3-12-1

（2）绘制点 $A(1,0)$、$B(0,1)$、$C(1,1)$。

（3）画线段 BC、AC。在线段 BC、AC 上分别画点 E、F。

（4）过点 E 作 BC 的垂线 j，过 F 作线段 AC 的垂线 k。作出直线 j、k 的交点 G。拖动点 E，使点 E 的横坐标小于 0.5。

（5）度量点 G 的横坐标 x_G。

（6）计算 $\dfrac{1+\mathrm{sgn}(x_G-0.5)}{2}$（等于 0）。

（7）新建参数 $s_0=0$（必须是 0），计算 $s_0+\dfrac{1+\mathrm{sgn}(x_G-0.5)}{2}$。

（8）新建参数 $t_1=-0.5$。先后选中 t_1，$s_0+\dfrac{1+\mathrm{sgn}(x_G-0.5)}{2}$，选择"绘图"→"绘制（x，y）"命令，绘制出点 $H\left(t_1,s_0+\dfrac{1+\mathrm{sgn}(x_G-0.5)}{2}\right)$，点 H 在 x 轴上。

提示：参数 t_1 大小是随意的，但小一些好（点 H 靠近原点，看得见）。也可以绘制出点 $H\left(s_0+\dfrac{1+\mathrm{sgn}(x_G-0.5)}{2},t_1\right)$。这样，第（13）步中应度量点 J 的横坐标 x_J，把 x_J 作为 m。

（9）新建参数 $n=5$，表示投掷次数（也用于控制迭代深度）。

（10）隐藏直线 j、k，隐藏计算值 x_G，$\dfrac{1+\mathrm{sgn}(x_G-0.5)}{2}$ 以及参数 t_1。

（11）任意画一点 I（靠近点 G）。

（12）先后选中点 E、F、I 以及 s_0、n，按住 Shift 键，选择"变换"→"深度迭代"命令，显示"迭代"对话框后，如图 3-12-2 所示，依次单击 E、F、G、$s_0+\dfrac{1+\mathrm{sgn}(x_G-0.5)}{2}$，并选中"结构"下拉菜单中的"到所在对象的随机位置"选项，最后单击"迭代"按钮。结果如图 3-12-3 所示。

提示：在这一步中，如果没有选中"结构"下拉菜单中的"到所在对象的随机位置"选项而进行了迭代，可以在迭代后及时按键盘上的"！"键。

（13）选中由点 H 迭代得到的对象（在点 H 上方），选择"变换"→"终点"命令，作出终点 J（若看不见，则可拖动右边的滚动条），并及时度量点 J 的纵坐标 y_J。用"文本"

工具把 y_J 改成 m。把 m 作为"正面朝上的次数"。

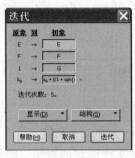

图 3-12-2

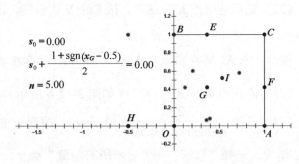

图 3-12-3

（14）同样，选中由点 G 迭代得到的对象，选择"变换"→"终点"命令，作出终点 K。

（15）隐藏点 E、F、J、I。隐藏点 G、H 以及由它们迭代得到的对象。隐藏数值 s_0、$s_0 + \dfrac{1 + \text{sgn}(x_G - 0.5)}{2}$。

（16）选中参数 n，选择"编辑"→"操作类按钮"→"动画"命令，显示"操作类按钮 动画参数"对话框，参数设置如图 3-12-4 所示。单击"确定"按钮后产生一个"动画参数"按钮。

提示：对参数方向的设置有增加，减少，双向，随机。

（17）度量点 K 的横坐标 x_K，计算 $\dfrac{2}{1 - \text{sgn}(x_K - 0.5)}$（等于1）。

（18）双击点 K，把它标记为旋转中心。

（19）先后选中点 K，$\dfrac{2}{1 - \text{sgn}(x_K - 0.5)}$，选择"显示"→"颜色"→"参数"命令，打开"颜色参数"对话框后单击"确定"按钮。把点 K 的颜色与 $\dfrac{2}{1 - \text{sgn}(x_K - 0.5)}$ 关联起来。这时点 K 的标签成为 K'。

（20）及时选择"变换"→"平移"命令，如图 3-12-5 所示，显示"平移"对话框后，把固定角度改为135，单击"平移"按钮，得到点 K''。及时选择"变换"→"旋转"命令，把点 K'' 绕点 K 旋转180°得到点 K'''。

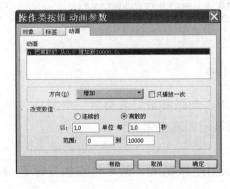

图 3-12-4

图 3-12-5

(21) 在其他场合（如 Word 中）把硬币正面（无币值的一面）的图片复制到剪贴板。

(22) 先后选中点 K''、K'''，按 Ctrl+V 组合键，图片被粘贴在以 K''、K''' 为对角线的矩形内。

提示：点 K'' 的存在依赖点 K'，而点 K' 的存在依赖数值 $\dfrac{2}{1-\mathrm{sgn}(x_K-0.5)}$。

(23) 隐藏点 K'、K''、K'''（如图 3-12-6 所示）。

(24) 计算 $\dfrac{2}{1+\mathrm{sgn}(x_K-0.5)}$（等于∞）。改变 n 的大小使得 $\dfrac{2}{1+\mathrm{sgn}(x_K-0.5)}=1$，这时点 K' 消失。选择"显示"→"显示所有隐藏"命令，保留由点 G 迭代得到的对象，隐藏其他对象。

(25) 如第（14）步，再作一次终点 K。

(26) 把点 K 的颜色与 $\dfrac{2}{1+\mathrm{sgn}(x_K-0.5)}$ 关联，又得到一个 K'。以下类似第（19）～（23）步，把硬币反面（有币值的一面）的图片粘贴过来。隐藏点 K'、K''、K'''（此 K'、K''、K''' 不是前 K'、K''、K'''）。

(27) 计算 $\dfrac{m}{n}$，表示正面出现的频率；计算 $\dfrac{n-m}{n}$，表示反面出现的频率。把它们的精确度都设置成十万分之一。

(28) 把 n、$\dfrac{m}{n}$、$\dfrac{n-m}{n}$ 分别改成投掷次数、正面出现的频率、反面出现的频率。先后选中投掷次数、正面出现的频率、反面出现的频率，选择"数据"→"制表"命令，制作表格（如图 3-12-6 所示）。

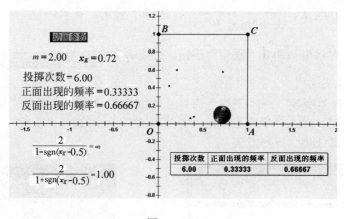

图 3-12-6

(29) 隐藏所有不必要的对象，仅保留硬币、动画参数、表格共三个对象。单击"动画参数"按钮，硬币连续抛掷起来，表格数据显示频率变化。

方法 2

(1) 新建文件。建立直角坐标系，给原点加注标签 O，给单位点加注标签 A。隐藏网格。

(2) 画线段 OA，并在上面画点 B。度量点 B 的横坐标 x_B。

(3) 建立点 B 在线段 OA 上随机运动的"动画点"按钮，参数设置如图 3-12-7 所示，"方向"选择"随机"，选中"只播放一次"复选框。

(4) 在第一象限靠近 y 轴任意画两点 C、D。分别度量它们的横坐标 x_C、x_D，并把 x_C、x_D 的精确度设置为"单位"（精确到个位）。

(5) 在 y 轴的正半轴上画两点 E、F。先后选中点 C、E、D、F，制作把点 C 移动到 E，同时点 D 移动到 F 的移动按钮"移动点"，速度选择"高速"。用"文本"工具把按钮上的标签"移动点"改成"还原（&B）"。

(6) 标记向量 $\overrightarrow{OA}$，依向量 $\overrightarrow{OA}$ 平移点 C 得到 C'。隐藏点 A。

(7) 制作把点 C 移动到点 C' 的移动按钮"移动 C→C'"，参数设置如图 3-12-8 所示。

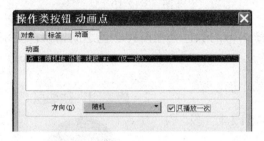

图 3-12-7　　　　　　　　　　　图 3-12-8

(8) 度量点 B 的横坐标 x_B，计算 $\dfrac{1-\mathrm{sgn}(x_B-0.5)}{2}$。选择"绘图"→"在轴上绘制点"命令，显示"绘制给定数值的点"对话框后，单击 $\dfrac{1-\mathrm{sgn}(x_B-0.5)}{2}$，再单击"绘制"按钮，在 x 轴上画点 $G\left(\dfrac{1-\mathrm{sgn}(x_B-0.5)}{2},0\right)$。

(9) 标记向量 $\overrightarrow{OG}$，依向量 $\overrightarrow{OG}$ 平移点 D 得到点 D'。制作把点 D 移动到点 D' 的移动按钮"移动 D→D'"，参数也如图 3-12-8 所示。

提示：若 G 与 O 重合，则把点 B 拖得靠近点 O，使得 $\dfrac{1-\mathrm{sgn}(x_B-0.5)}{2}=1$。

(10) 先后选中"动画点"、"移动 C→C'"、"移动 D→D'"三个按钮，制作系列按钮"系列 3 个动作"，参数选择如图 3-12-9 所示。

(11) 打开"数据"菜单的计算器，计算 $\dfrac{x_D}{x_C}$。制作由 x_C、x_D、$\dfrac{x_D}{x_C}$ 组成的表格。x_C、x_D、$\dfrac{x_D}{x_C}$ 分别表示投掷次数、在 0～0.5 之间的次数、频率。

(12) 把 $\dfrac{x_D}{x_C}$ 的精确度改成万分之一。

(13) 画圆 H，I 是控制圆大小的点，填充圆 H。

(14) 先后选中圆 H 的内部、$\dfrac{1-\mathrm{sgn}(x_B-0.5)}{2}$，选择"显示"→"颜色"→"参数"

命令，显示"颜色参数"对话框后，单击"确定"按钮，把圆内部的颜色与数字 $\dfrac{1-\text{sgn}(x_B-0.5)}{2}$ 关联（如图 3-12-10 所示）。

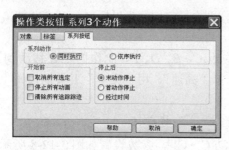

图 3-12-9

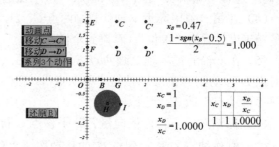

图 3-12-10

（15）单击"系列 3 个动作"按钮，圆 H 内部的颜色会在两种颜色之间切换，分别表示正面与反面。

（16）把 x_C、x_D、$\dfrac{x_D}{x_C}$ 分别改成投掷次数、正面次数、正面频率。把"系列 3 个动作"按钮上的标签改成"投掷（&R）"。

（17）如图 3-12-11 所示，隐藏不必要的对象，完成范例制作。按键盘上的 R 键（或单击"投掷（&R）"按钮）投掷一次；按键盘上的 B 键（或单击"还原（&B）"按钮）则回到初始状态（投掷次数为 0）。

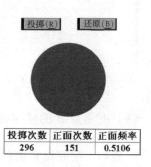

图 3-12-11

【经验点拨】

在方法 2 中，$\dfrac{1-\text{sgn}(x_B-0.5)}{2}$ 的值是 0 或 1，这里有两个作用：一个作用是使得圆 H 的颜色在两种之间切换；另一个作用是控制点 G 的运动。控制点 G 的运动也就控制了点 D 的运动，当 $\dfrac{1-\text{sgn}(x_B-0.5)}{2}=0$ 时点 G 不运动，D 也不运动，点 D 的横坐标不改变。点 C 每运动一次，它的横坐标总是增加 1。

范例 84 模拟掷骰子。

【学习目的】

巧妙设置"动画点"按钮的属性控制点的运动，模拟掷骰子的实验。

【操作步骤】

（1）新建文件。如图 3-12-12 所示，建立直角坐标系，给原点加注标签 O，给单位点加注标签 A，隐藏网格。

（2）在 x 轴上画点 $B(6, 0)$，画线段 OB。

（3）在线段 OB 上画点 C，度量点 C 的横坐标 x_C。用"文本"工具把 x_C 改成 x。

（4）建立点 C 在线段 OB 上随机运动的动画按钮"动画点"，参数设置：选择"随机"及"只播放一次"选项。

（5）任意画 7 个点 D、E、F、G、H、I、J，分别度量它们的横坐标 x_D、x_E、x_F、x_G、

x_H、x_I、x_J,并把它们的精确度设置为单位。

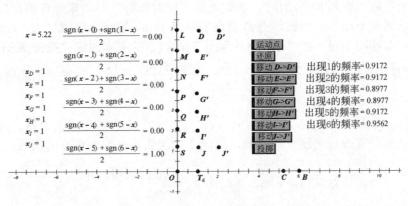

图 3-12-12

(6)在 y 轴上画 7 个点 L、M、N、P、Q、R、S。先后选中点 D、L、E、M、F、N、G、P、H、Q、I、R、J、S,制作"移动点"按钮,速度选择"高速"。把标签改成"还原(&B)"。

(7)标记向量 $\overrightarrow{OA}$,依向量 $\overrightarrow{OA}$ 移动点 D 得到点 D',隐藏单位点 A。

(8)制作把点 D 移动到点 D' 的移动按钮"移动 D→D'",参数设置为"回到初始位置",速度选择"快速"。单击"移动 D→D'"按钮,点 D 总向右移动 1cm。

(9)计算 $\dfrac{\text{sgn}(x-0)+\text{sgn}(1-x)}{2}$。在 x 轴上绘制点 $T_1\left(\dfrac{\text{sgn}(x-0)+\text{sgn}(1-x)}{2},0\right)$。

(10)标记向量 $\overrightarrow{OT_1}$,依向量 $\overrightarrow{OT_1}$ 平移点 E 得到点 E'。制作把点 E 移动到点 E' 的移动按钮"移动 E→E'",参数同第(8)步,隐藏 T_1。

(11)计算 $\dfrac{\text{sgn}(x-1)+\text{sgn}(2-x)}{2}$。在 x 轴上绘制点 $T_2\left(\dfrac{\text{sgn}(x-1)+\text{sgn}(2-x)}{2},0\right)$。

(12)拖动点 C,使 T_2 不与原点重合(E 与 E' 重合了)。标记向量 $\overrightarrow{OT_2}$,依向量 $\overrightarrow{OT_2}$ 平移点 F 得到点 F'。制作把点 F 移动到点 F' 的移动按钮"移动 F→F'",参数同第(8)步,隐藏 T_2。

(13)计算 $\dfrac{\text{sgn}(x-2)+\text{sgn}(3-x)}{2}$。在 x 轴上绘制点 $T_3\left(\dfrac{\text{sgn}(x-2)+\text{sgn}(3-x)}{2},0\right)$。

(14)拖动点 C,使 T_3 不与原点重合(F 与 F' 又重合了)。标记向量 $\overrightarrow{OT_3}$,依向量 $\overrightarrow{OT_3}$ 平移点 G 得到点 G'。制作把点 G 移动到点 G' 的移动按钮"移动 G→G'",参数同第(8)步,隐藏 T_3。

(15)计算 $\dfrac{\text{sgn}(x-5)+\text{sgn}(6-x)}{2}$。在 x 轴上绘制点 $T_6\left(\dfrac{\text{sgn}(x-5)+\text{sgn}(6-x)}{2},0\right)$。

(16)标记向量 $\overrightarrow{OT_6}$,依向量 $\overrightarrow{OT_6}$ 平移点 J 得到点 J'。制作把点 J 移动到点 J' 的移动按钮"移动 J→J'",参数同第(8)步,隐藏 T_6。

提示:这样就产生了 7 个移动按钮。

（17）先后选中"动画点"，"移动 D→D′"，"移动 E→E′"，…，"移动 J→J′"共 8 个按钮，制作系列按钮"系列 8 个动作"。参数选择"同时执行"与"末动作停止"。

单击"系列 8 个动作"按钮，点 D 总向右移动 1cm，而 E、F、G、H、I、J 这 6 个点中只有 1 个向右移动 1cm。把"系列 8 个动作"按钮上的文本改成"投掷(&R)"。

（18）打开计算器，计算 $\dfrac{x_E}{x_D}$、$\dfrac{x_F}{x_D}$、$\dfrac{x_G}{x_D}$、$\dfrac{x_H}{x_D}$、$\dfrac{x_I}{x_D}$、$\dfrac{x_J}{x_D}$，并把它们的精确度都改成万分之一。

（19）把 x_D 改为投掷次数，制作由 x_E、x_F、x_G、x_H、x_I、x_J 形成的表格，并把 x_E、x_F、x_G、x_H、x_I、x_J 分别改成出现 1 的次数，出现 2 的次数，…，出现 6 的次数。

（20）制作由 $\dfrac{x_E}{x_D}$、$\dfrac{x_F}{x_D}$、$\dfrac{x_G}{x_D}$、$\dfrac{x_H}{x_D}$、$\dfrac{x_I}{x_D}$、$\dfrac{x_J}{x_D}$ 形成的表格，并把 $\dfrac{x_E}{x_D}$、$\dfrac{x_F}{x_D}$、$\dfrac{x_G}{x_D}$、$\dfrac{x_H}{x_D}$、$\dfrac{x_I}{x_D}$、$\dfrac{x_J}{x_D}$ 分别改成出现 1 的频率，出现 2 的频率，…，出现 6 的频率（如图 3-12-12 所示）。

（21）画圆 U，V 是控制圆大小的点。

（22）把圆 U 的圆周 6 等分。作出每一段弧，共 6 段，每段的圆心角都是 60°。

（23）画 6 条半径，填充各个扇形。

（24）依次把它们内部的颜色分别与 $\dfrac{\operatorname{sgn}(x-0)+\operatorname{sgn}(1-x)}{2}$，$\dfrac{\operatorname{sgn}(x-1)+\operatorname{sgn}(2-x)}{2}$，…，$\dfrac{\operatorname{sgn}(x-5)+\operatorname{sgn}(6-x)}{2}$ 关联。

（25）用"文本"工具编辑 1、2、3、4、5、6 共 6 个数字，并把它们依次放置在 6 个扇形中。

（26）隐藏不必要的对象，经过修饰完成范例。

先按键盘上的 B 键，再反复按 R 键（如图 3-12-13 所示）。

图 3-12-13

【经验点拨】

（1）这个范例的制作方法与范例 83 中的方法二类似，只不过情况不是两种而是 6 种而已。

（2）如果点 A（1，0），点 C 在 OA 上运动，那么只需要把 $\dfrac{\operatorname{sgn}(x-0)+\operatorname{sgn}(1-x)}{2}$，$\dfrac{\operatorname{sgn}(x-1)+\operatorname{sgn}(2-x)}{2}$，…，$\dfrac{\operatorname{sgn}(x-5)+\operatorname{sgn}(6-x)}{2}$ 改成 $\dfrac{\operatorname{sgn}(x-0)+\operatorname{sgn}(0.1-x)}{2}$，$\dfrac{\operatorname{sgn}(x-0.1)+\operatorname{sgn}(0.2-x)}{2}$，…，$\dfrac{\operatorname{sgn}(x-0.5)+\operatorname{sgn}(0.6-x)}{2}$。

【请你试试】

在正四面体的各面上分别写上 1、2、3、4，投掷这个正四面体，表现一面朝下的频率。

范例 85　用蒙特卡罗（Monte Carlo）方法计算阴影部分面积近似值。

【学习目的】

利用"动画参数"的随机属性控制点的运动，统计符合某种条件的点的个数，从而计算频率。随机模拟求阴影部分的面积。

【操作步骤】

（1）建立坐标系，给原点加注标签 O，给单位点加注标签 B。

（2）画点 $C(1，1)$、$D(0，1)$，画正方形 $OBCD$。

（3）新建两个参数 x、y，把参数的精确度都设置成万分之一，画点 $E(x, y)$。

（4）分别建立参数 x、y 的动画按钮"动画参数 x"与"动画参数 y"。参数设置如图 3-12-14 所示，即动画方向设置为"随机"，并选中"只播放一次"复选框，范围设置为 0～1。

（5）画函数 $y=x^2$ 在[0，1]上的图像，并用线段的轨迹填充曲边三角形（参考第 2 章的 2.7 节范例 13）。

（6）在 y 轴上画三点 F、G、H，过 F、G、H 画垂直于 y 轴的直线 j、k、l，并在其上各画一点 I、J、K。

（7）度量点 I、J、K 的横坐标 x_I，x_J，x_K，并把 x_I，x_J，x_K 的精确度设置为单位。

（8）标记向量 $\overrightarrow{OB}$，依向量 $\overrightarrow{OB}$ 平移点 I 到 I'。建立 I 到 I' 的移动按钮"移动 I→I'"，参数设置如图 3-12-15 所示，隐藏点 B。

图 3-12-14   图 3-12-15

（9）打开计算器，计算 $\dfrac{1-\mathrm{sgn}(y-x^2)}{2}$、$\dfrac{1+\mathrm{sgn}(y-x^2)}{2}$。

（10）画点 $M\left(\dfrac{1-\mathrm{sgn}(y-x^2)}{2}, 0\right)$。依向量 $\overrightarrow{OM}$ 平移点 J，得到 J'。

提示：若图 3-12-17 中点 M 与点 O 重合，可以先改变 x、y 大小使点 E 位于阴影部分 $\left(\dfrac{1-\mathrm{sgn}(y-x^2)}{2} 成为 1\right)$，这样点 M 不会与原点重合；或者先把确定点 M 横坐标的 $\dfrac{1-\mathrm{sgn}(y-x^2)}{2}$ 改为 $\dfrac{1+\mathrm{sgn}(y-x^2)}{2}$，让其成为 1，待完成后再改回 $\dfrac{1-\mathrm{sgn}(y-x^2)}{2}$。

（11）画点 $L\left(\dfrac{1+\mathrm{sgn}(y-x^2)}{2}, 0\right)$。依向量 $\overrightarrow{OL}$ 平移点 K，得到 K'。

（12）建立 J 到 J'，同时 K 到 K' 的移动按钮"移动点"，参数设置如图 3-12-15 所示。

（13）建立 I 到 F、J 到 G、K 到 H 的"移动点"按钮，把标签改为"还原（&B）"。

(14) 依次选中"动画参数 x"、"动画参数 y"、"移动 I→I'"、"移动点"共 4 个按钮,建立它们同时运动的系列按钮"系列 4 个动作",参数如图 3-12-16 所示。

(15) 把按钮"系列 4 个动作"上的标签改为"投掷(&R)"。

(16) 计算 $\dfrac{x_J}{x_I}$。把 x_I、x_J 分别改成投掷次数、落在阴影部分点数,把 $\dfrac{x_J}{x_I}$ 改成阴影部分面积。也可以计算 $\dfrac{x_K}{x_I}\left(\dfrac{x_J}{x_I}+\dfrac{x_K}{x_I}=1\right)$,$\dfrac{x_K}{x_I}$ 是正方形 OBCD 中非阴影部分面积(如图 3-12-17 所示)。

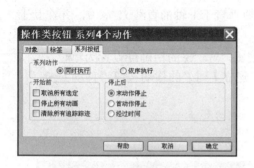

图 3-12-16

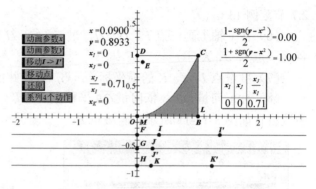

图 3-12-17

(17) 隐藏不必要的对象,进行适当修饰。如再把 x_K 改成落在非阴影部分点数;计算 $\dfrac{x_K}{x_I}$,并改为非阴影部分面积,制作表格,如图 3-12-18 所示。

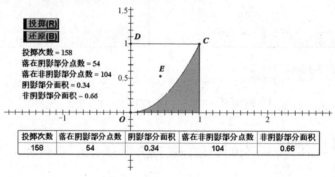

图 3-12-18

【经验点拨】

(1) 点 E 的随机运动也可以这样控制:如图 3-12-19 所示,在线段 OA、OB(其中 A、B 分别是 x、y 轴上的单位点)上分别画点 C、D;制作点 C、D 运动的"动画点"按钮,参数设置都为"随机"与"只播放一次";过 C 作 x 轴的垂线,过 D 作 y 轴的垂线,它们交于点 E。

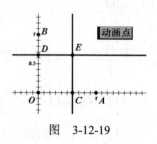

图 3-12-19

(2) 这里再介绍一种表现圆周率近似值的方法,作为范例 85-1。

【操作步骤】

（1）新建文件。如图 3-12-20 所示，建立直角坐标系，给原点加注标签 O，隐藏网格。

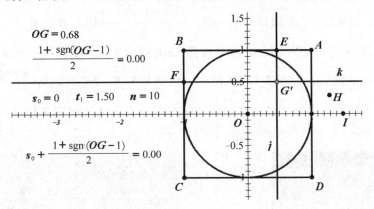

图 3-12-20

（2）绘制点 $A(1, 1)$，$B(-1, 1)$，$C(-1, -1)$，$D(1, -1)$。

（3）画正方形 $ABCD$。画单位圆。

（4）在线段 AB 上画点 E，在线段 BC 上画点 F。

（5）过点 E 作线段 AB 的垂线 j，过 F 作线段 BC 的垂线 k。作出直线 j、k 的交点 G。改变点 E、F 的位置，使得点 G 在单位圆内。

（6）度量点 O、G 间的坐标距离 OG。

（7）计算 $\dfrac{1+\mathrm{sgn}(OG-1)}{2}$。由于点 G 在单位圆内，$\dfrac{1+\mathrm{sgn}(OG-1)}{2}=0$。

提示：也可以度量点 G 的横坐标 x_G 与纵坐标 y_G，计算 $\dfrac{1+\mathrm{sgn}(x_G^2+y_G^2-1)}{2}$。

（8）先后选中点 G、$\dfrac{1+\mathrm{sgn}(OG-1)}{2}$，选择"显示"→"颜色"→"参数"命令，显示"颜色参数"对话框，把参数范围设置成-1～1，单击"确定"按钮，把点 G 的颜色与 $\dfrac{1+\mathrm{sgn}(OG-1)}{2}$ 关联起来。这时点 G 的标签成为 G'。

（9）新建参数 $s_0=0$（必须是0），计算 $s_0+\dfrac{1+\mathrm{sgn}(OG-1)}{2}$（如图 3-12-20 所示）。

（10）新建参数 $t_1=1.5$（随意大小）。先后选中 t_1、$s_0+\dfrac{1+\mathrm{sgn}(OG-1)}{2}$，选择"绘图"→"绘制（x，y）"命令，绘制出点 $I\left(t_1, s_0+\dfrac{1+\mathrm{sgn}(OG-1)}{2}\right)$，点 I 在 x 轴上。

提示：

① 这里参数 t_1 的大小是随意的，但小一些好，点 I 靠近原点，看得见。

② 也可以绘制出点 $I\left(s_0+\dfrac{1+\mathrm{sgn}(OG-1)}{2}, t_1\right)$。这样，在第（15）步中应度量点 J 的横坐标 x_J，把 x_J 作为 m。

(11) 任意画点 H（如图 3-12-20 所示）。

(12) 新建参数 n，设置精确度为单位。用于控制迭代深度，像"撒豆子"的粒数。

(13) 隐藏直线 j、k，隐藏计算值 OG、$\dfrac{1+\mathrm{sgn}(OG-1)}{2}$ 以及参数 t_1。

(14) 先后选中点 E、F、H、s_0、n，按住 Shift 键，选择"变换"→"深度迭代"命令，显示"迭代"对话框后，如图 3-12-21 所示，依次单击 E、F、G'、$s_0+\dfrac{1+\mathrm{sgn}(OG-1)}{2}$，并选择"结构"下拉菜单中的"到所在对象的随机位置"选项（如图 3-12-22 所示），最后单击"迭代"按钮。

图 3-12-21

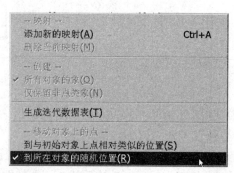

图 3-12-22

(15) 选中由点 I 迭代得到的对象，选择"变换"→"终点"命令，作出终点 J，及时度量点 J 的纵坐标 y_J。用"文本"工具把 y_J 改成 m，表示落在正方形内但在圆外"豆子"的粒数。

(16) 隐藏点 I、J 以及由点 I 迭代得到的对象。隐藏数值 s_0、$s_0+\dfrac{1+\mathrm{sgn}(OG-1)}{2}$，隐藏点 E、F。

(17) 选中点 H、G'，选择"编辑"→"合并点"命令，合并点 H 与 G'（这一步不是必须的）。隐藏点 G'。

(18) 选中参数 n，选择"编辑"→"操作类按钮"→"动画"命令，显示"操作类按钮 动画参数"对话框，参数设置如图 3-12-23 所示（其中每秒 8.0 单位是参数改变的快慢，并非必须是 8）。单击"确定"按钮后得到一个"动画参数"按钮。

(19) 计算 $\dfrac{4(n-m)}{n}$。这是圆周率 π 的近似值（如图 3-12-24 所示）。

(20) 单击"动画参数"按钮，投掷（撒豆子）开始。观察数值 $\dfrac{4(n-m)}{n}$ 的变化（当 $n=4000$ 时约为 3.14）。

提示：在以上的制作中，若把 $\dfrac{1+\mathrm{sgn}(OG-1)}{2}$ 改成 $\dfrac{1+\mathrm{sgn}(1-OG)}{2}$，则应改变初始状态，使得点 G 在单位圆外，$\dfrac{1+\mathrm{sgn}(1-OG)}{2}=0$，点 I 在 x 轴上。否则不能正确表示落在圆内（或

圆外）点的个数与 n 的关系。当然，这时 π 的近似值用 $\dfrac{4m}{n}$ 表示。

图 3-12-23

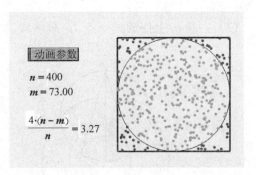

图 3-12-24

【请你试试】

用范例 85-1 中"操作步骤"的第（20）步后提示的方法再制作范例 85-1。

3.13 转动几何体中虚线

范例 86 转动正 n 棱锥中的虚线。

【学习目的】

使正 n 棱锥转动时，应该显示虚线的位置显示虚线。

【操作步骤】

（1）新建文件。如图 3-13-1 所示，画线段 AB。

（2）以 A 为圆心画圆 c_1 与圆 c_2，并使控制圆大小的点 C、D 都落在线段 AB 上。

（3）作线段 AB 的中点 E，以 E 为圆心经过点 A 画圆 c_3。

（4）新建参数 $n=4$（随意大小，控制底面多边形的边数）。

（5）计算 $\cos\dfrac{180°}{n}$。选中 $\cos\dfrac{180°}{n}$，选择"变换"→"标记比值"命令，设置缩放比。

（6）双击点 A，把 A 标记为缩放中心。以 A 为缩放中心，以 $\cos\dfrac{180°}{n}$ 为缩放比缩放圆 c_2，得到圆 c_2'。

（7）作出圆 c_3 与 c_2' 的交点 F、G。

（8）画线段 BF、BG，作出线段 BF、BG 与圆 c_2 的交点 I、H。

提示：点 I、H 控制棱锥在转动时所显示线条的虚、实变化。

（9）把点 D 绕点 A 旋转 $180°$ 得到 D'。点 D' 在圆 c_2 上（也可以直线 AB 与圆 c_2 的交点作为这里的点 D'）。

（10）先选中圆 c_2，以及点 H、I，选择"构造"→"圆上的弧"命令，作出圆弧 $\overparen{HI}$（圆弧 a_1）。同法作出圆弧 $\overparen{ID'}$（a_2）、圆弧 $\overparen{D'H}$（a_3）（如图 3-13-1 所示）。

提示：系统自动给圆弧所加的标签依次是 a_1、a_2、a_3、…。在圆与圆弧重叠处反复单击，会在选中圆与选中弧之间切换。

（11）隐藏圆 c_2、c_3、c_2'，隐藏线段 BF、BH，隐藏点 C、D、E、F、G（如图 3-13-2 所示）。

（12）在圆 c_1 上任意画一点 J，画线段 AJ。

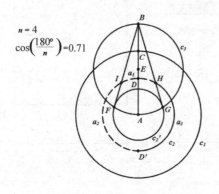

图 3-13-1

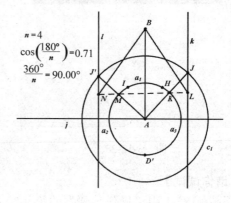

图 3-13-2

（13）计算 $\dfrac{360°}{n}$，并标记角度 $\dfrac{360°}{n}$。

（14）把点 J 绕点 A 旋转 $\dfrac{360°}{n}$ 得到点 J'。画线段 AJ'。

提示： 点 J 与 J' 是圆 c_1 的内接正 n 边形的两个相邻的顶点，第（32）步将通过迭代生成其他顶点，而点 J 与 J' 是迭代时的原像与初像。

（15）过点 A 作线段 AB 的垂线 j。作出线段 AJ 与圆弧 a_3 的交点 K。过点 J 作直线 j 的垂线 k，过 K 作直线 j 的平行线，作出它与直线 k 的交点 L。隐藏直线 j 的这条平行线。

提示： 点 L 在以圆 c_1（位于直线 j 上）的直径为长轴，以 AD 为短半轴的椭圆上。这个椭圆作为圆的水平放置图形，棱锥底面放置在这个椭圆上。在图 3-13-2 中，点 J、J' 放置在底面上分别是点 L、N。

（16）作出线段 AJ' 与圆弧 a_2 的交点 M。过点 J' 作直线 j 的垂线 l，过点 M 作直线 j 的平行线，作出它与直线 l 的交点 N。隐藏直线 j 的这条平行线。

（17）画线段 LN、BL、BN，并把 BL、BN 设置成粗线，LN 设置成虚线（如图 3-13-2 所示）。

（18）如图 3-13-3 所示，逆时针拖动点 J，使得线段 AJ 与弧 a_1 相交，作出交点 O。这时点 K、L 以及线段 BL、NL 都消失。

（19）过点 O 作直线 j 的平行线，作出它与直线 k 的交点 P。隐藏这条刚画出的平行线。

（20）画线段 NP、BP，并把它们设置成虚线（如图 3-13-3 所示）。

（21）如图 3-13-4 所示，逆时针拖动点 J，使得线段 AJ 与圆弧 a_2 相交（虚线 NP 消失）。作出 AJ 与圆弧 a_2 的交点 Q。

（22）过点 Q 作直线 j 的平行线，作出它与直线 k 的交点 R。隐藏这条平行线。

（23）画线段 NR、BR，并把它们设置成粗线（如图 3-13-4 所示）。

（24）如图 3-13-5 所示，逆时针拖动点 J，使得线段 AJ' 与圆弧 a_3 相交，作出交点 S。

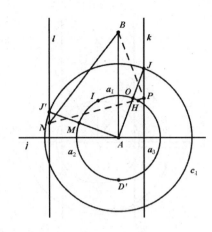
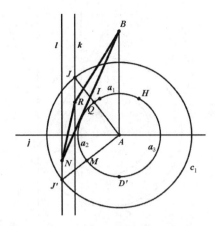

图 3-13-3　　　　　　　　　　　　　图 3-13-4

（25）过点 S 作直线 j 的平行线，作出它与直线 l 的交点 T。隐藏这条平行线。

（26）画线段 RT、BT，并把它们设置成粗线。

（27）如图 3-13-6 所示，逆时针拖动点 J，使得线段 AJ、AJ' 都与圆弧 a_3 相交，这时会显示线段 BL。画线段 LT，把线段 BL、LT 都设置成粗线。

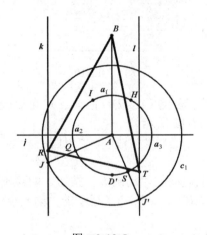
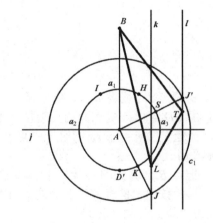

图 3-13-5　　　　　　　　　　　　　图 3-13-6

（28）如图 3-13-7 所示，逆时针拖动点 J，使得 AJ' 与圆弧 a_1 相交，作出交点 U。过点 U 作直线 j 的平行线，作出它与直线 l 的交点 V。隐藏这条平行线。

（29）画线段 LV、BV，并把它们设置成虚线。

（30）如图 3-13-8 所示，增大 n 的值（如 $n=7$），拖动点 J，使得线段 AJ、AJ' 都与弧 a_1 有交点。此刻同时出现点 P、V，画线段 PV，并设置成虚线。

提示：这一步很重要，要使得线段 AJ、AJ' 同时与弧 a_1（或 a_2、a_3）有两个交点。否则棱锥的底面会出现不完整（缺几边）的多边形。

（31）计算 $n-1$。隐藏不必要的对象，只剩下图 3-13-9 所显示的对象。

（32）先后选中点 J，参数 $n-1$，按住 Shift 键，选择"变换"→"深度迭代"命令，显示图 3-13-10 所示"迭代"对话框，单击点 J'，单击"迭代"按钮。删除一些不必要的迭代所得到的对象（如由点 J 迭代所得到的对象），得到一个棱锥。

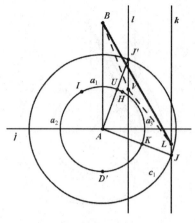

图 3-13-7

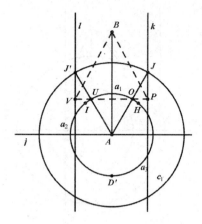

图 3-13-8

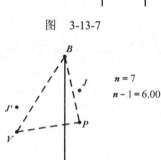

图 3-13-9

图 3-13-10

（33）隐藏点 J'，隐藏 $n-1$。减小 n（如 $n=4$），显示点 C、D。拖动点 C 可以改变底面大小，拖动点 D 可以改变底面的直观性（如图 3-13-11 所示）。

（34）新建参数 $r=7$cm。同时选中点 A、参数 r，选择"构造"→"以圆心和半径绘圆"命令，画圆 c_4。

（35）把点 B 合并到圆 c_4 上。制作点 B 在圆上运动的"动画点"按钮，隐藏圆 c_4。用"文本"工具把按钮上的标签改为"绕点 A 转动（&R）"。制作点 J 运动的"动画点"按钮，把标签改为"绕高转动（&D）"。

提示：给出一个点和几个长度值（或者给出几个点和一个长度值），可以以该点为圆心，以这些长度值为半径画同心圆（或者以这几个点为圆心，以这个长度值为半径画几个圆）。

（36）可以拖动点 J，陆续填充 $\triangle LAB$、$\triangle PAB$、$\triangle RAB$ 等直角三角形（如图 3-13-12 所示）。

按键盘上的 R 键，或者 D 键（或拖动点 J），观察效果。

【经验点拨】

棱柱的制作与棱锥类似。其中作出点 H、I 是关键。如图 3-13-13 所示，圆 c_2、c_2' 的作出与前面相同。过点 A 作直线 AB 的垂线 j，作出直线 j 与圆 c_2' 的交点 E、F，过 E、F 作直线 j 的垂线交圆 c_2 于点 I、H。作出点 D 对称于点 A 的点 D'，作出圆弧 $\overset{\frown}{HI}$、$\overset{\frown}{ID'}$、$\overset{\frown}{D'H}$。以下略。

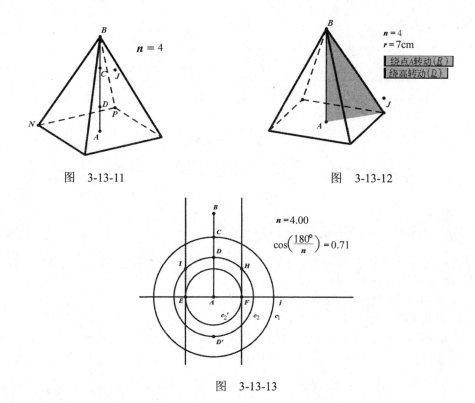

图 3-13-11　　　　　　　　　图 3-13-12

图 3-13-13

【请你试试】

作转动的正 n 棱柱，并使得显示虚线的位置显示虚线。

3.14　正多边形的滚动

范例 87　正 n 边形轮子的滚动。

【学习目的】

表现正 n 边形轮子在直线上滚动的过程（绕一个顶点转动后再绕另一个顶点转动，如此继续），并作出中心或某一个顶点的轨迹。

【操作步骤】

1. 滚动的制作过程

（1）新建文件。如图 3-14-1 所示，画点 A，把点 A 以 0°方向平移 1cm，得到 A'。

（2）画射线 AA'。在射线 AA' 上画点 N。

（3）先后选中点 A、A'、N，选择"度量"→"比"命令，得到 $\dfrac{AN}{AA'}$。

（4）打开"数据"菜单的计算器，计算 $\mathrm{trunc}\left(\dfrac{AN}{AA'}\right)+2$。

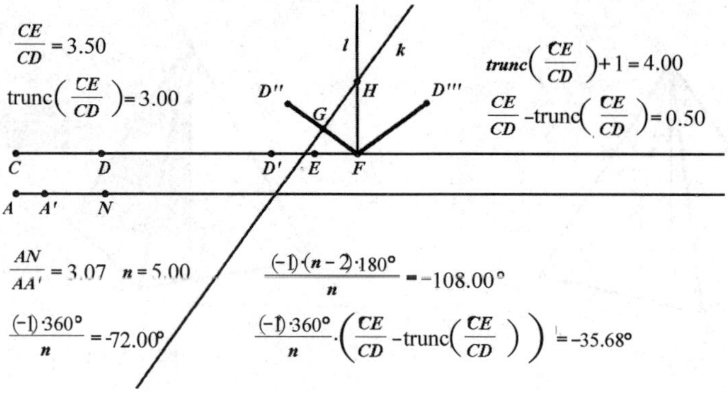

$\dfrac{CE}{CD} = 3.50$

$\operatorname{trunc}\left(\dfrac{CE}{CD}\right) = 3.00$

$\operatorname{trunc}\left(\dfrac{CE}{CD}\right) + 1 = 4.00$

$\dfrac{CE}{CD} - \operatorname{trunc}\left(\dfrac{CE}{CD}\right) = 0.50$

$\dfrac{AN}{AA'} = 3.07 \quad n = 5.00$

$\dfrac{(-1)\cdot(n-2)\cdot 180°}{n} = -108.00°$

$\dfrac{(-1)\cdot 360°}{n} = -72.00°$

$\dfrac{(-1)\cdot 360°}{n}\cdot\left(\dfrac{CE}{CD} - \operatorname{trunc}\left(\dfrac{CE}{CD}\right)\right) = -35.68°$

图 3-14-1

（5）用"文本"工具把 $\operatorname{trunc}\left(\dfrac{AN}{AA'}\right)+2$ 改为 n。

提示：n 作为正多边形的边数，$n \geqslant 2$（当然没有"正二边形"，只是为了研究问题才这样设定）。拖动 N 可以改变 n 的大小。

（6）按住 Shift 键画射线 CD，使射线 CD 成水平线。

（7）在射线 CD 上画点 E。

提示：以线段 CD 长作为正多边形的边长，拖动点 D 可以改变边长。用 CE 表示滚动过的路。

（8）先后选中点 C、D、E，选择"度量"→"比"命令，得到 $\dfrac{CE}{CD}$。

（9）用"数据"菜单的计算器分别计算 $\operatorname{trunc}\left(\dfrac{CE}{CD}\right)$、$\operatorname{trunc}\left(\dfrac{CE}{CD}\right)+1$、$\dfrac{CE}{CD}-\operatorname{trunc}\left(\dfrac{CE}{CD}\right)$。

（10）以点 C 为缩放中心，以 $\operatorname{trunc}\left(\dfrac{CE}{CD}\right)$ 为缩放比，缩放点 D，得到点 D'。

（11）以点 C 为缩放中心，以 $\operatorname{trunc}\left(\dfrac{CE}{CD}\right)+1$ 为缩放比，缩放点 D，又得到一个点 D'。把这个 D' 点的标签改为 F。

（12）用"数据"菜单的计算器分别计算 $(-1)\times\dfrac{360°}{n}$、$(-1)\times\dfrac{360°}{n}\times\left[\dfrac{CE}{CD}-\operatorname{trunc}\left(\dfrac{CE}{CD}\right)\right]$、$(-1)\times\dfrac{(n-2)\times 180°}{n}$。

（13）双击点 F，把点 F 标记为旋转中心。标记角 $(-1)\times\dfrac{360°}{n}\times\left[\dfrac{CE}{CD}-\operatorname{trunc}\left(\dfrac{CE}{CD}\right)\right]$，把点 D' 绕点 F 旋转 $(-1)\times\dfrac{360°}{n}\times\left[\dfrac{CE}{CD}-\operatorname{trunc}\left(\dfrac{CE}{CD}\right)\right]$，得到点 D''。

（14）接上，把点 D'' 绕 F 旋转 $(-1)\times\dfrac{(n-2)\times 180°}{n}$，得到点 D'''。

（15）画线段 FD''、FD'''，并把线型设置成粗线（如图 3-14-1 所示）。

（16）作出 $\angle D'''FD''$ 的平分线 l。作出线段 FD'' 的垂直平分线 k，作出 l、k 的交点 H（点 H 是正多边形的中心）。隐藏直线 l、k 以及线段 FD'' 的中点 G。

(17) 如图 3-14-2 所示，任意画一点 I（可以靠近点 H）。

(18) 标记角 $(-1) \times \dfrac{360°}{n}$。以 H 为中心，把点 I 绕点 H 旋转 $(-1) \times \dfrac{360°}{n}$，得到 I'。

(19) 画线段 II'，并设置为粗线。

(20) 打开计算器，计算 $n-3$。

(21) 先选中点 I，再选中计算值 $n-3$（迭代深度），按住 Shift 键，选择"变换"→"深度迭代"命令，显示"迭代"对话框以后，单击点 I'（如图 3-14-2 所示），单击"迭代"按钮，得到缺两条边的正多边形。

(22) 先后选中点 I、D''，选择"编辑"→"合并点"命令，把点 I 与点 D'' 合并起来，得到完整的正多边形。

(23) 在直线 CD 上画点 J，使 J 位于窗口的最右边。

(24) 先后选中点 E、J，制作把点 E 移动到点 J 的慢速移动按钮"移动 $E \to J$"，并把标签"移动 $E \to J$"改为"开始滚动（&R）"。

(25) 先后选中 E、C，制作把点 E 移动到点 C 的高速移动按钮"移动 $E \to C$"，并把标签"移动 $E \to C$"改为"初始位置（&B）"（如图 3-14-3 所示）。

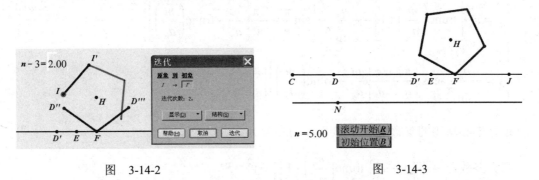

图 3-14-2   图 3-14-3

(26) 隐藏正多边形顶点的标签（否则有些标签是重复的），隐藏一些不必要的点，完成制作。

按键盘上的 R 键，正多边形开始滚动。按键盘上的 B 键，正多边形回到初始位置。

2．中心轨迹的作法

同时选中点 E、H，选择"构造"→"轨迹"命令，作出点 H 的轨迹（如图 3-14-4 所示）。

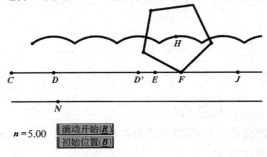

图 3-14-4

3．中心轨迹方程的探究

如图 3-14-5 所示，过 H 作 $HK \perp EF$。

在 $Rt\triangle HFK$ 中，设 $FH=R$（正多边形外接圆半径）。

$$\angle EFG = \frac{2\pi}{n}\left[\frac{CE}{CD} - \text{trunc}\left(\frac{CE}{CD}\right)\right], \quad \angle GFH = \frac{(n-2)\times\pi}{2n} = \frac{\pi}{2} - \frac{\pi}{n},$$

$$\angle KFH = \angle EFG + \angle GFH = \frac{\pi}{2} - \frac{\pi}{n} + \frac{2\pi}{n}\left[\frac{CE}{CD} - \text{trunc}\left(\frac{CE}{CD}\right)\right]。$$

$$KH = R\sin\angle KFH = R\cos\left\{\frac{\pi}{n} - \frac{2\pi}{n}\left[\frac{CE}{CD} - \text{trunc}\left(\frac{CE}{CD}\right)\right]\right\}。$$

同理，$CK = CD\times\left[\text{trunc}\left(\frac{CE}{CD}\right) + 1\right] - R\sin\left\{\frac{\pi}{n} - \frac{2\pi}{n}\left[\frac{CE}{CD} - \text{trunc}\left(\frac{CE}{CD}\right)\right]\right\}。$

设 $CD=a_n$，$CE=m$（参数 $m \geq 0$），$H(x, y)$。因为 $R = \dfrac{a_n}{2\sin\dfrac{\pi}{n}}$，所以有

$$\begin{cases} x = a_n\cdot\left[\text{trunc}\left(\dfrac{m}{a_n}\right) + 1\right] - \dfrac{a_n}{2\sin\dfrac{\pi}{n}}\cdot\left\{\sin\dfrac{\pi}{n} - \dfrac{2\pi}{n}\left[\dfrac{m}{a_n} - \text{trunc}\left(\dfrac{m}{a_n}\right)\right]\right\} \\ y = \dfrac{a_n}{2\sin\dfrac{\pi}{n}}\cdot\cos\left\{\dfrac{\pi}{n} - \dfrac{2\pi}{n}\left[\dfrac{m}{a_n} - \text{trunc}\left(\dfrac{m}{a_n}\right)\right]\right\} \end{cases}$$

这是中心轨迹的参数方程（其中 m 为参数）。

消去参数，可得 $\left[x - a_n\cdot\left(\text{trunc}\left(\dfrac{m}{a_n}\right) + 1\right)\right]^2 + y^2 = R^2$。

由此可见，中心的轨迹是由许多段圆心变动的圆弧连接而成的。

正多边形中心的轨迹与函数 $y = \dfrac{1}{2\sin\dfrac{\pi}{n}}\cos\left\{\dfrac{\pi}{n} - \dfrac{2\pi}{n}[x - \text{trunc}(x)]\right\}$（$x \geq 0$）的图像形状类似（正多边形边长作为单位长）。

$n=4$ 时，$y = \dfrac{1}{2\sin\dfrac{\pi}{n}}\cos\left\{\dfrac{\pi}{n} - \dfrac{2\pi}{n}[x - \text{trunc}(x)]\right\}$（$x \geq 0$）的图像如图 3-14-6 所示。

改变 n，使得 n 不再是正整数，观察曲线的变化情况。

4．顶点轨迹的作法

（1）如图 3-14-7 所示，画线段 FH。

（2）分别以 C、D 为圆心，以线段 FH 为半径画出两个圆 c_1、c_2。

（3）作出两圆的一个交点 K。

（4）打开计算器，计算$(-1)\times\dfrac{CE}{CD}\times\dfrac{360°}{n}$。

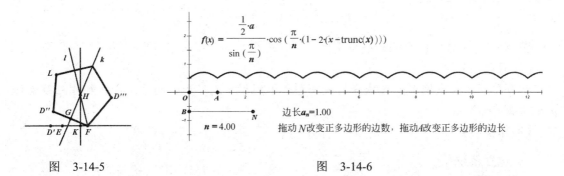

图 3-14-5　　　　　　　　　　图 3-14-6

（5）把 K 标记为旋转中心，标记角度$(-1)\times\dfrac{CE}{CD}\times\dfrac{360°}{n}$。

（6）以 K 为中心，以$(-1)\times\dfrac{CE}{CD}\times\dfrac{360°}{n}$角度旋转点 C，得到点 C'。

（7）标记向量$\overrightarrow{KC'}$。把点 H 以标记的向量$\overrightarrow{KC'}$平移，得到 H'（与 D''' 重合）。

（8）及时按 Ctrl+T 组合键，可使点 H' 处于追踪状态。

（9）若再选中点 E（因为 H' 仍处于选中状态），即同时选中点 E、H'，选择"构造"→"轨迹"命令，得到点 H' 的轨迹（如图 3-14-7 所示）。

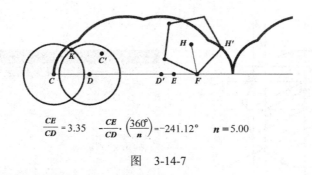

图 3-14-7

提示：当 n 不断增大时，此曲线接近摆线。

在以上制作过程中，用点 E 控制正多边形的运动。$CD\times\text{trunc}\left(\dfrac{CE}{CD}\right)$是已经转过去的路程，$CD\times\left[\dfrac{CE}{CD}-\text{trunc}\left(\dfrac{CE}{CD}\right)\right]$是正在转过的。在转过$CD\times\left[\dfrac{CE}{CD}-\text{trunc}\left(\dfrac{CE}{CD}\right)\right]$这段路时，一个顶点所转过去的角的大小等于正多边形的一个外角。所以转动的速度为$(-1)\times\dfrac{360°}{n}\times\left[\dfrac{CE}{CD}-\text{trunc}\left(\dfrac{CE}{CD}\right)\right]$。

3.15 三维曲面

范例 88 三维坐标系统与细分平面。

【学习目的】

学习把矩形（或圆形）区域分割成任意个小矩形（或环形）的方法，并制作三维坐标系画曲面 $z=f(x, y)$。

【操作步骤】

1. 建立系统

（1）如图 3-15-1 所示，画圆 O，B 是控制圆大小的点。

（2）画直线 OB，过 O 作 OB 的垂线。

（3）在圆 O 上画两点 C、D。

（4）过 C 分别作 OB、j 的垂线，垂足分别为 E、F。

（5）过 D 分别作 OB、j 的垂线，垂足分别为 G、H。

（6）把点 E 绕点 O 旋转 $90°$，得到直线 j 上的一点 E'。把 E' 改为 Z，并选中"在自定义工具中使用标签"复选框（如图 3-15-2 所示）。

（7）把点 H 绕点 O 旋转 $90°$，得到直线 OB 上的一点 H'。

（8）画线段 BF。

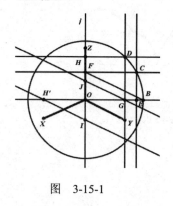

图 3-15-1

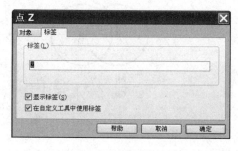

图 3-15-2

（9）过 H' 作 BF 的平行线，交直线 j 于 I。

（10）标记向量 $\overrightarrow{OI}$。依标记的向量平移点 G，得到 G'。把 G' 改为 Y，并选中"在自定义工具中使用标签"复选框。

（11）过 G 作 BF 的平行线，交直线 j 于点 J。

（12）标记向量 $\overrightarrow{JO}$。依标记的向量平移点 H'，得到 H''。把 H'' 改为 X，并选中"在自定义工具中使用标签"复选框。

（13）直线 OX、OY、OZ 构成三维坐标系，若以 OB 为单位长，则 X、Y、Z 分别是三轴上的单位点。

2．作法依据

设 $\angle BOC=\phi$，$\angle BOD=\theta$，则有 $OZ=OE=OB\cos\phi$。因为 OB 为单位长，即 $z=\cos\phi$。又 $OF=OB\sin\phi$，$OG=OB\cos\theta$，$OH=OB\sin\theta$，所以 $OH'=OB\sin\theta$。

因为 $\text{Rt}\triangle H'IO\sim\text{Rt}\triangle BFO$，所以有 $\dfrac{IO}{FO}=\dfrac{H'O}{BO}$，$IO=\dfrac{H'O}{BO}\times FO=\sin\theta\times OB\sin\phi$。

注意到方向，所以有 $GY=-OB\sin\theta\sin\phi$，$y=-\sin\theta\sin\phi$。

同理，$\dfrac{OJ}{OF}=\dfrac{OG}{OB}$，$OJ=\dfrac{OG}{OB}\times OF=\cos\theta\times OB\sin\phi$，$x=H'X=-\cos\theta\sin\phi$。

于是有 $\begin{cases} x=-\cos\theta\sin\phi \\ y=-\sin\theta\sin\phi \\ z=\cos\phi \end{cases}$，点 $P(x,y,z)$ 是球面上的点。

3．制作画坐标系的工具（接前）

（1）画线段 OX、OY、OZ。

（2）仅留下点 O、X、Y、Z、B、C、D，线段 OX、OY、OZ，隐藏其他对象（如图 3-15-3 所示）。

（3）按 **Ctrl+A** 组合键，选中所有线段，单击"自定义"工具中的"创建新工具"，显示"创建新工具"对话框，把工具名改为"画三维坐标系"，单击"确定"按钮。

用这个工具可以很方便地画出三维坐标系。拖动 B 可改变大小，拖动点 C、D 改变观察角度，可增强直观性。

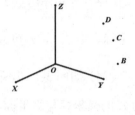

图 3-15-3

4．矩形状细分平面画曲面

（1）如图 3-15-4 所示，画线段 AB，在线段 AB 上画一点 C。

（2）先后选中点 A、B、C，度量比 $\dfrac{AC}{AB}$。把 $\dfrac{AC}{AB}$ 改为 t。

（3）新建参数 n（如 $n=10$）。

（4）计算 $\dfrac{\text{trunc}(n\times t)}{n-1}$，$n\times t-\text{trunc}(n\times t)$。

（5）把点 B 绕点 A 旋转 $90°$，得到 B'。

（6）以 A 为缩放中心，分别以 $\dfrac{\text{trunc}(n\times t)}{n-1}$，$n\times t-\text{trunc}(n\times t)$ 为缩放比缩放点 B、B'，得到 E、F。

（7）以向量 $\overrightarrow{AF}$ 平移 E，得到 E'；以 C 为主动点，作出点 E' 的轨迹，得到一组平行于 AB' 的（纵）线段，细分了 AB。

（8）以 A 为缩放中心，分别以 $n\times t-\text{trunc}(n\times t)$，$\dfrac{\text{trunc}(n\times t)}{n-1}$ 为缩放比缩放点 B、B'，得到 G、H。

（9）以向量 $\overrightarrow{AG}$ 平移 H，得到 H'；以 C 为主动点，作出点 H' 的轨迹，得到一组平行于 AB 的（横）线段，细分了 AB'（如图 3-15-4 所示）。

（10）如图 3-15-5 所示，画线段 AB、AB' 的中点 I、J。以向量 $\overrightarrow{AB}$ 平移 J，得到 J'；以向量 $\overrightarrow{AB'}$ 平移 I，得到 I'。

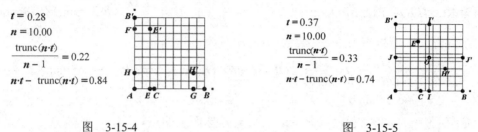

图 3-15-4   图 3-15-5

（11）画线段 II'、JJ'，作出它们的交点 O。

（12）如图 3-15-6 所示，在线段 JJ' 上画点 K，在线段 II' 上画点 L。

这样就建立了直角坐标系。其中 O 为原点，JJ'、II' 分别为 x 轴、y 轴，K、L 分别是单位点。

（13）分别作出点 E' 在 JJ'、II' 上的垂足 M、N。度量比 $\dfrac{OM}{OK}$、$\dfrac{ON}{OL}$ 作为 E' 的横坐标与纵坐标。拖动 K、L 可改变 $\dfrac{OM}{OK}$、$\dfrac{ON}{OL}$ 的取值范围。

（14）如图 3-15-7 所示，分别作出点 H' 在 JJ'、II' 上的垂足 P、Q。度量比 $\dfrac{OP}{OK}$、$\dfrac{OQ}{OL}$ 作为 H' 的横坐标与纵坐标。

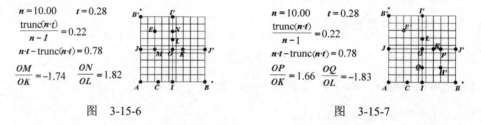

图 3-15-6   图 3-15-7

（15）如图 3-15-8 所示，用"画三维坐标系"自定义工具画空间坐标系。其中拖动 R 可改变图形大小；转动 T，可绕 OZ 转动；转动 S，可控制图形的仰卧。建立点 T 动画按钮。

（16）设函数 $z=-x^3y^2$。计算 $-\left(\dfrac{OM}{OK}\right)^3\left(\dfrac{ON}{OL}\right)^2$。

（17）以空间坐标系的原点 O 为缩放中心，分别以 $\dfrac{OM}{OK}$、$\dfrac{ON}{OL}$、$-\left(\dfrac{OM}{OK}\right)^3\left(\dfrac{ON}{OL}\right)^2$ 为缩放比缩放点 X、Y、Z，得到 X'、Y'、Z'。

（18）以向量 $\overrightarrow{OY'}$ 平移 X'，得到 X''；以向量 $\overrightarrow{OZ'}$ 平移 X''，得到 X'''。以 C 为主动点作出 X''' 的轨迹，得到曲线 $z=-x^3y^2$ 上一组与 OX 垂直方向的线条（如图 3-15-8 所示）。

（19）计算 $-\left(\dfrac{OP}{OK}\right)^3\left(\dfrac{OQ}{OL}\right)^2$。

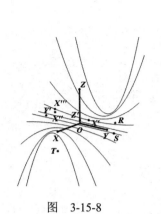

图 3-15-8

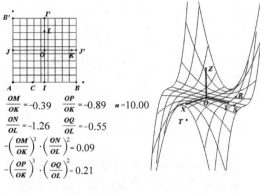

图 3-15-9

（20）如图 3-15-9 所示，以空间坐标系的原点 O 为缩放中心，分别以 $\dfrac{OP}{OK}$、$\dfrac{OQ}{OL}$、$-\left(\dfrac{OP}{OK}\right)^3 \times \left(\dfrac{OQ}{OL}\right)^2$ 为缩放比缩放点 X、Y、Z，得到 X'、Y'、Z'。

（21）以向量 $\overrightarrow{OX'}$ 平移 Y'，得到 Y''；以向量 $\overrightarrow{OZ'}$ 平移 Y''，得到 Y'''。以 C 为主动点作出 Y'''的轨迹，得到曲线 $z=-x^3y^2$ 上一组与 OY 垂直方向的线条。

提示：为了方便控制变量的取值范围，点 I、J 可以画成线段 AB、AB' 上的自由点。这样，过 I 画 AB' 的平行线，过 J 画 AB 的平行线，它们交于 O。K、L 仍然是线段 JJ'、II' 上的自由点。

5．环状细分平面画曲面

（1）如图 3-15-10 所示，画线段 AB，在线段 AB 上画一点 C。

（2）先后选中 A、B、C，度量比 $\dfrac{AC}{AB}$，把 $\dfrac{AC}{AB}$ 改为 t。

（3）新建参数 n（如 $n=10$）。

（4）计算 $\dfrac{\operatorname{trunc}(n\times t)}{n-1}$，$n\times t-\operatorname{trunc}(n\times t)$。

（5）计算 $[n\times t-\operatorname{trunc}(n\times t)]\times 360°$。

（6）画线段 DE。以 D 为缩放中心，以 $\dfrac{\operatorname{trunc}(n\times t)}{n-1}$ 为缩放比缩放点 E，得到 E'；以 D 为旋转中心，把点 E' 旋转 $[n\times t-\operatorname{trunc}(n\times t)]\times 360°$，得到 E''。

（7）以 C 为主动点，作出点 E'' 的轨迹，得到一组同心圆。

（8）类似地，如图 3-15-11 所示，计算 $\dfrac{\operatorname{trunc}(n\times t)}{n-1}\times 360°$。

（9）以 D 为缩放中心，以 $[n\times t-\operatorname{trunc}(n\times t)]$ 为缩放比缩放点 E，得到 E'；以 D 为旋转中心，把点 E' 旋转 $\dfrac{\operatorname{trunc}(n\times t)}{n-1}\times 360°$，得到 E''。

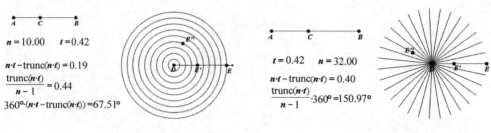

图 3-15-10　　　　　　　　　　　　　图 3-15-11

（10）以 C 为主动点，作出点 E'' 的轨迹，得到一组射线。

（11）新建参数 $r=2$，控制图形大小（范围）。

（12）计算 $x_1 = r \times \dfrac{\text{trunc}(n \times t)}{n-1} \cos\{[n \times t - \text{trunc}(n \times t)] \times 360°\}$，$y_1 = r \times \dfrac{\text{trunc}(n \times t)}{n-1} \sin\{[n \times t - \text{trunc}(n \times t)] \times 360°\}$。

（13）设函数为 $z = x^2 + y^2$，计算 $z_1 = x_1^2 + y_1^2$。

（14）画空间坐标系。

（15）类似于矩形状细分中的第（20）、（21）步，画出点 $Z_1(x_1, y_1, z_1)$。

（16）以 C 为主动点，画出点 Z_1 的轨迹（图 3-15-12 中高度、大小都不同的圆）。

（17）计算 $x_2 = r \times [n \times t - \text{trunc}(n \times t)] \cos\left[\dfrac{\text{trunc}(n \times t)}{n-1} \times 360°\right]$、$y_2 = r \times [n \times t - \text{trunc}(n \times t)] \sin\left[\dfrac{\text{trunc}(n \times t)}{n-1} \times 360°\right]$。

（18）计算 $z_2 = x_2^2 + y_2^2$。画出点 $Z_2(x_2, y_2, z_2)$。以 C 为主动点，画出点 Z_2 的轨迹。合并起来的图形如图 3-15-13 所示。

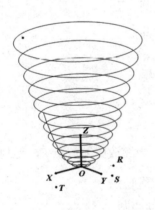　　　　　　　　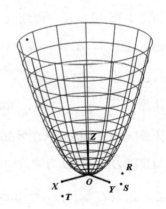

图 3-15-12　　　　　　　　　　　　　图 3-15-13

【请你试试】

（1）以矩形状细分平面方式在空间坐标系中画曲面 $z = (2 + \sin x)(1 + \cos 2y)$。

（2）以环形细分平面方式在空间坐标系中画曲面 $z = \dfrac{\sin\left(\sqrt{x^2 + y^2} - 20\right)}{\sqrt{x^2 + y^2}}$。

3.16 制作一个秒表

范例 89 制作一个秒表。
【学习目的】
巧妙设置"动画参数"按钮的属性，控制参数的变化，制成秒表，提高几何画板功能应用技巧。
【操作步骤】

（1）新建文件。利用"数据"菜单的"新建参数"功能，生成参数 $t=1.00$。

（2）打开计算器，计算 $-6°\times t$、$\dfrac{-t°}{10}$。

（3）选中参数 t，选择"编辑"→"操作类按钮"→"动画"命令，显示"操作类按钮动画参数"对话框，如图 3-16-1 所示，运动方向选择"双向"，数值改变方式选择"不连续"，速度以每秒运动一个单位，把范围设置成 0 到 3600，单击"确定"按钮得到一个"动画参数"按钮，把按钮上的文本改为"开始（&R）"。

（4）再选中参数 t，选择"编辑"→"操作类按钮"→"动画"命令，显示的对话框如图 3-16-2 所示，运动方向选择"随机"、选中"只播放一次"复选框，范围设置成 0 到 0.0001，单击"确定"按钮又得到一个"动画参数"按钮，把按钮上的文本改为还原"（&B）"。

图 3-16-1　　　　　　　　　　图 3-16-2

（5）画点 A，把点 A 依 90°方向（向上）平移 1cm，得到 A'。

（6）画射线 AA'，在射线 AA' 上画一点 B。

（7）以 A 为圆心，经过点 B 画圆 c_1。

（8）把点 A 标记为旋转中心，标记角 $-6°\times t$。

（9）把点 B 依标记的角度绕点 A 旋转得到 B'，把 B' 的标签改为 C。

（10）标记角 $\dfrac{-t°}{10}$，再把点 B 依标记的角 $\dfrac{-t°}{10}$ 绕点 A 旋转得到 B'，把 B' 改为 D。

（11）画线段 AC、AD。AC 为秒针，AD 为分针。隐藏射线 AA′，画线段 AB。

（12）打开计算器，计算 $\text{trunc}\left(\dfrac{t}{60}\right)$、$t-60\times\text{trunc}\left(\dfrac{t}{60}\right)$。

（13）打开计算值 $\text{trunc}\left(\dfrac{t}{60}\right)$ 的属性对话框，把它的精确度改为"单位"精确到个位。同样，把 $t-60\times\text{trunc}\left(\dfrac{t}{60}\right)$ 的精确度改为"单位"。

（14）用"文本"工具编辑"$\text{trunc}\left(\dfrac{t}{60}\right)$ 分 $t-60\times\text{trunc}\left(\dfrac{t}{60}\right)$ 秒"。其中的"$\text{trunc}\left(\dfrac{t}{60}\right)$"与"$t-60\times\text{trunc}\left(\dfrac{t}{60}\right)$"通过单击窗口的数据得到。这样以便显示时间是几分几秒（如图 3-16-3 所示）。

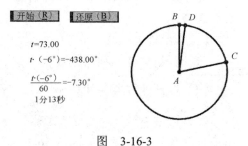

图 3-16-3

（15）进行一些必要的修饰，完成制作后成为一个秒表。

（16）按键盘上的 R 键，秒表开始走动。

【经验点拨】

（1）在这个制作中，巧妙利用运动速度"1 次/秒"，使得秒针绕点 A 顺时针旋转 6°。

（2）这个秒表的准确性如何与计算机内部时钟准确性有关。

3.17 链接

本节介绍几何画板内部与内部，以及几何画板与外部的链接。主要介绍"链接"按钮的用法以及在 PowerPoint 中怎样链接几何画板。

范例 90 链接页面及外部程序。

【学习目的】

介绍运用"链接"按钮链接外部程序、实现页面之间的切换等。

【操作步骤】

1．链接网页

（1）打开一个几何画板文档。假定这个文档有两页，第 2 页上有一个动画按钮，第一页是空白页。

（2）选择"编辑"→"操作类按钮"→"链接"命令，显示"操作类按钮链接"对话框，屏幕上已经出现"链接"按钮供预览，单选按钮"页面"处于选中状态。如图 3-17-1 所示，选中"超级链接"单选按钮，系统默认链接到 http://www.dynamicgeometry.com（几何画板资源中心）。选中"确定"按钮，得到一个"http://www.dynamicgeometry.com"按钮。如果计算机已经与因特网相连，单击这个按钮将进入该资源中心。

（3）如果需要链接到其他网页，则可以修改这一栏，如改成 http://www.pep.com.cn，则单击该按钮可以链接到人民教育出版社的网站。

（4）可以链接事先制作好的网页。如图 3-17-2 所示，链接到 C:\Nicholas Jackiw.mht，单击"C:\Nicholas Jackiw.mht"按钮可以打开介绍几何画板软件的制作者 Nicholas jackiw 先生的网页（如图 3-17-3 所示）。当然，这个网页文件必须事先存放在 C 盘的根目录下。

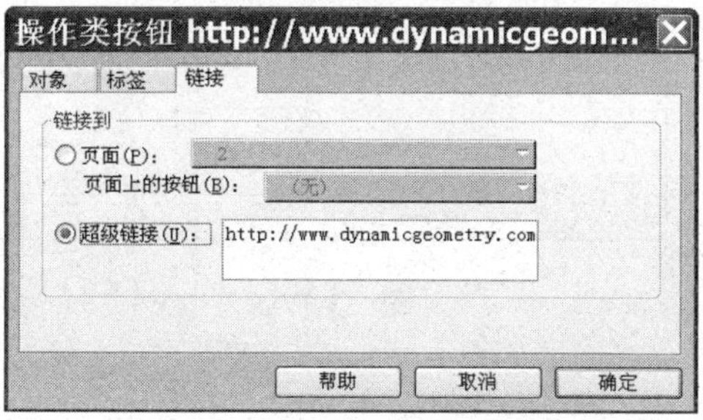

图 3-17-1 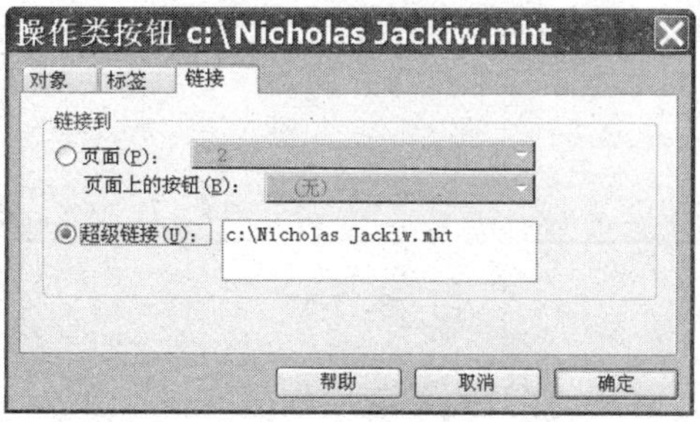　　　　　　　　　　　　　　图 3-17-2

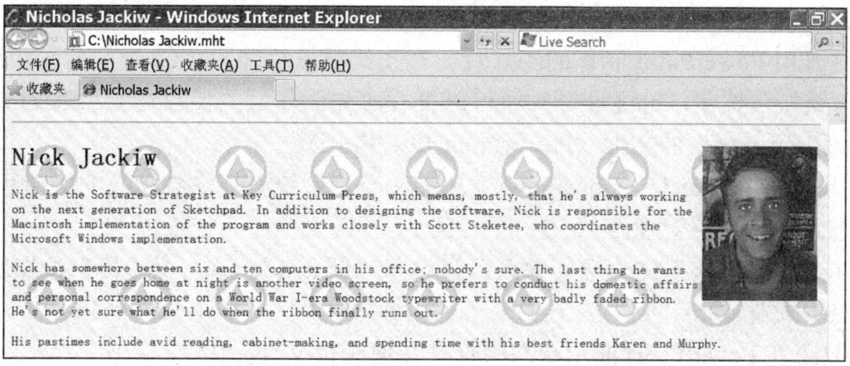

图 3-17-3

提示：这个网页由 http://mathforum.org/sketchpad/gsp.gallery/nickj.html 保存而来。

2．页面间的链接

"链接"按钮还有一个重要功能，就是链接某一页或者某页中的按钮。当单击"链接"按钮时，可以进入该页，或者进入某页并立即执行该页上某个按钮控制的动作。

如图 3-17-4 的设置，单击"确定"按钮，可以产生一个打开第 2 页的"链接"按钮。这样，也可以不用左下方页面按钮来打开页面。

在第 1 页上制作链接按钮时，自动显示链接第 2 页。如图 3-17-5 所示，单击"页面上的按钮"中的"无"按钮，移动鼠标到（第 2 页）"动画点"处，这时显示第 2 页的内容并且第 2 页上的"动画点"按钮增亮，单击"动画点"选项，单击"确定"按钮，这样，在第 1 页上产生一个"链接到 2"按钮。单击这个"链接到 2"按钮，进入第 2 页并立即执行"动画点"动画操作。

【经验点拨】

几何画板 4.0 以上版本增加了链接功能，利用这一功能除了以上介绍的链接网站、链接页面以及链接页面上的按钮外还有其他应用。

图 3-17-4　　　　　　　　　　　　　　图 3-17-5

（1）打开外部应用程序。

在超级链接栏输入外部程序所在的路径以及文件名，如 C:\Program Files\Microsoft Office\Office\powerpnt.exe。

（2）直接打开应用程序生成的文件。

直接打开用 PowerPoint 制作的幻灯片。在超级链接栏输入"C:\谈几何画板应用.pps"，产生一个"链接"按钮，单击这个按钮可以打开事先制作好的保存在 C 盘根目录下的名为"谈几何画板应用.pps"的文件（PowerPoint 放映格式）。

还可以打开诸如.mp3、.mpg、.avi 等文件，当然系统必须安装相应的播放程序。

（3）进入磁盘文件管理。

如果在"超级链接"文本框中输入磁盘符号"E:\dell"，单击"链接"按钮时就进入 E 盘中的\DELL 文件夹。

范例 91　在 PowerPoint 演示状态中打开几何画板文件。

【学习目的】

学习在 PowerPoint 中打开几何画板文件的方法。

【操作步骤】

（1）在 PowerPoint（Office 2000 中文版）编辑环境中，如图 3-17-6 所示，选择"幻灯片放映"→"动作按钮"命令，选择第一个"自定义"，此刻光标呈现"+"状。按下鼠标，向右下拖并松开，在幻灯片上的适当位置画一个矩形框，出现一个按钮，同时显示图 3-17-7 所示"动作设置"对话框。

（2）选中"运行程序"单选按钮，输入"C:\Program Files\Sketchpad\GSP5.exe –ma –md c:\范例 1.gsp"（在"c: \Program Files\Sketchpad\GSP5.exe –ma –md"与"c:\范例 1.gsp"之间要空一格，共三个空格。必须把几何画板主文件 GSP5.exe 安装在文件夹 c:\Program Files\sketchpad\中），单击"确定"按钮。其中文件"范例 1.gsp"是预先制作好的几何画板文件，把该文件存放在"c:\"中；–ma –md 是打开范例 1 时窗口自动最大化。再选中这个按钮右击，从弹出的快捷菜单中选择"添加文本"命令，输入文本，如"范例 1"。

至此，在 PowerPoint 中调用几何画板的工作已经做好。进入幻灯片放映状态后，单击"范例 1"按钮，会显示图 3-17-8 所示对话框，单击"是"按钮，打开范例 1.gsp。使用（如教学活动）后退出几何画板（或者按 Alt+F4 组合键）会自动回到 PowerPoint 放映状态。

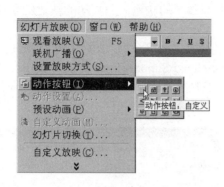

图 3-17-6

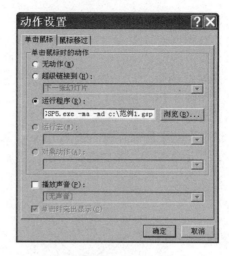

图 3-17-7

图 3-17-8

【经验点拨】

（1）链接时，必须将文件的扩展名也一并输入，否则链接不能正常执行。

（2）第（2）步，在"动作设置"对话框中也可以选择"超级链接到"（如图 3-17-7 所示）去链接"c:\范例 1.gsp"。这样在播放状态下单击这个按钮会显示图 3-17-8 所示对话框。如果不忌讳这个提示框那就无所谓。

（3）在显示的"动作设置"对话框中单击"运行程序"以后，如果输入"C:\Program Files\Sketchpad\GSP5.exe –ma –md c:\范例 1.gsp"，没有指出文件"范例 1.gsp"所在文件夹（路径），PowerPoint 就在这个 ppt 文件所在文件夹中寻找"范例 1.gsp"，找不到就显示出错信息。

【请你试试】

建立一个多页文件，第一页上建立若干链接按钮切换到其余各页；在每一页面上建立链接按钮切换到第一页；前页可以切换到下页或链接下页的某个动作按钮。

3.18 文件的网上发布

范例 92 含动画按钮文件的网上发布。

【学习目的】

学习将几何画板文件以 .htm 格式保存，以便网络浏览。

【操作步骤】

（1）新建文件。用"画圆"工具画圆 A。B 是控制圆大小的点。

(2)画线段 CD,使点 C 在圆 A 上。

(3)制作点 C 在圆 A 上运动的"动画点"按钮。

(4)作出线段 CD 的中点 E,过 E 作 CD 的垂直平分线 j。

(5)以 C 为主动点,作出点 C 在圆上运动时直线 j 的轨迹。直线 j 的轨迹的包络线是双曲线(如图 3-18-1 所示)。

(6)按住 Shift 键,选择"文件"→"另存为网页"命令,显示图 3-18-2 所示"另存为"对话框,把文件保存在"C:\Program Files\Sketchpad\Support Files\"文件夹中,输入文件名(如"范例 92"),类型选择(已自动显示)"HTML/Java 几何画板文档(*.htm)",单击"保存"按钮,得到"范例 92.htm"文件。

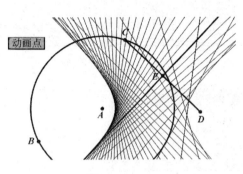

图 3-18-1

图 3-18-2

提示:按住 Shift 键,"另存为"菜单成为"另存为网页"。

(7)此刻显示图 3-18-3 所示 JavaSketchpad 对话框。

(8)单击"是"按钮,显示图 3-18-4 所示警告。单击"为了有利于保护安全性,Internet Explorer 已限制此网页运行可以访问计算机的脚本或 Activex 控件。请单击这里获取选项…",再单击"允许阻止的内容",显示图 3-18-5 所示"安全警告"对话框。

图 3-18-3

图 3-18-4

(9)单击"是"按钮,又显示图 3-18-6 所示"Java 安全警告"对话框。

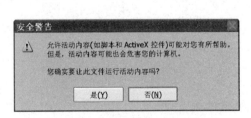

图 3-18-5

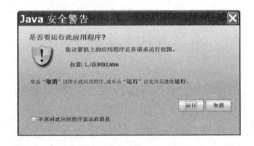

图 3-18-6

（10）单击"运行"按钮，显示图 3-18-7 所示的网页文件画面。

（11）打开"C:\Program Files\Sketchpad\Support Files\范例 92.htm"文件，单击"动画点"按钮，点 C 在圆上运动起来。拖动点 A 或 B 改变圆的位置或大小。若拖动点 D 到圆内，其包络成为椭圆（如图 3-18-8 所示）。

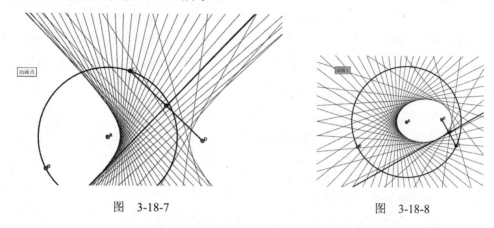

图 3-18-7　　　　　　　　　　　　　　图 3-18-8

【经验点拨】

（1）在计算机上安装 Java 软件。Java 软件可以在 http://www.java.com/zh_CN/网站免费下载得到。

（2）保存格式为.htm 的文件，使得用几何画板制作的文件很容易在网上发布，这是新版（4.0 以上版本）几何画板的一个重要特色。

（3）之所以把文件保存在"C:\Program Files\Sketchpad\Support Files\"文件夹中，是因为在这个文件夹中含有一个名为 Jsp5.jar 的文件。网页文件必须保存在含有这个文件的文件夹中，否则网页不能正常打开。这个文件夹以及其中的文件是在安装几何画板软件时自动生成的。

（4）Jsp5.jar 文件可在下列网站下载得到（单击图 3-18-4 中的 JavaSketchpad，进入 http://www.dynamicgeometry.com/javasketchpad，再单击 Download_Center 即可）。

进入 http://www.dynamicgeometry.com/JavaSketchpad/Download_Center.html，再单击 JavaSketchpad Applet，进入下载。

（5）可以用网页编辑软件（如 FrontPage），修改"This page uses JavaSketchpad, …"等说明文字。

（6）JavaSketchpad 的功能特点如下：

① 支持取线段的中点、对象的交点、对象上点、单位点、坐标系、对象的平移，不支持由两个数值绘制出的点以及由它产生的轨迹等对象。

② 支持作图对象中的垂线、平行线、线段、直线、射线、圆、对象内部、度量值等。

③ 支持轨迹，支持对象的追踪。

④ 支持对象的平移、旋转、缩放（按标记的比、度量值等）。

⑤ 支持各种度量值及计算值的显示。

⑥ 支持网格，在 JavaSketchpad 中与 3.05 版中的网格一样，仍为点格。

⑦ 关于按钮的支持情况：显示与隐藏必须建立两个按钮来切换，不支持用同一个按

钮控制隐藏与显示；不支持链接按钮；不支持系列按钮；支持对移动按钮速度的调整。

⑧ 支持页面背景色的设置，但不支持文件的多页显示。

⑨ 可以在表达式中显示的各种符号有+，−，*，/，^，！（否定），数字如 0~9，字母如 A~Z，函数如 sin_（sine）、cos_（cosine）、tan_（tangent）、abs_（absolute value）、sqrt（square root）、ln_（natural log）、rond_（rounding）、trunc_（truncation toward zero）、sgn_（signnum）、asin_（arcsine）、acos_（arccosine）、atan_（arctangent）、log_（base−10 logarithm），这些都会以原型输出到 html 上，并不会转换成数学符号，比如 $\frac{2}{3}$ 变成 2/3，$\sqrt{3}$ 变成 sqrt（3），t_1=5.0 变成 t[1]=5.0 等。

⑩ 支持绘制的函数图像。

文本对象样式中只支持对象颜色。

不支持含有动态数据的文本。

不支持新建参数中的单位以及下标。

不支持新建参数中参数的变动。

不支持点的坐标修改标签后作为参数绘制函数图像。

不支持外部粘贴入的对象。

【请你试试】

把带有移动按钮、动画按钮等各种按钮的文件保存为 .htm 文件，再打开它观察哪些功能被保留，哪些不能保留（不支持）。

第 4 章　精彩应用范例

4.1　圆锥曲线的有趣演变

离心率 e 反映了圆锥曲线椭圆、抛物线、双曲线间的内在联系，e 的不断变化刻画了三种曲线间的完整演变过程。这里从一道轨迹题出发，从另一个侧面把圆锥曲线向外演变，形成新的曲线，十分有趣。

如图 4-1-1 所示，B 是半径为 r 的定圆 A 内的一定点，M 是圆上的一动点，过线段 BM 的中点 E 作 BM 的垂线与半径 AM 的交点为 P，求 P 的轨迹。

点 P 的轨迹显然是一个椭圆，这是因为 $|PA|+|PB|=|PA|+|PM|=r(|AB|<r)$。

把线段 AM 改为直线。设 AM 交圆于另一点 N，过 BN 的中点 F 作 BN 的垂线与线段 AN 交于 Q，PQ 是过椭圆的焦点 A 的一条焦点弦（如图 4-1-1 所示）。设直线 EP、FQ 交于点 H，H 的轨迹是椭圆相应于焦点 A 的一条准线。

1. 圆锥曲线的演变

放弃 "E 是线段 BM 的中点" 这一条件，"奇妙的现象" 出现了：当点 E 到 M 的距离小于点 E 到 B 的距离时，点 P 的轨迹是 "鸭蛋形"（如图 4-1-2 所示）。看来，圆、椭圆的 "中间地带" 是 "鸭蛋形"。

当点 E 到 M 的距离大于点 E 到 B 的距离时，点 P 的轨迹成了 "导弹形"（如图 4-1-3 所示）。

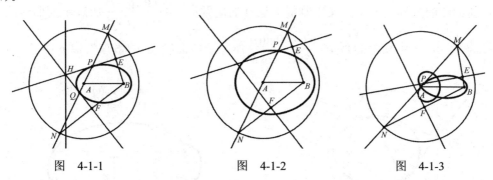

图 4-1-1　　　　　图 4-1-2　　　　　图 4-1-3

2. "鸭蛋形"、"导弹形" 的极坐标方程

如图 4-1-4 所示，以 A 为极点，射线 AB 为极轴建立极坐标系。设圆 A 的半径为 r，$AB=k$，$BE=q \cdot BM$（r、k、q 为常量），P 的极坐标为 (ρ, θ)，则有 $BM^2=k^2+r^2-2kr\cos\theta$,

$BM\sin\alpha = k\sin\theta$，$(r-\rho)\cos\alpha = (1-q)BM$，其中$\angle AMB = \alpha$。消去$BM$与$\alpha$，得到点$P$的轨迹的极坐标方程为

$$\rho = r - \frac{(1-q)(k^2 + r^2 - 2kr\cos\theta)}{r - k\cos\theta} \tag{4.1.1}$$

特别地，在式（4.1.1）中，令$k=8$，$r=10$，$q=\frac{1}{2}$（即E是BM的中点），得到点P轨迹的极坐标方程为$\rho = \frac{9}{5 - 4\cos\theta}$，这是一个椭圆的极坐标方程；令$k=8$，$r=10$，$q=\frac{2}{3}$，得到点$P$轨迹的极坐标方程为$\rho = \frac{68 - 40\cos\theta}{15 - 12\cos\theta}$，这是一个"鸭蛋形"的极坐标方程；令$k=8$，$r=10$，$q=\frac{1}{3}$，得到点$P$轨迹的极坐标方程为$\rho = \frac{40\cos\theta - 14}{15 - 12\cos\theta}$，这是一个"导弹形"的极坐标方程。

由此可见，在式（4.1.1）中，若$0<k<r$，当$q \in \left(\frac{1}{2}, 1\right)$时，方程表示"鸭蛋形"；当$q \in \left(0, \frac{1}{2}\right)$时，方程表示"导弹形"；当$q = \frac{1}{2}$时，方程表示椭圆，$\frac{k}{r}$是它的离心率。

在式（4.1.1）中，令$k=10$，$r=8$，$q=\frac{1}{2}$（即点E是BM的中点，点B在圆A外），得到点P的极坐标方程为$\rho = \frac{-9}{4 - 5\cos\theta}$。这是一个双曲线的极坐标方程，$\frac{k}{r}\left(\frac{k}{r} > 1\right)$是它的离心率。若使$\frac{BE}{BM} = \frac{BF}{BN}$，"鸭蛋形"也有"准线"（如图4-1-4所示）。

3. 方程的演变

由以上推出的"鸭蛋形"、"导弹形"曲线的极坐标方程不难看出，它们的方程的形式是$\rho = \frac{a\cos\theta - b}{c\cos\theta - d}$。当$a=0$时，是圆锥曲线的极坐标方程，当$a\neq 0$时，是由圆锥曲线演变成的其他新曲线的方程。于是，又不难提出这样的问题：$\rho = \frac{a\sin\theta - b}{c\cos\theta - d}$所表示的曲线的形状是怎样的?图4-1-5中画出的是$\rho = \frac{68 - 40\sin\theta}{15 - 12\cos\theta}$所表示的曲线（"鸭蛋形"瘪下去了）。

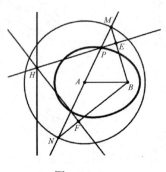

图 4-1-4

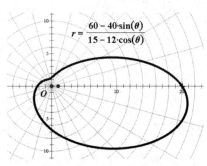

图 4-1-5

4. 曲线的再演变

把线段 BM 换成直线，使点 E 在 MB 的延长线上，如图 4-1-6 所示，成为"肾脏形"；若使点 E 在 BM 的延长线上，点 P 的轨迹如图 4-1-7 所示。再把"E 是线段 BM 的中点"这一条件收回，但是放弃"PE 垂直于 BM"，例如使∠MEP=60°，则点 P 的轨迹如图 4-1-8 所示。

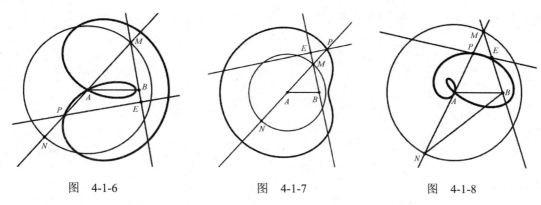

图 4-1-6　　　　　　图 4-1-7　　　　　　图 4-1-8

再把点 B 拖到圆外……

4.2 两条抛物线焦参数间的关系

设点 P 是抛物线 $x^2=y$（制作成 $x^2=2py$，$p>0$）上任意一点，经过点 P 的切线与双曲线 $xy=2$（制作成 $xy=n$，$n\neq 0$）相交于点 M、N，表现线段 MN 的中点 Q 的轨迹。

1. 制作过程

（1）新建文件。建立坐标系，把原点的标签改为 O，把单位点的标签改为数字 1。

（2）在 y 轴的正半轴上画一点 F，度量点 F 的纵坐标 y_F。计算 $2y_F$，用"文本"工具把 $2y_F$ 改为 p，隐藏点 F 的纵坐标。

（3）双击 x 轴，把 x 轴标记为反射"镜面"，把点 F 依 x 轴反射得到点 F'。

（4）过点 F' 作 y 轴的垂线（直线 j），在直线 j 上任意画点 D，过点 D 作直线 j 的垂线（直线 k）。用线段连接 FD，作线段 DF 的垂直平分线（直线 m）。

（5）单击直线 k 与直线 m 的交点处，作出直线 k 与直线 m 的交点 P。

（6）同时选择（主动）点 D、（被动）点 P，并选择"构造"→"轨迹"命令，作出点 P 的轨迹，即抛物线 $x^2=2py$（$p>0$），直线 m 就是经过点 P 的抛物线的切线。

（7）隐藏直线 j、直线 k、线段 DF 以及它的中点，隐藏点 F'。

（8）在 x 轴的负半轴上画点 G，过点 G 作 x 轴的垂线（直线 n），在直线 n 上画点 H。度量点 H 的纵坐标，用"文本"工具把点 H 的纵坐标改为 n。

（9）隐藏直线 n，用线段连接 H、G，隐藏点 G 的标签。

（10）在 x 轴上任意画点 I。度量点 I 的横坐标 x_I，计算 $\dfrac{n}{x_I}$。

（11）先后选择 x_I、$\dfrac{n}{x_I}$，并选择"绘图"→"绘制（x，y）"命令，绘制点 $J\left(x_I, \dfrac{n}{x_I}\right)$。

（12）同时选择点 I、J，并选择"构造"→"轨迹"命令，作出函数 $y=\dfrac{n}{x}$ 的图像，隐藏点 I、J，隐藏点 I 的横坐标，隐藏计算值 $\dfrac{n}{x_I}$。

（13）度量点 P 的坐标 (x_0, y_0)。

因为直线 m 的方程为 $p(y+y_0)=x_0x$，与 $xy=n$ 联立，得到 $x_0x^2-py_0x-pn=0$，解得 $x_1=\dfrac{py_0+\sqrt{(py_0)^2+4pnx_0}}{2x_0}$，$x_2=\dfrac{py_0-\sqrt{(py_0)^2+4pnx_0}}{2x_0}$。

（14）计算 $x_1=\dfrac{py_0+\sqrt{(py_0)^2+4pnx_0}}{2x_0}$，计算 $y_1=\dfrac{n}{x_1}$，绘制点 $M(x_1, y_1)$，点 M 必定在双曲线 $xy=n$ 上。

（15）计算 $x_2=\dfrac{py_0-\sqrt{(py_0)^2+4pnx_0}}{2x_0}$，计算 $y_2=\dfrac{n}{x_2}$，绘制点 $N(x_2, y_2)$，点 N 必定在双曲线 $xy=n$ 上。

（16）用线段连接 MN，作出线段 MN 的中点 Q。

（17）同时选择点（主动）D、（被动）点 Q，并选择"构造"→"轨迹"命令，作出线段 MN 的中点 Q 的轨迹，Q 的轨迹是一条抛物线的一部分。

（18）隐藏不必要的计算值。

2．偶然的发现

在点 Q 的轨迹上任意画点 C，度量出点 C 的坐标 (x_C, y_C)，计算出 $\dfrac{x_C^2}{2y_C}$，再计算 $\dfrac{p}{\dfrac{x_C^2}{2y_C}}$，发现 $\dfrac{p}{\dfrac{x_C^2}{2y_C}}=-8$。拖动点 H 改变 n 的值，拖动点 F 改变 p 的值，反复观察，这个关系并不改变。

结论：设点 P 是抛物线 $x^2=2py$（$p>0$）上任意一点，经过点 P 的切线与双曲线 $xy=n$ 相交于点 M、N，线段 MN 的中点 Q 的轨迹（抛物线的一部分）方程为 $x^2=-2qy$（$q>0$），且恒有 $p=8q$，与 n（$n\neq 0$）的取值无关。

3．必然的结果

如图 4-2-1 所示，抛物线 $x^2=2py$（$p>0$）上经过 $P(x_0, y_0)$ 的切线方程为 $x_0x=p(y+y_0)$。与 $xy=n$ 联立，消去 y，得

$$x_0x^2-py_0x-pn=0 \qquad (4.2.1)$$

设 Q 的坐标为 (x, y)。由于点 Q 是 MN 的中点，因此 $x=\dfrac{x_1+x_2}{2}=\dfrac{x_0}{4}$。代入 $x_0x=p(y+y_0)$，得 $py_0=4x^2-py$。而 $x_0=4x$，点 $P(x_0, y_0)$ 在抛物线 $x^2=2py$ $(p>0)$ 上，即有 $x^2=-\dfrac{1}{4}py$。

由方程（4.2.1）根的判别式 $\Delta>0$，得 $p^2y_0^2+4pnx_0>0$，于是有 $4x^4+pnx>0$。x 的取值范围满足：$n>0$ 时，$x\in\left\{x\,|\,x<0\text{ 或 }x>-\sqrt[3]{\dfrac{pn}{4}}\right\}$；$n<0$ 时，$x\in\left\{x\,|\,x<0\text{ 或 }x>-\sqrt[3]{\dfrac{pn}{4}}\right\}$。

设 $2q=\dfrac{1}{4}p$，有 $p=8q$。

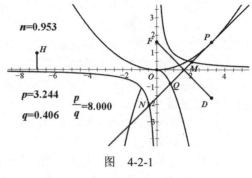

图 4-2-1

4.3 三角形外心轨迹的探求

高一新教材（全日制普通高级中学教科书，实验修订本，必修，人民教育出版社）增加了"研究性课题"，学校也把高二的 4 节数学课改为 5 节（每节 40 分钟），其中一节规定要上"研究性课题"。没有教材，没有可借鉴的经验，一切"摸着石头过河"。想把它上成一般的数学课来"提高成绩"，学生又不依不饶，并且异口同声地要求到计算机教室去上。好在同学们都熟悉几何画板，就到计算机教室去。

下面是一次"研究性课题"的教学过程，写出来与同行共同探讨，并就"研究性课题"谈一些认识。

1. 第一节课

课题：一个三角形外心轨迹的探求。
目的：实践、探索、猜想，建构数学模型。
形式：网络教室（每人一机）。学生用几何画板软件动手操作，互相讨论观察到的现象、交流研究结果。学生自主学习，教师适时指导。

1）研究问题，探究结论
教师：今天的"研究课"请大家用几何画板来研究一个简单而有趣的问题：三角形的一个顶点在一个定圆上运动，另外两个顶点固定，它的外心的轨迹是什么曲线？

教师没有指定应该画出一个什么样的图形，同学们画出的图形如图 4-3-1 所示（图中各点加注的字母由软件自动顺序给出，拖动点 B 可以改变圆的大小）。

大家都觉得太简单，很快就有同学说出"结论"：三角形的外心轨迹是一条线段。

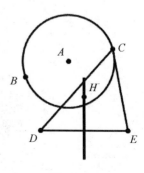

图 4-3-1

"肯定是线段吗？"老师说。

同学们觉得老师的话很奇怪，但很快就有同学说"哦，我知道了！"

这位同学把点 D 拖到圆内，立即显示出点 H 的轨迹是一条直线。

因为几何画板提供的是一个动态研究几何问题的环境，用鼠标拖动某个点改变位置，就可以改变题设条件并立即显示结果。有些同学开始意识到"外心的轨迹"肯定是"线形"，因为点 H 不会脱离线段 DE 的垂直平分线。

经这位同学一提醒，其他同学也开始感觉到：问题并没有指出三角形与圆的相对关系，有多种情况需要研究，并不简单。

同学们挥动鼠标，绘图、拖动、观察、讨论，教室中叽叽喳喳。教师参与同学的讨论，不时提出一些问题，气氛很热烈。

有些同学通过观察，产生猜想，得出结论，又及时加以验证……

研究的结果大致是：三角形外心 H 的轨迹有时是一条线段，有时是一条直线，有时是两条射线。大家对这个结果也感到比较满意，线段、直线、射线都全了，许多同学已经觉得无事可干。

只通过作图"实验"、观察得到的这个结果当然是不完整的，然而这是他们自己"研究"出来的"成果"。

2）建构数学模型

教师：经过大家的研究，看来问题已经有了"结果"，最终的结论是不是这样呢？先暂时不要肯定。大家知道，仅仅凭观察、猜想、归纳出的结论未必可靠，还需要进一步证明，因此需要建立数学模型来深入研究。

怎样建立坐标系呢？

取圆心为坐标原点，圆的半径作为单位长，如图 4-3-2 所示，建立直角坐标系（把字母 A 改成 O）。

D、E 画在哪里？不失一般性，取三角形的定边 DE 与 y 轴垂直。

引起△CDE 外心 H 运动的原因是什么？

提示学生拖动点 C 在圆上转动，让大家体验引起动点 H 变动的原因——点 C 的运动与∠IOC 的变化。同学们观察到点 C 绕单位圆一周时，点 H 在上下运动，有时 C 的不同位置会对应着同一个点 H。点 H 的轨迹是线段、直线还是射线取决于点 H 纵坐标范围的形式。

制作要求：度量出∠IOC 的大小（弧度数）、点 H 的纵坐标 y_H。以∠IOC 的弧度数为横坐标、y_H 为纵坐标绘制点 J。跟踪点 J，拖动点 C，显示点 J 的踪迹（如图 4-3-2 所示）。

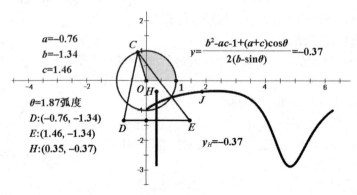

图 4-3-2

以 C 为主动点,作出点 J 的轨迹。拖动点 D 或 E,改变它们的位置,显示点 J 轨迹的各种形状,更加令人兴奋不已,不再觉得"无事可干"。

提示: 点 C 在单位圆 $x^2+y^2=1$ 上绕原点转动,刻划转动可以用"角",根据三角函数的定义,点 C 的坐标可以表示为($\cos\theta$,$\sin\theta$)。

设 $D(a,b)$、$E(c,b)$,其中 a、b、c 是常数,要求用 θ 表示点 H 的纵坐标。

由学生演算、板演。线段 CE 的中点坐标是 $\left(\dfrac{c+\cos\theta}{2},\dfrac{b+\sin\theta}{2}\right)$,$CE$ 的垂直平分线的方程为

$$y=-\dfrac{c-\cos\theta}{b-\sin\theta}\left(x-\dfrac{c+\cos\theta}{2}\right)+\dfrac{b+\sin\theta}{2}$$

在上式中,令 $x=\dfrac{a+c}{2}$（线段 DE 的垂直平分线的方程为 $x=\dfrac{a+c}{2}$）,并经化简得到

$y=\dfrac{b^2-ac-1+(a+c)\cos\theta}{2(b-\sin\theta)}$（建立数学模型）。

度量出 a、b、c 的值,打开计算器,计算 $\dfrac{b^2-ac-1+(a+c)\cos\theta}{2(b-\sin\theta)}$,验证与已经度量出的点 H 的纵坐标是否一致。

至此大约需要一个课时。

布置下一节课的任务:"研究报告会"。要求研究这个函数的值域,通过它的形式来判断点 H 轨迹的形状,同时用几何画板验证结论的正确性。

2. 第二节课（一周以后）

课题: 研究报告会。

目的: 同学们交流研究方法与结论。

形式: 自由发言。愿意报告的同学到讲台上报告研究结果,也可就他人的报告补充意见。

一位同学主动走上讲台,报告了他的研究结果。他在黑板上写下（其中括号中的内容是为行文方便而加的）$y=\dfrac{b^2-ac-1+(a+c)\cos\theta}{2(b-\sin\theta)}$,整理成 $2y\sin\theta+(a+c)\cos\theta=2by-b^2+ac+1$。根据关于 x 的方程 $a\sin x+b\cos x=c$ 有解的条件,于是有 $4y^2+(a+c)^2\geq 4b^2y^2-4b(b^2-ac-1)y+(b^2-ac-1)^2$,$4(1-b^2)y^2+4b(b^2-ac-1)y+(a+c)^2-(b^2-ac-1)^2\geq 0$。

(1) $b^2=1$ 时,有 $-4abcy+(a+c)^2-a^2c^2\geq 0$（先讨论最简单的情况）。

● 当 $ac=0$ 时（a、c 不可能同时为 0,有 $a^2\geq 0$。$y\in\mathbf{R}$),点 H 的轨迹是一条直线。
● 当 $ac\neq 0$ 时（解集形式是 $\{y|y\leq n\}$ 或者 $\{y|y\geq m\}$,$n<m$),点 H 的轨迹是一条射线。

(2) $b^2>1$ 时（不等式左边的判别式 $\Delta=16[(b^2-1)(a^2+c^2+b^2-1)+a^2c^2]>0$ 恒成立,不等式解集的形式是 $\{y|n\leq y\leq m\}$),点 H 的轨迹是一条线段。

(3) $b^2<1$ 时（学生指出要关心不等式左边的判别式 Δ 的符号),$\Delta=16[(b^2-1)(a^2+c^2+b^2-1)+a^2c^2]$。

- 当 $\Delta>0$ 时，点 H 的轨迹是两条射线。
- 当 $\Delta<0$ 时，点 H 的轨迹是一条直线。
- 当 $\Delta=0$ 时（仅从这一点开始，是在教师的帮助下，师生共同完成的。但是结论已经由学生得出——观察的结果），不等式左边是完全平方式，即 $\left[y+\dfrac{b(b^2-ac-1)}{2(1-b^2)}\right]^2 \geq 0$。

① $b(b^2-ac-1) \neq 0$ 时，点 H 的轨迹是一直线。

② $b(b^2-ac-1)=0$ 时：

- $b=0$ 时，函数 $y=\dfrac{b^2-ac-1+(a+c)\cos\theta}{2(b-\sin\theta)}$ 成为 $y=\dfrac{ac+1-(a+c)\cos\theta}{2\sin\theta}$。

    若 $ac \neq -1$（$b^2-ac-1 \neq 0$），则点 H 的轨迹是一直线；

    若 $ac=-1$（$b^2-ac-1=0$），则函数式成为 $y=\dfrac{(a+c)\cos\theta}{2(-\sin\theta)}=-\dfrac{a+c}{2}\cot\theta$。

    $a \neq -c$ 时，点 H 的轨迹是一直线；

    $a=-c$ 时，由 $b^2-ac-1=0$ 得 $b^2+a^2=1$，此刻必有 $a=-1$，$c=1$ 或 $a=1$，$c=-1$，$y=0$（使 $y^2 \geq 0$ 成立），D、E 在圆上，点 H 的轨迹是一个点。

- $b \neq 0$ 时，$b^2-ac-1=0$，函数式成为 $y=\dfrac{(a+c)\cos\theta}{2(b-\sin\theta)}$。

注意到此刻 $\Delta=16ac(a+c)^2=0$（$ac \neq 0$，否则 $b^2=1$），因此必有 $a=-c$，$y=0$（使 $y^2 \geq 0$ 成立），$b^2+a^2=1$，点 D、E 都在圆上，点 H 的轨迹是一个点。

总之，当 $\Delta=0$ 时，除点 D、E 都在圆上，H 的轨迹是一个点以外，其余都是一条直线。

紧接着，另一位同学站到讲台上（教室有全套多媒体设备）操作计算机，从另外一个侧面用验证的方法说明了这些结果。

有些同学就 a、b、c 的某些特殊值进行了研究，但未得出一般性的结论。

对于点 H 的轨迹是直线或者射线的情况，通过点 C 运动到直线 DE 附近，线段 CD、CE 的垂直平分线几乎平行，它们的交点在"无限远"处来解释，加深了理解。

一个学生问：由 $\left[y+\dfrac{b(b^2-ac-1)}{2(1-b^2)}\right]^2 \geq 0$ 不是可以看出 y 可以取一切实数吗？你怎么知道要对 $b(b^2-ac-1)$ 是否为 0 进行讨论呢？

其一，"实验"告诉我们，当点 D、E 都在圆上时 H 与圆心重合，$y=0$。其二，$y^2 \geq 0$ 的含义是 $y \neq 0$ 或 $y=0$。当 $y=0$ 使得 $y^2 \geq 0$ 成立时，点 H 的轨迹是一个点。

3. 几点思考

（1）中学数学教师是"研究性课题"的实践者，"研究性课题"怎么上是一个摆在中学数学教师面前的新课题，需要我们积极实践，认真探索。重要的是，要更新教育观念，学习现代教育理论，掌握以多媒体计算机、网络为主要特征的现代教育（信息）技术，以现代教育理念指导数学教学。

（2）不应把能否提高高考成绩作为"研究性课题"的选题定位。立足于培养学生的实践能力与创新意识应该是选题的一个重要原则。

（3）什么样的问题是"研究性课题"的合适选题？其中最主要的是：

① 问题的"开放性"是一个重要特征。三角形的一边虽然是"确定"的，但没有说确定在哪儿，这就需要考虑各种情形，值得研究。还可以研究△CDE的重心、内心、垂心的轨迹。即使这些问题研究完毕，还可以研究如一个三角形的两个顶点在定圆上运动，另一个顶点是定点，探求其外心（重心、内心、垂心）的轨迹。这又是一个极有吸引力，又具挑战性，非常有趣的问题，足以挑起探索欲望。

② 有利于学生参与，自主探究。本文所提出的问题容易进入，不同层次的学生都能"研究"，都有所得。比如一部分同学就a、b、c中的一个或者两个字母甚至三个字母取特殊值来研究函数$y=\dfrac{b^2-ac-1+(a+c)\cos\theta}{2(b-\sin\theta)}$的图像、值域，或者通过一些特殊值的研究体会其他同学研究出的一般结论，或者用几何画板来验证其他同学得到的结论也未尝不可以。

③ 激发兴趣也应该是一个选材因素。"外心轨迹"问题把同一个行政班，不同的教学班的同学吸引过来（我校分层次教学，同一个班的学生上数学课时可能不在一起）就是因为这个问题有吸引力，有挑战性。我们的"报告会"刚结束，另一个教学班的同学（同行政班）赶过来，恨不能也来报告一下"研究成果"。

④ 不必追求选题难度。从"外心轨迹"的解决过程看，只要用到直线方程、一元二次不等式，三角函数等知识是力所能及的。但是，又有一定的能力要求，这些能力要求在老师的帮助下，在与同伴的讨论中有些是不难达到的，这样，"研究者"能获得研究成功的喜悦。

⑤ 问题可以到农村，到工厂，到商店等地方去找，通过调查、统计、归纳，形成数学模型，既可来源于日常生活、社会生活或者生产实践，也可以来源于其他学科，或者来源于数学本身，它们都可能是对"某些数学问题的深入探讨（大纲）"。

（4）"提出问题比解决问题更重要"。"研究性课题"关注的不一定是问题的最后结论，重要的是对问题研究"过程"的价值，是否对培养学生的创新意识，提高素质有利。再比如从研究过函数$y=\dfrac{a\cos x-b}{c\cos x-d}$能想到去研究函数$y=\dfrac{a\cos x-b}{c\sin x-d}$，进而想到在极坐标系下去研究$\rho=\dfrac{a\cos\theta-b}{c\cos\theta-d}$，$\rho=\dfrac{a\cos\theta-b}{c\sin\theta-d}$所表示的图形，这就是一种创新意识。

问题可以由老师提出，当然能由学生自己提出更好。

（5）条件许可，师生应同时掌握必要的现代教育技术，尤其是信息技术、网络技术。计算机能够帮助人们思维，是观察数学现象的"望远镜"。比如几何画板就是一个比较合适的软件平台，这样，每个学生都可以参与进来，在动态下观察数学现象，发现（猜测）结论，及时验证，提高研究兴趣，增强研究效果。

（6）实践表明，学生欢迎"研究性课题"。这一次"研究性课题"刚完就有学生问："老师，下次我们'研究'什么呀？"呼吁有关部门组织专家编写"研究性课题"的参考资料，满足这方面的需求。还应该着手考虑能利用计算机动态研究的素（教）材的收集与编写。

4.4 圆锥曲线的又一种统一方式

在 4.3 节，我们研究了"三角形的两个顶点固定，一个顶点在一个定圆上运动时其外心轨迹"，自然地，就提出了另一个问题：三角形的一个顶点固定，另外两个顶点在同一个定圆上运动时，外心轨迹是什么？研究发现，这竟是圆锥曲线的另一种统一方式。

需要说明的是，在定圆上运动的两个顶点只能有一个是自由的，如图 4-4-1 所示，点 B 可以在圆上自由运动，而顶点 C 相对固定，设 $\angle BOC=\alpha$。

以定圆的圆心为原点 O，以圆的半径为单位长，以经过圆心与点 A 的直线为 x 轴，建立图 4-4-1 所示的直角坐标系。

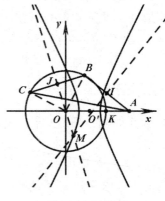

图 4-4-1

有 $A(a, 0)$，不妨设 $a \geq 0$ 且 $a \neq 1$（当 $a=1$ 时，$\triangle ABC$ 外心就是圆心 O）。已知 $B(\cos\theta, \sin\theta)$，则 $C(\cos(\theta+\alpha), \sin(\theta+\alpha))$，其中 α 为常数，θ 为参数，$0<\alpha<2\pi$。

线段 AB 垂直平分线的方程为

$$x\cos\theta + y\sin\theta = ax - \frac{1}{2}(a^2-1) \tag{4.4.1}$$

线段 AC 垂直平分线的方程为

$$x\cos(\theta+\alpha) + y\sin(\theta+\alpha) = ax - \frac{1}{2}(a^2-1)$$

整理成

$$(x\cos\alpha + y\sin\alpha)\cos\theta - (x\sin\alpha - y\cos\alpha)\sin\theta = ax - \frac{1}{2}(a^2-1) \tag{4.4.2}$$

满足方程（4.4.1）、方程（4.4.2）的 (x, y) 即为 $\triangle ABC$ 的外心 M 的坐标。

若 $x^2+y^2=0$，则点 M 即为圆心；

若 $\sin\alpha = 0$（$\alpha=\pi$），则由式（4.4.1）、式（4.4.2）得 $x = \dfrac{a^2-1}{2a}$，表示垂直于 x 轴的一条直线；

若 $(x^2+y^2)\sin\alpha \neq 0$，联立式（4.4.1）、式（4.4.2），解关于 $\cos\theta$, $\sin\theta$ 的二元一次方程组，得

$$\cos\theta = \frac{[x\sin\alpha + y(1-\cos\alpha)]\left[ax - \frac{1}{2}(a^2-1)\right]}{(x^2+y^2)\sin\alpha}, \quad \sin\theta = \frac{[y\sin\alpha - x(1-\cos\alpha)]\left[ax - \frac{1}{2}(a^2-1)\right]}{(x^2+y^2)\sin\alpha}$$

两式平方相加消去 θ，得 $(x^2+y^2)(1+\cos\alpha) = 2\left[ax - \dfrac{1}{2}(a^2-1)\right]^2$，整理成

$$[2a^2-(1+\cos\alpha)]x^2-(1+\cos\alpha)y^2-2a(a^2-1)x+\frac{(a^2-2)^2}{2}=0 \qquad (4.4.3)$$

这是圆锥曲线的方程。

以下就 $\alpha=\frac{\pi}{2}$ 的情况指出曲线的形状，此刻方程（4.4.3）成为

$$(2a^2-1)x^2-y^2-2a(a^2-1)x+\frac{(a^2-2)^2}{2}=0 \qquad (4.4.4)$$

（1）当 $a=0$ 时，式（4.4.4）成为 $x^2+y^2=\frac{1}{2}$，表示圆。

（2）当 $a=\frac{\sqrt{2}}{2}$ 时，式（4.4.4）成为 $y^2=\frac{\sqrt{2}}{2}x+\frac{1}{8}$，表示抛物线。

（3）当 $a\neq\frac{\sqrt{2}}{2}$ 时，为式（4.4.4）配方，得

$$\left[x-\frac{a(a^2-1)}{2a^2-1}\right]^2-\frac{y^2}{2a^2-1}=\frac{(a^2-1)^2}{2(2a^2-1)^2} \qquad (4.4.5)$$

若 $0<a<\frac{\sqrt{2}}{2}$，则方程（4.4.5）表示椭圆；若 $a>\frac{\sqrt{2}}{2}$，$a\neq 1$，则方程（4.4.5）表示双曲线。

如果把圆的半径改成 $\sqrt{2}$，则当 $\alpha=\frac{\pi}{2}$ 时点 M 的轨迹方程为 $(a^2-1)x^2-y^2-a^2(a^2-2)x+\frac{(a^2-2)^2}{2}=0$；$a=0$ 时，方程表示单位圆；$0<a<1$ 时，方程表示椭圆；$a=1$ 时，方程表示抛物线；$a>1$，$a\neq\sqrt{2}$ 时，方程表示双曲线。其中，顶点 A 的横坐标 a 就是这个圆锥曲线的离心率。

作为练习，请读者研究下列问题：

如图 4-4-2 所示，已知圆 O：$x^2+y^2=r^2$（$r>0$）与 x 轴的正半轴交于点 B，直线 l：$x=a$（$a>0$）与 x 轴交于 A。C 是圆 O 上任意一点，直线 OC 交 l 于 D，B' 与 B 关于直线 OD 对称，直线 OB' 与直线 DB 交于 M。求：当点 C 在圆 O 上运动时，点 M 的轨迹。

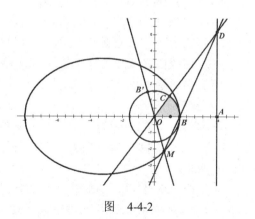

图 4-4-2

提示：点 M 的轨迹方程是 $a(a-2r)x^2+(a-r)^2y^2+2ar^2x-a^2r^2=0$。当 $a=2r$ 时，表示抛物线；当 $a>2r$ 时，表示椭圆；当 $a<2r$ 时，表示双曲线。准线都是 $x=a$。

4.5 一道高考题的探究

2000 年高考的"压轴题"是一道平面解析几何题：如图 4-5-1 所示，已知梯形 $ABCD$ 中 $|AB|=2|CD|$，点 E 分有向线段 $\overrightarrow{AC}$ 的比为 λ，双曲线过 C、D、E 三点，且以 A、B 为焦点。

当 $\frac{2}{3} \leqslant \lambda \leqslant \frac{3}{4}$ 时，求双曲线离心率 e 的取值范围。

1. 首先作出双曲线，找出点 E

（1）如图 4-5-2 所示，在 x 轴上画点 B，作线段 OB 的垂直平分线。

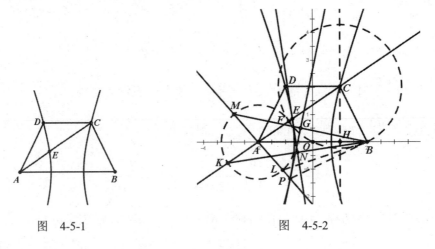

图 4-5-1　　　　　　　　　　图 4-5-2

（2）在 OB 的垂直平分线上画点 C。关于 y 轴反射点 B、C，得到点 A、D。

（3）连接 BC、CD、DA。用直线连接 AC。

（4）以 C 为圆心、CB 为半径画圆，交直线 AC 于 F。以 A 为圆心，AF 为半径画圆。设圆 A 与直线 AC 的另一个交点为 K。

（5）在圆 A 上任意画一点 M，作出直线 AM。设直线 AM 与圆 A 的另一个交点为 L。

（6）作线段 BM 的垂直平分线，交直线 AM 于点 P。

（7）同时选择点 M、P，并选择"构造"→"轨迹"命令，得到点 P 的轨迹——双曲线。即当点 M 在圆 A 上运动时，点 P 的轨迹是双曲线。

事实上，设 $|AB|=2c$。因为双曲线经过点 C，所以 $|AF|=2a$。因为 $||PB|-|PA||=||PM|-|PA||=|AM|=|AF|=2a$。根据双曲线的定义，点 P 的轨迹就是以 A、B 为焦点，经过点 C、D 的双曲线。

画线段 BK，作线段 BK 的垂直平分线，交直线 AC 于一点，这就是题设中所说的点 E。事实上，$||EB|-|EA||=||EK|-|EA||=|AK|=|AF|=2a$。

2. 从作图过程发现问题

（1）从作图的过程看，在点 A、C（双曲线的半焦距 c 以及点 C 的纵坐标 h）确定的条件下，双曲线是确定的，点 E 也是确定的。考生在审题时对这一点容易引起误解。一部分考生从题设中的"双曲线过 C、D、E 三点"就以为点 E 变动，即 λ 的变动会引起双曲线的变动、离心率的变动。审题时抓不住主要矛盾，头绪不清，产生误解，当然就无法进行正确的解答。

（2）λ 变动的范围是 $\left[\frac{1}{2}, 1\right]$。拖动点 C，当 C 在 x 轴上时，λ 成为 $\frac{1}{2}$，$c=2a$，离心率

成为 2。当拖动点 C 上（或下）移时，λ 逐渐增大并接近 1。C 无限远时，梯形 $ABCD$ 成为"矩形"，点 E"平分"AC，双曲线越来越靠近 y 轴。

（3）图 4-5-2 中直线 PG 是双曲线经过点 P 的切线，直线 EN 是双曲线经过点 E 的切线。事实上，PG 是 $\angle APB$ 的平分线，EN 是 $\angle AEB$ 的平分线。由双曲线的光学性质可知，结论正确。

由此引申，作线段 BL 的垂直平分线，这条直线也是双曲线的一条切线，切点在直线 AM 上（位于下方，未画出）。设这条直线交 PG 于 Q，于是又有，当 M 在圆 A 上移动时，点 Q 轨迹（图中未作出）是一条直线——双曲线的准线。

3．一点教学启示

平时教学与高考复习中都要重视基本概念、基本原理理解的教学。比如"确定双曲线的条件有几个？""两点一数"确定双曲线，这"两点"就是双曲线的两个焦点，这"一数"就是双曲线的实轴长。"一点、一线、一数"确定双曲线。这"一点"就是双曲线的焦点，这"一线"就是双曲线的准线，这"一数"就是双曲线的离心率。在标准状态（原点为中心，对称轴为坐标轴）下，只要两个条件就可以确定双曲线，如实半轴长 a 和虚半轴长 b。本题中焦点已经固定（c 为常数），若知道双曲线再经过一点，双曲线就确定了。

4．小议标准答案

标准解答中：设有 $A(-c, 0)$，$E(x_0, y_0)$，其中 $c=\dfrac{1}{2}|AB|$ 为双曲线的半焦距，h 是梯形的高。由定比分点公式得 $x_0=\dfrac{(\lambda-2)c}{2(\lambda+1)}$，$y_0=\dfrac{\lambda h}{\lambda+1}$。把点 C、E 的坐标代入双曲线方程 $\dfrac{x^2}{a^2}-\dfrac{y^2}{b^2}=1$，得 $\dfrac{e^2}{4}-\dfrac{h^2}{b^2}=1$，$\dfrac{e^2}{4}\left(\dfrac{\lambda-2}{\lambda+1}\right)^2-\left(\dfrac{\lambda}{\lambda+1}\right)^2\dfrac{h^2}{b^2}=1$。由两式消去 $\dfrac{h^2}{b^2}$，然后整理得 $\dfrac{e^2}{4}(4-4\lambda)=1+2\lambda$。笔者以为，这里不必解出 λ，而是解出 $e^2=\dfrac{2\lambda+1}{1-\lambda}=-2-\dfrac{3}{\lambda-1}$。在 $\dfrac{2}{3}\leqslant\lambda\leqslant\dfrac{3}{4}$ 上，这是一个增函数，把区间端点值 $\lambda=\dfrac{2}{3}$ 与 $\lambda=\dfrac{3}{4}$ 分别代入，得到 $7\leqslant e^2\leqslant 10$。即离心率的范围是 $[\sqrt{7}, \sqrt{10}]$。

附录 A 范例索引

序　号	标　题	学习内容
范例 1	画三角形，作出它的三边上的高，作出垂心	介绍工具箱中的"选择"、"画线段"、"画点"、"信息"工具用法；介绍"编辑"菜单的"属性"、"构造"菜单的"交点"、"垂线"、"平行线"以及"显示"菜单的"选择所有点"等功能的实现方法；介绍文件保存的格式以及有关加注标签的约定
范例 2	画三角形外接圆、内切圆	介绍"构造"菜单的"垂线"、"中点"、"角平分线"、"以圆心和圆周上的点绘圆"，"显示"菜单的"线型"等功能的实现方法，介绍利用文本工具栏实现数学格式文本编辑的方法
范例 3	一条线段，一个端点在定圆上运动（按钮控制），另一个端点固定，追踪线段中点，显示踪迹	介绍"编辑"菜单中"操作类按钮"的"动画"功能；介绍"动画点"按钮的参数设置；介绍"显示"菜单的"追踪"、"生成点的动画"以及"编辑"菜单的"参数选项"中淡入淡出效果的用法；介绍把点合并到圆的方法；还介绍运动控制台的使用、点运动的路径的意义等；介绍编辑按钮标签，使得含"&键名称"（如&D），通过按键盘键（如 D）起动按钮执行的方法，还介绍编辑热文本，通过单击文本中的热字起动按钮执行的方法
范例 4	线段 CD 的端点 C 在定圆 A 上运动，表现线段 CD 的垂直平分线与直线 AC 的交点的轨迹（椭圆、双曲线）	介绍工具箱中工具的改变方法（"画线段"工具成为"画直线"工具）；介绍"构造"菜单中"轨迹"的实现条件，以及产生轨迹的方法；介绍"踪迹"与"轨迹"概念的区别；介绍怎样改变轨迹的样本数量
范例 5	切割三棱柱的一角（三棱锥），用向量控制它的分离与合并	介绍"变换"菜单的"标记向量"、"平移"功能的运用；介绍平移的各种方式；介绍"编辑"菜单中"操作类按钮"、"移动"按钮的使用，以及点对之间移动的控制（也可以是两个参数之间）等
范例 6	把三角形的一部分经过旋转与其他部分拼接得到一个平行四边形	介绍"变换"菜单中的"标记中心"、"标记角度"、"旋转"，"构造"菜单中的"圆上的弧"、"弧上的点"，工具箱中的"旋转"工具，"度量"菜单的"弧度角"（0°～360°），"构造"菜单中的"弧内部"、"弓形内部"填充弓形等功能的用法；介绍"多边形工具"的用法
范例 7	表现任意角	介绍"数据"菜单的"新建参数"，以及"绘图"菜单的"定义坐标系"、"在轴上绘制点"，还有"数据"菜单的"计算"的用法；还介绍怎样编辑含有动态数据的文本的方法
范例 8	根据正弦线画正弦函数的图像	介绍"绘图"菜单的"在轴上绘制点"、"绘制点"，以及"度量"菜单的"弧长"，"变换"菜单的"标记距离"
范例 9	画一个圆，并依斜二测作图规则水平放置它	介绍"变换"菜单的"旋转"、"缩放"的用法；介绍缩放比的意义；介绍工具箱中"缩放"工具的用法；介绍如何表现空间几何体的转动

续表

序号	标 题	学习内容
范例 10	画函数 $f(x)=\dfrac{\sqrt{4-x}}{x-1}$ 的图像	介绍"绘图"菜单中"绘制新函数"的用法；介绍系统提供的各函数意义；介绍"编辑"菜单的"编辑函数"；介绍坐标系（网格）的隐藏与显示的实现方法；介绍文本字号大小改变方法，还介绍"数据"菜单中"新建函数"的意义
范例 11	画函数 $f(x)=a^x$ 的图像	介绍"数据"菜单中"新建参数"的用法，以及参数属性的设置方法；介绍单击"构造"菜单中"函数系"的意义；介绍在函数式编辑状态下新建并输入参数的方法
范例 12	用点的坐标做参数 a，画函数 $f(x)=ax^2$ 的图像	介绍怎样在函数式编辑状态下新建参数；介绍对函数图像追踪研究分布规律；介绍"度量"菜单的"纵坐标"等功能的运用；介绍参数属性的设置；介绍函数图像属性的设置
范例 13	画函数 $f(x)=x^2$（$x\in[-1,\ 2]$）的图像	介绍定义在指定区间上的函数图像的画法；介绍用点的轨迹表现函数图像；介绍用线段的轨迹来填充曲边梯形的方法；介绍使得图像端点成为实点与空点的方法；还介绍使屏幕文本上下对齐的方法（选中文本，按 Shift+Enter 组合键）
范例 14	画分段函数 $f(x)=\begin{cases}x^2 & (a<x\leq 1)\\ 1-(x-1)^2 & (1<x<b)\end{cases}$ 的图像	介绍利用符号函数 sgn() 画分段函数的图像的各种（代数）方法
范例 15	一个面积问题的刻画	介绍怎样用几何方法画分段函数的图像；介绍"编辑"菜单中"操作类按钮"→"隐藏&显示"功能的应用
范例 16	一道"中考"题	介绍怎样利用一个点存在的条件控制对象的隐现，从而用几何方法画分段函数的图像；介绍"变换"菜单的"标记镜面"、"反射"的运用
范例 17	由原函数的图像画反函数的图像	介绍利用"变换"菜单的""标记镜面"、"反射"画指数函数的反函数（对数函数）的图像；还介绍利用 $x=f(y)$ 功能画反函数的图像
范例 18	函数图像的平移	介绍利用"变换"菜单的"标记向量"建立平移向量来平移函数图像
范例 19	根据椭圆（双曲线）的第一定义画椭圆（双曲线）	介绍利用对象之间的关联，用主动对象控制被动对象
范例 20	根据圆锥曲线的第二定义画圆锥曲线	系统介绍"度量"菜单中"点的值"、"比"的意义；介绍"变换"菜单中"标记比值"、"缩放"等功能的运用；介绍过任意一点怎样画圆锥曲线的切线（存在时）
范例 21	制作一个有两页的文件	介绍"文件"菜单中"文档选项"功能的用法；介绍给文档增加、删除页面，以及文档之间页面的复制等文档管理方法
范例 22	自定义画椭圆的工具	介绍画板"工具箱"中"自定义"工具的用法：自定义工具的创建、保存、使用、管理等；介绍如何学习他人范例，提高制作技巧
范例 23	函数表达式 $f(x)=ax^2$ 中的系数随外界数值改变而改变	介绍"编辑"菜单中"分离/合并"功能的使用方法；介绍文本与点合并；介绍在自定义工具中使用文本合并功能；介绍通过点与点的合并画折线的方法
范例 24	由一条射线先旋转成一个角，然后再形成一个二面角	介绍"编辑"菜单中"操作类按钮"、"系列"按钮的用法；介绍如何设置"系列"按钮控制两个不同的动作
范例 25	制作声音按钮	介绍"声音"按钮的用法以及与声音有关的问题
范例 26	制作"电子琴"	进一步介绍"声音"按钮的用法以及用键盘控制按钮执行的方法

续表

序 号	标 题	学 习 内 容
范例 27	用多边形视窗观看艺术字	介绍"编辑"菜单中"剪裁图片到多边形"功能的用法以及与图片有关的问题
范例 28	大脚走路	介绍"变换"菜单中"创建自定义变换"功能的运用,并介绍与自定义变换有关的问题
范例 29	利用"自定义变换"绘制图形的斜二测放置	介绍"变换"菜单中"创建自定义变换"功能在数学中的运用
范例 30	三角形内接矩形面积的图像	介绍"数据"菜单中"制表"功能的使用方法;介绍怎样根据表格中的数据画点,并介绍有关表格的各种操作
范例 31	在不同坐标系中度量同一个点的坐标,介绍坐标平移的意义;介绍如何给出条件定义坐标系	介绍"绘图"菜单中"定义坐标系"功能的用法;介绍根据条件定义坐标系的方式;介绍"编辑"菜单中"操作类按钮"→"滚动"按钮的用法
范例 32	自定义直角坐标系,并在自定义坐标系中画函数的图像	介绍利用"度量"菜单的"点的值"作为数轴上点的坐标,定义一条直线为坐标轴,并在自定义坐标系中画函数的图像;介绍"变换"菜单的"缩放"等功能的实现方法
范例 33	在三维坐标系的一个坐标平面上画函数 $y=\sin(x+\phi)$ 的图像	利用自定义坐标系定义三维坐标系,并在其中一个坐标平面上画函数的图像;介绍"变换"菜单的"缩放"等功能的实现方法
范例 34	产生一个"绘图函数"的图像	介绍"标记"工具、"数据"菜单的"创建绘图函数",以及"绘图"菜单的"绘制函数"功能的联合应用;介绍与绘图函数有关的问题
范例 35	房梁下的三角支撑架	介绍"变换"菜单中"迭代"功能的实现方法;介绍"迭代"的意义
范例 36	画正 n 边形	介绍"变换"菜单中"深度迭代"(按 Shift 键)功能的实现方法,进一步了解迭代的意义和用法
范例 37	谢尔宾斯基(Sierpinski)三角形	介绍迭代过程中"增加新的映射"的方法,进一步学习比较复杂的迭代
范例 38	画由 $a_{n+1}=\dfrac{1}{1+a_n}$ (a_1=1.00)确定的数列的图像,计算前 n 项和	介绍根据递推公式,利用"变换"菜单的"迭代"以及"深度迭代"的功能画数列的图像,求前 n 项和的方法;介绍利用"变换"菜单的"终点"求数列前 n 项和;以及利用迭代产生的表格绘制点(绘制表中数据)用法
范例 39	画数列 $\left\{10\left(\dfrac{1}{n}-\dfrac{1}{n+1}\right)\right\}$ 的图像,计算前 n 项和	介绍根据通项公式,利用"变换"菜单的"迭代"以及"深度迭代"的功能画数列的图像,求前 n 项和的方法
范例 40	小球下落的探究	教学中的一个例子。表现一个小球从高处自由落下反弹的过程
范例 41	斐波拉契数列	介绍根据二阶递推公式,利用"变换"菜单的"迭代"以及"深度迭代"的功能画数列的图像,求前 n 项和的方法
范例 42	等比数列的图像	画含参数的(递推公式给出)数列的图像
范例 43	$n!$ 的计算	类似计算数列的前 n 项的积
范例 44	计算组合数 C_n^x ($x\in N^*$),并画出它的图像	进一步提高迭代技巧,也可配合二项式定理、概率分布等内容的教学
范例 45	根据极坐标方程 $\rho=\dfrac{ep}{1-e\cos\theta}$ 画圆锥曲线	介绍怎样在极坐标系中画曲线,以及"度量"菜单中"极坐标距离&方向"(按住 Shift 键)的应用

续表

序号	标题	学习内容
范例 46	根据椭圆的参数方程画椭圆	学习"绘图"菜单中"绘制参数曲线"功能的实现方法,能根据参数方程画曲线
范例 47	圆在直线上的滚动	介绍圆在直线上滚动的制作方法,介绍摆线的制作以及长幅摆线等有关问题
范例 48	圆在圆上的滚动	介绍圆在圆上滚动的制作方法,介绍各种摆线的制作以及与(内外)摆线有关的问题
范例 49	圆的渐开线	介绍圆的渐开线的制作方法
范例 50	制作环摆线	介绍环摆线的制作方法,并介绍环摆线的参数方程,配合新教材使用
范例 51	使"点"闪烁起来	快速改变圆的半径来表现"点"的闪烁,通过"动画距离参数"按钮表现"点"的闪烁。了解使对象时隐时现的方法
范例 52	使"线段"闪烁起来	通过快速改变被填充的矩形一边长来表现"线段"的闪烁
范例 53	标题的展示	介绍如何把外部图片插入到几何画板中,并控制它的运动
范例 54	滚动字幕	怎样把一段文字自下而上(或自左而右)一行一行(或一列一列)移动,供读者阅读
范例 55	表现"点到直线的距离是该点到直线上任意一点距离的最小值"	利用"移动"按钮的特点表现"点到直线的距离是该点到直线上任意一点距离的最小值"
范例 56	选择题的制作	利用"移动"按钮表现当选择错误时选项内容会自动返回原来的位置
范例 57	制作"弹簧"	用"动画点"按钮控制点的运动来控制图片的伸缩,表现弹簧的弹动
范例 58	填充两个集合的交集	分析点存在的条件,制作两个集合的交集,体验数学知识在作图步骤设计中的作用
范例 59	制作椭圆规	介绍"定长的线段的两个端点在互相垂直的两条相交直线上运动"的制作方法
范例 60	定长线段的端点在两条相交直线上的运动	学习"定长的线段的两个端点在成任意角度的两条相交直线上运动"的制作方法,体验数学知识在作图步骤设计中的作用
范例 61	用平面截圆锥侧面	介绍如何利用数学结论"代沙格定理",作出平面截圆锥侧面得到圆锥曲线
范例 62	展开长方体的表面	通过展开长方体的表面,了解按钮"隐藏/显示"的运用,并详细介绍"隐藏/显示"的功能用法,提高制作技巧
范例 63	平面截正方体,表现截面的位置与截口形状	经过空间坐标系的三坐标轴上各一点,构成平面截正方体表现截面
范例 64	正方体截面的三视图	表现正方体内一个被填充的四边形截面的三视图,介绍"移动点"按钮控制的点对之间移动的应用。介绍透视的几种方法
范例 65	正八面体、正二十面体、正十二面体、C_{60} 分子模型	制作正八面体、正十二面体、正二十面体以及表现 C_{60} 分子模型
范例 66	表现函数 $f(x)=x^2$ 在区间[0,1]上的定积分的近似值	用迭代的方法计算矩形面积和,表现定积分的近似值;学习把线段 n 等分的方法。配合新教材的使用
范例 67	用三个数值分别控制对象的红、绿、蓝色	介绍怎样用三个数值分别控制对象的红、绿、蓝三色,了解"参数颜色"功能的用法
范例 68	用三个数值分别控制对象的色调、饱和度、亮度	介绍怎样用三个数值分别控制对象的色调、饱和度、亮度,了解"参数颜色"功能的用法
范例 69	正弦波	通过正弦波的制作感受迭代过程,提高迭代技巧

续表

序号	标题	学习内容
范例 70	蜂房	感受"初像"的构造，提高迭代技巧
范例 71	勾股树	提高迭代技巧；了解随机迭代的意义；了解"参数颜色"的用法
范例 72	科赫雪花	介绍同一初始条件根据不同目的实行不同迭代的方式；介绍在迭代中怎样利用自定义工具进一步提高迭代技巧
范例 73	谢尔宾斯基地毯	谢尔宾斯基地毯与范例 31 谢尔宾斯基三角形迭代方法有所不同
范例 74	康托集与魔鬼阶梯	用向量控制迭代的过程，提高迭代技巧
范例 75	魏尔斯特拉斯函数的图像	介绍 $\sum_{k=1}^{n} b^k \cos(a^k \pi x)$ 的制作，进一步了解迭代中"终点"的用法
范例 76	泰勒级数	介绍 $\sum_{k=0}^{n} \frac{(-1)^k x^{2k+1}}{(2n+1)!}$ 的制作，进一步了解迭代中"终点"的用法
范例 77	曼德尔勃罗特集	制作经复平面上的映射 $z \to z^2 + c$（其中 z, c 都是复变量）迭代后构成的集合。用对轨迹的跟踪形成的踪迹表现图形
范例 78	用牛顿法找方程的近似解	利用迭代公式 $x_{n+1} = x_n - \frac{f(x_n)}{f'(x_n)}$ 找方程的近似数解
范例 79	函数迭代系统 Mira 过程	迭代公式是 $x_{n+1} = by_n + f(x_n)$；$y_{n+1} = -x_n + f(x_{n+1})$，其中 $f(x) = ax + \frac{(1-a)^2 x^2}{1+x^2}$，$-1 < a < 1$ 及 $b=1$ 或接近于 1。当 $a=-0.45$，$b=0.93$ 时，迭代得到的图形称为"三翅鹰"
范例 80	逻辑斯谛差分方程	方程 $x_{n+1} = kx_n(1-x_n)$ 称为逻辑斯谛（Logistic）差分方程。用迭代得到的图形（或数值）表现解的形态
范例 81	逻辑斯谛映射的周期形态	对于方程 $x_{n+1} = kx_n(1-x_n)$，通过迭代，对每一个 k 找出所对应的周期点，观察周期点的规律
范例 82	用二分法找方程 $e^x + x = 0$ 的近似解	介绍函数 sgn() 在迭代中的应用，提高迭代技巧。配合新教材的使用
范例 83	模拟抛掷硬币	利用点的随机运动的特点，统计符合某种条件的点的个数，从而计算频率。介绍"随机迭代"的用法
范例 84	模拟掷骰子	巧妙设置"移动点"按钮的属性控制点的运动，模拟掷骰子实验
范例 85	用蒙托卡罗方法计算阴影部分面积近似值	利用"运动参数"、"移动点"按钮的随机属性控制点的运动，随机模拟求阴影部分的面积
范例 86	转动正棱锥中的虚线	介绍正 n 棱锥转动时，应该显示虚线的位置显示虚线的作法
范例 87	正多边形轮子的滚动	表现正 n 边形在直线上的滚动，并作出中心或某一个顶点的轨迹（同时建立它的表达式）
范例 88	三维坐标系统与细分平面	介绍把矩形（或圆形）区域分割成任意个小矩形（环形）的方法，并制作三维坐标系画曲面 $z=f(x, y)$
范例 89	制作一个秒表	巧妙设置"运动参数"按钮的属性，控制参数的变化，制成秒表，提高几何画板功能应用技巧
范例 90	链接页面及外部程序	介绍"链接"按钮的功能及各种用法
范例 91	在 PowerPoint 演示状态中打开几何画板文件	介绍在 PowerPoint 中打开几何画板文件的方法
范例 92	文件的网上发布	介绍"文件"菜单中"另存为网页"功能的应用；介绍怎样把几何画板文件以 .htm 格式保存，以便网络浏览

附录B 主要菜单功能范例查询

序号	菜单	功能简单描述	范例索引
1	"文件"→"另存为网页"	文件的网络发布	92
2	"文件"→"文档选项"	文档管理、工具管理	20、21、22
3	"编辑"→"操作类按钮"→"隐藏&显示"	可同时产生"隐藏"与"显示"两个按钮，控制对象的隐藏/显示	15
4	"编辑"→"操作类按钮"→"动画"	产生"动画点"按钮，控制对象的运动	3、6
5	"编辑"→"操作类按钮"→"移动"	产生"移动"按钮，控制对象的运动	5、24、64、83
6	"编辑"→"操作类按钮"→"系列"	按钮的有序组合	24、62、64
7	"编辑"→"操作类按钮"→"声音"	产生"声音"按钮，控制声音的播放	25、26
8	"编辑"→"操作类按钮"→"链接"	链接其他页面、文件、网页等	90
9	"编辑"→"操作类按钮"→"滚动"	设置屏幕的滚动	31
10	"编辑"→"剪裁图片到多边形"	设置观察图片的视窗	27
11	"编辑"→"分离/合并"	点与点，点与线，点与文本	3、8、23
12	"显示"→"追踪"	追踪对象形成踪迹	3、4、8、9
13	"显示"→"重设下一标签"	点的标签顺序重新以A、B、C、…开始	29
14	"显示"→"文本工具栏"	提供编辑文本的各种工具	2、33
15	"显示"→"运动控制台"	控制对象的运动	3
16	"构造"→"对象上的点"	在选中的对象上画点	13
17	"构造"→"边界上的点"	在选中填充的多边形边界上画点	5、6、23
18	"构造"→"垂线"	过点画线的垂线	1
19	"构造"→"平行线"	过点画线的平行线	1
20	"构造"→"角平分线"	画角平分线	2
21	"构造"→"圆上的弧"	作出圆弧	6、8、24、48
22	"构造"→"内部"	填充多边形、扇形或弓形	5、6
23	"构造"→"轨迹"	形成对象的轨迹	4、8、9、13
24	"变换"→"标记中心"	定义某点为旋转或缩放中心	5、6、7、9
25	"变换"→"标记镜面"	定义某线为反射镜面	17
26	"变换"→"标记角度"	定义某角（或角度）控制其他旋转对象	5、6、7、24
27	"变换"→"标记比"	定义两线段（或长度）、两个数值，或一个数的比，控制其他缩放对象	20、32、33

续表

序号	菜单	功能简单描述	范例索引
28	"变换"→"标记向量"	定义向量控制其他对象的平移	5、18、61
29	"变换"→"标记距离"	定义距离控制其他对象的平移	5、8、38、49
30	"变换"→"平移"	根据条件平移对象	5、8
31	"变换"→"旋转"	根据条件旋转对象	5、6、7
32	"变换"→"缩放"	根据条件缩放对象	8、9、20、32
33	"变换"→"反射"	根据条件反射对象	17
34	"变换"→"深度迭代"	不设迭代深度（接受深度为3）的迭代	35、36、38、39、40
35	"变换"→"终点"	给出由点迭代后生成的对象的终点	38、39、43、75、77、80、82、83
36	"变换"→"创建自定义变换"	创建一个自定义变换	28、29
37	"度量"→"弧度角"	度量一条弧所对的圆心角大小	6、48
38	"度量"→"比"	给出两条线段，或给出共线三点，度量比值	20、33
39	"度量"→"点的值"	对象上的点所处的位置	20、32
40	"度量"→"坐标距离"	两点之间的距离与单位长的比值	7、20
41	"数据"→"新建参数"	新建一个动态的参数	3、11、26、36
42	"数据"→"新建函数"	编辑新产生的函数表达式	10、25、26
43	"数据"→"制表"	绘制选定数据的表格	30、34、38
44	"数据"→"导函数"	求给定函数的导函数	34、78
45	"数据"→"创建绘图函数"	根据标记工具绘制的曲线创建绘图函数	34
46	"绘图"→"定义坐标系"	根据条件定义坐标系	8、31
47	"绘图"→"网格"	设置坐标系形式（方形、矩形、极坐标、三角坐标）	8、31、45
48	"绘图"→"在轴上绘制点"	根据给出的数值在坐标轴上绘制点	7、8
49	"绘图"→"绘制点"	绘制固定点，或给出坐标绘制点	8、13、33
50	"绘图"→"绘制新函数"	编辑函数式并绘制函数图像	10、11

快捷键列表

菜 单 项	快 捷 键	功 能 描 述
新建文件	Ctrl+N	建立一个新画板
打开	Ctrl+O	打开一个已经存在的画板文件
存盘	Ctrl+S	保存当前画板窗口
关闭	Ctrl+W	关闭当前窗口,并予以适当提示
文档选项	Ctrl+Shift+D	关闭当前窗口,并予以适当提示
退出	Alt+Q	退出几何画板系统,并予以适当提示
撤销	Ctrl+Z	撤销最近一次所进行的操作
撤销所有	Ctrl+Shift+Z	撤销所有进行的操作
重复	Ctrl+R	恢复刚撤销的最近一次的操作
重复所有	Ctrl+Shift+R	恢复所撤销的所有操作
剪切	Ctrl+X	把选择的对象剪切到剪贴板上
复制	Ctrl+C	把选择的对象复制到剪贴板上
粘贴	Ctrl+V	粘贴剪贴板上的内容
清除	Del	清除被选择的对象
选择所有	Ctrl+A	选择屏幕上(绘图区)的所有对象
选择同类对象	Ctrl+A	与工具箱中选中何种工具有关。画点(或画线,或画圆)工具处于被选择状态时,选择屏幕上所有的点(或线,或圆)
选择父对象	Ctrl+↑	选择当前所选择对象的父对象
选择子对象	Ctrl+↓	选择当前所选择对象的子对象
编辑定义	Ctrl+E	编辑已经产生的函数表达式、参数等
属性	Alt+?	打开对象属性对话框
增大文本字号	Alt+>	使文本字号增大
减小文本字号	Alt+<	使文本字号减小
隐藏对象	Ctrl+H	隐藏当前选择的对象
显示所有隐藏	Ctrl+Shift+H	显示所有隐藏的对象
显示(或隐藏)标签	Ctrl+K	显示(或隐藏)所选中对象的符号
重设下一标签	Alt+/	按住 Shift 键,标签重新自 A 开始,依次为 A、B、…
追踪(取消追踪)	Ctrl+T	设置所选中的点、线、圆等对象为跟踪状态。如果已经为跟踪状态,则为撤销该状态
擦除追踪踪迹	Ctrl+Shift+E	清除由跟踪对象所产生的踪迹
动画	Alt+`	选择动画运动的对象启动动画
动画加速	Alt+]	启动动画后加快动画速度
动画减速	Alt+[	启动动画后减慢动画速度
显示文本编辑工具箱	Ctrl+Shift+T	打开文本编辑工具箱。在已经打开文本编辑工具箱的情况下,则为关闭这个编辑工具箱
中点	Ctrl+M	选择一条或一条以上线段,作出这些线段的中点

续表

菜 单 项	快 捷 键	功 能 描 述
交点	Ctrl+Shift+I	线与线，线与圆，圆与圆等对象的交点。如果有多个交点，则都将作出来
画线段	Ctrl+L	选择两个点，则连接这两点的线段；选择三个以上点，则按顺序用线段连接这些点，最后连接终点和起点
填充	Ctrl+P	不同的选择会使菜单项相应变化。选择三个以上点，以这些点按顺序作为多边形的顶点，填充多边形内部；选择一个圆则填充圆内；选择一段弧则填充扇形
标记中心	Ctrl+Shift+F	把所选择的点标记为用来旋转或者缩放其他对象的"中心"
新建参数	Ctrl+Shift+P	打开给出新的参数的窗口，以便给出参数，参数的名称依次是 t_1, t_2, …
计算器	Alt+=	打开计算器
新建函数	Ctrl+F	打开函数式编辑器，编辑函数表达式，确定后不画出函数图像
绘制新函数	Ctrl+G	打开函数式编辑器，编辑函数表达式，确定后画出函数图像

附录 D　通过键盘实现的功能

按　　键	动　　作
Delete(删除键)或 Back space（退格键）	删除选择的对象
←→↑↓（左右上下键）	每按一次移动被选择的对象一个像素，按住不放可以移动比较长的距离
＋ 或 －	增加（＋）或者减少（－）图像或者轨迹上的样点数目，事先需要选择图像或者几何对象的轨迹
＋ 或 －	增加（＋）或者减少（－）迭代出现的对象的数目，事先需要选择迭代出现的至少一个对象
＋ 或 －	增加（＋）或者减少（－）参数的大小，事先需要选择一个或者几个参数
Shift＋↑ 或 Shift＋↓	选中工具箱中的某个工具，按 Shift＋↑（或↓）改变工具的选择
Shift＋← 或 Shift＋→	选中工具箱中的"选择"（或"画线"）工具，按 Shift＋→键（或←键）组合键改变工具的选择
Alt	按住 Alt 键后用鼠标（与当前是何种工具无关）拖动窗口
按住 Shift 键	按住 Shift 键菜单项会变化。 "另存为"成为"另存为网页" "编辑"菜单的"撤销"成为"撤销全部"（会指出具体对象） "编辑"菜单的"恢复"成为"恢复全部"（会指出具体对象） "编辑"菜单的"操作类按钮"→"显示/隐藏"成为"操作类按钮"→"显示&隐藏"，可一次产生两个按钮 "编辑"菜单的"分离/合并"成为"合并文本到点"（选中一点和文本） "编辑"菜单的"参数选项"成为"高级参数选项" "显示"菜单的"标签"成为"重设下一标签" "变换"菜单下的"迭代"成为"深度迭代" "度量"菜单下的"坐标"成为"横&纵坐标"，可一次度量横、纵两个坐标 "绘图"菜单下的"显示/隐藏网格"与"显示/隐藏坐标系"间切换
按住 Shift 键	使所画出的线（线段、射线或直线）与水平线成 15°的整数倍角
按住 Shift 键	改变所选择的对象的线型、颜色时只对当前选中的对象有效
按住 Shift 键，双击表格	删除表格的最后一行
p	在某些对话框中（如计算器）输入 p 成为 π
A[1]、A{^2}	显示 A_1、A_2
Alt＋＞或者 Alt＋＜	增大或者减小选中对象的标签或者选中文本的字号
Esc	如果"选择"工具未处于选中状态，使"选择"工具立即成为选择状态，取消对一切对象的选中状态

续表

按　键	动　作
Esc	取消正在进行的对标签、文本等编辑 停止任何正在进行的动画 停止任何正在执行的按钮操作 清除所有追踪形成的对象的踪迹
Shift＋Enter 4.04以上版本有此功能	上下对齐选中的两个或者两个以上的文本、按钮等。按住不放可以调整上下间距

附录 E 常用几何画板网站简介

1. http://www.dynamicgeometry.com/
发行美国 Key Curriculum 公司开发并出版的几何画板软件的官方网站。几何画板资源中心。

2. http://www.dynamicgeometry.com/Technical_Support/Product_Updates.html
提供英文版升级下载（Sketchpad™ Product Updates）。

3. http://www.dynamicgeometry.com/JavaSketchpad/Download_Center.html
下载支持网上发布几何画板文件的 JSP5 文件。

4. http://mathforum.org/sketchpad/gsp.gallery/nickj.html
几何画板软件开发者 Nick Jackiw 网页。

5. http://mathforum.org/sketchpad/gsp.gallery/billf.html
几何画板软件开发者 Bill Finzer 网页。

6. http://www.inrm3d.cn/forumdisplay.php?fid=8
几何画板论坛。

7. http://lhsxzx.lhtzx.cn/
几何画板专题网站。

8. http://bbs.pep.com.cn/forum-101-1.html
"人教论坛"的几何画板讨论区。

9. http://www.etr.com.cn/2010/0301/1510.html
中国教育技术网。

10. http://www.mathrs.net/
中国数学资源网。交流几何画板制作经验等各种资料。

11. http://www.gspggb.com/
GSP&GGP 实验室。有关于几何画板的"新手提问区"、"课件分享区"、"精品教程区"等交流区域。

12. http://140.122.140.4/~cyc/_private/m13.htm
台湾师范大学数学系陈创义老师个人网站。有许多几何画板学习资源可供下载。

13. http://www.baidu.com/或 http://www.google.com.hk/
输入所需要的几何画板资料的关键词，可搜索到各种几何画板资源。